新能源汽车关键技术研发系列

U0367796

复合材料轻量化设计

李 永 宋 健 编著

机械工业出版社
CHINA MACHINE PRESS

本书论述了复合材料轻量化设计理论与方法，是轻量化与复合材料领域的一部学术著作。全书分上、中、下三篇。上篇（前8章）介绍了轻量化复合材料技术、复合材料理论、复合结构的测试技术和复合材料轻量化实验测试系统等，中篇（第9章）介绍了新能源车辆复合材料轻量化设计方法，重点介绍了轻量化车身、底盘、动力电池、燃料电池与驱动系统等，下篇（2个部分）介绍了复合材料轻量化计算、设计与练习。本书具有完整的理论体系和知识脉络，为新能源车辆与复合材料的协同发展提供了轻量化技术支撑。

本书可以作为相关行业工程师、设计人员、科研人员与技术人员的参考书或工具书，也可以作为普通高等院校车辆、机械、材料、机电、力学及航空航天等专业的本科生和研究生教材或教学参考书。

图书在版编目（CIP）数据

复合材料轻量化设计 / 李永，宋健编著 . —北京：机械工业出版社，2022.6
（新能源汽车关键技术研发系列）
ISBN 978-7-111-71010-3

Ⅰ.①复… Ⅱ.①李…②宋… Ⅲ.①新能源－汽车－复合材料－汽车轻量化－设计 Ⅳ.① U469.703

中国版本图书馆 CIP 数据核字（2022）第 103227 号

机械工业出版社（北京市百万庄大街 22 号 邮政编码 100037）
策划编辑：何士娟 责任编辑：何士娟
责任校对：樊钟英 刘雅娜 封面设计：张 静
责任印制：常天培
固安县铭成印刷有限公司印刷
2022 年 10 月第 1 版第 1 次印刷
169mm × 239mm · 18 印张 · 360 千字
标准书号：ISBN 978-7-111-71010-3
定价：168.00 元

电话服务 网络服务
客服电话：010-88361066 机 工 官 网：www.cmpbook.com
010-88379833 机 工 官 博：weibo.com/cmp1952
010-68326294 金 书 网：www.golden-book.com
封底无防伪标均为盗版 机工教育服务网：www.cmpedu.com

环境和能源问题是当今世界汽车行业面临的巨大挑战，节能减排已成为全球共识。在此背景下，汽车轻量化，尤其是新能源汽车轻量化已经成为世界汽车发展的趋势。新能源汽车的复合材料轻量化技术，就是在保证车辆强度和安全性能的前提下，通过轻量化设计复合材料结构，尽可能地降低车身、底盘、动力电池、燃料电池与电机系统等总成的整备质量，从而充分提高车辆的动力性，减少能量消耗，降低环境污染。轻量化是车辆实现环保节能的重要技术路径。复合材料轻量化设计加速了新能源汽车的产业化落地，减少了环境污染和能源消耗。

　　轻量化是新能源汽车发展的迫切要求。新能源汽车由于增加了电动化、智能化等配置，与传统汽车相比增重较多。由于新能源汽车用户对续驶里程和充电时间的焦虑，新能源汽车的轻量化设计尤为必要。本书是在作者近年来对新能源汽车复合材料轻量化系统研究的基础上，加以提炼和总结，撰写成的学术著作。本书既介绍了车辆与材料上较为成熟的技术，也介绍了国内外该领域研究的最新成果，重点阐述了汽车车身、底盘、动力电池、燃料电池、制动系统、电机系统与动力总成等复合材料轻量化设计理论、方法与技术等。

　　本书在介绍有关轻量化理论方法的基础上，也论述了复合材料轻量化设计的实验装置与测试方法等。在内容选材上突出了工程背景、实用性和新颖性，希望对读者有所启迪和帮助。

本书得到汽车安全与节能国家重点实验室开放基金和北京理工大学科研项目（202020141344A，GZ2017015105，201720141052，201720141103，201720141104，20160141090）的资助，在此表示感谢。

本书所引用的文献、资料等尽量列在参考文献中，但由于工作量大及作者不详，在此对没有说明的文献作者表示歉意和感谢。

复合材料轻量化设计正在蓬勃发展，本书中的一些关键方法还在研究中，希望读者能提出新设计、新方法。

由于作者水平有限，书中难免有不当和疏漏之处，欢迎读者批评指正。

作　者

2022 年 4 月

目 录

前言

上篇 复合材料轻量化设计理论基础

中篇　新能源汽车技术应用篇
新能源汽车复合材料轻量化设计

下篇　复合材料轻量化练习篇

附 录

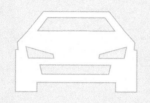

上篇　复合材料轻量化设计理论基础

Chapter 01

第1章
绪　论

1.1 复合材料轻量化设计简介及实践

1.1.1 复合材料的定义、基本概念、分类和轻量化设计思路

复合材料是用先进技术将大于或等于两种化学、物理性质不同的材料组分，设计合成的新材料。以所设计的形式、比例、分布复合，各组分之间有界面，使其具备高比模量、高比强度、可设计性、各向异性和非均质性等特性。复合材料不仅有各组分材料的优点，而且通过各组分的互补和关联可获得单一材料不能达到的综合性能。

比强度（specific strength）是复合材料强度（断开时单位面积所受的力）除以其密度所得的比值，又称强度 - 质量比。比强度高，即材料轻且结实。通常复合材料具有较高的比强度，以较小的截面满足强度要求，同时可减小结构本身的自重。

比模量（specific modulus）是复合材料弹性模量（在受力状态下的应力与应变之比）除以其密度所得的比值，又称刚度 - 质量比。比模量高，即材料轻且变形小。比模量是材料承载能力的一个重要指标。比模量越大，零件或结构的刚性就越大，也称"比刚度"。

轻量化的目的是以最少的消耗，取得最大的功效。复合材料轻量化设计是跨学科的工程科学，由复合材料、人工智能、计算材料学、结构分析及轻量化等领域的知识构成。轻量化目标是在给定的边界条件下，设计适当成本的轻质结构、连接技术等，如图 1.1 所示，实现结构自重的最小化，同时，满足寿命和可靠性等要求。**轻量化包含轻量化设计、轻量化材料与轻量化制造等，其中轻量化设计是基石**，如图 1.2 所示。

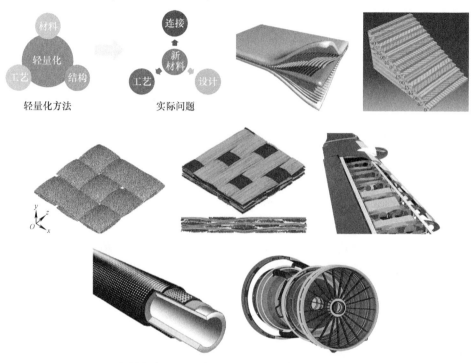

图 1.1　轻量化方法与层合、编织、缠绕等复合材料的设计思路

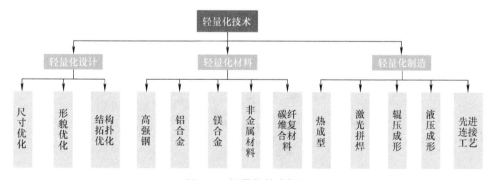

图 1.2　轻量化技术框架

复合材料轻量化设计思路包括：

1）**力导入 - 力平衡**　设计中应使受力直接导入到主承载结构上，力无绕行，大面积导入，直接支承，将不对称的设计考虑改为对称设计或反对称设计，

开口结构考虑改为闭口结构。

2）**设计大面积惯性矩与阻力矩**　在承受弯曲、扭转和压弯载荷的设计中，在小面积上实现大的惯性矩与阻力矩，也就是说剖面形状因子要大。建议将较多的材料从结构中心移开，即从实心横截面到空心横截面、再到"三明治"设计。

3）**轻质**　通过松散的构造，加固小横截面面积的平面支承结构。使用带有加强肋、"三明治"结构的刚度要比实心的支承结构的刚度要高出很多。

4）**本构、弯曲、屈曲与后屈曲**　通过本构、弯曲设计提高直盘和直板的抗弯刚度、压弯刚度和翘曲刚度，引入压槽来强化会发生弯曲损坏的构件，增加面积惯性矩，消除失稳趋势。

5）**加固性**　考虑正剪切与负剪切效应，兼顾次应力影响，**在主应力方向进行加固设计**，并引入正交各向异性或各向异性设计提高结构在主方向上的刚度。

6）**一体化**　轻量化遵循一体化原则，降低模具成本、节省材料，提高安全性。

7）**引入空腔**　在保持刚度不变的条件下减重，可在承受小载荷的区域引入"释放孔"。

8）**人工智能挖掘设计潜力**　在安全前提下实现轻量化，但安全裕度不能盲目过大，在动态载荷复合材料智能轻量化设计中，除了以上的思路外，还需要达到预定的使用寿命、性能、工艺精度及制造要求等，如图1.3所示。

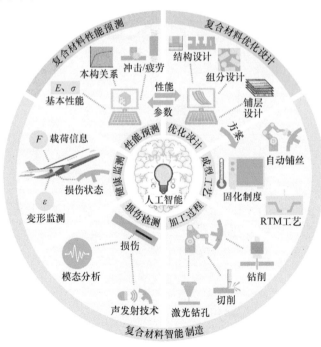

图1.3　复合材料轻量化的智能技术框架

　　复合材料包含基体和增强纤维，其基体可分为金属基和非金属基两大类。金属基有铝、镁、铜、钛及合金等，非金属基有合成树脂、橡胶、陶瓷及石墨等。增强纤维有玻璃纤维、碳纤维、硼纤维、芳纶纤维、碳化硅纤维及石棉纤维等。

　　复合材料的分类方法有许多种，其中一种方法是根据组分的类型（基质和增强材料）进行分类。根据增强材料的形状，可以将复合材料分为纤维、晶须和微粒。根据基质材料的类型，可以将复合材料分为以下几类：聚合物基复合材料（Polymer Matrix Composites，PMC）、金属基复合材料（Metal Matrix Composites，MMC）、陶瓷基复合材料（Ceramic Matrix Composites，CMC）碳和石墨基复合材料（Carbon Graphite Matrix Composites，CGMC）。按不同的宏细观结构、材料与功能等，不同的复合材料的典型分类方式如图1.4所示。

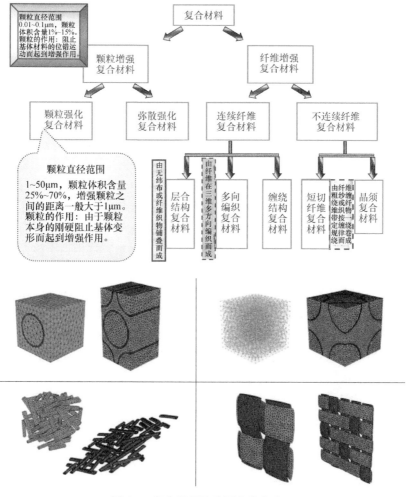

图 1.4　复合材料的典型分类方式

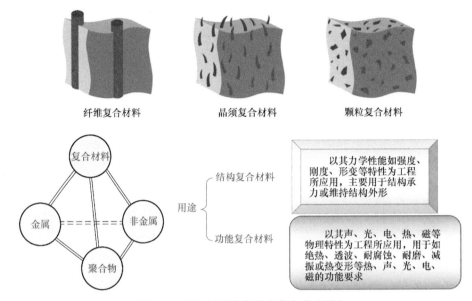

纤维复合材料　　　　　晶须复合材料　　　　　颗粒复合材料

复合材料

金属 ======= 非金属

聚合物

用途

结构复合材料

功能复合材料

以其力学性能如强度、刚度、形变等特性为工程所应用，主要用于结构承力或维持结构外形

以其声、光、电、热、磁等物理特性为工程所应用，用于如绝热、透波、耐腐蚀、耐磨、减振或热变形等热、声、光、电、磁的功能要求

图 1.4　复合材料的典型分类方式（续）

1.1.2　火星无人车/机与太阳探测器的复合材料轻量化设计

毅力号火星无人车质量约 1000kg，毅力号火星车轮用以铝为主的形状记忆合金复合材料制造，如图 1.5 所示。相比于好奇号火星车，毅力号缓缓弯曲的花纹胎面性能更高，能更好地承受尖锐岩石的压力，在火星沙地上行驶时，抓地力更好，如图 1.5 所示。给火星车配无人机的难点在于轻量化设计。火星表面重力只有约地球 1/3，看似对飞行友好，但火星大气非常稀薄，只有地球的约 1%，所以无人机在火星上获得起飞所需升力非常困难，这相当于该无人机在地球上 3 万 m 以上高空起飞。地球生活航拍无人机飞行高度有限，根据地球空气动力学设计的无人机，在火星上却飞不起来。若想在火星上起飞，无人机必须采用轻量化设计，螺旋桨转速也要更快，旋翼达到 2800r/min 才能保障正常飞行。而在地球大气层中，旋翼旋转速度只需 280r/min 就可轻松且平稳飞行。机智号无人机叶片采用高硬度细长碳纤维泡沫芯复合材料，薄如蝉翼。但其飞行的距离及高度依然有限。机智号将在毅力号着陆后 60～90 个火星日后进行飞行稳定测试，预计飞行约 5 次，每次飞行 90s，它携带的锂电池很轻，且顶部携带太阳能电池板，如图 1.5 所示，可为锂电池充电。

帕克探测器用于探测太阳及能量特性，如图 1.6 所示。目前帕克探测器为太阳近距离人造天体（距离约为 610 万 km），它需要承受很高的温度，面向太阳一面温度约 1200℃，但内部仪器正常运转需 30℃左右的外部环境。探测器防热盾由两个碳材料的复合层和中间碳泡沫构成。防热盾朝向太阳的一面还涂了一层特殊白色涂层，以尽量反射来自太阳的能量。和普通碳纤维不同之处在于，碳 - 碳结构不是通过硬化树脂聚合在一起的，太阳附近的高温会使得硬化树脂蒸发。为此用"切碎的碳纤维"作为填充材料，通过约 3000℃ 的烘烤使得结构成形，得到碳 - 碳结构的纯碳物质。除了隔热，这种轻量化复合材料还具有很高的强度。碳泡沫是防热盾重要结构，减少了热传导，使内部空间保持良好环境。碳纤维隔热复合材料在火星车及韦伯望远镜上也有应用，如图 1.6 所示。

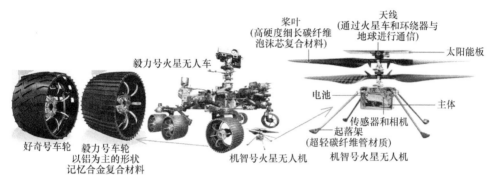

图 1.5 　毅力号火星车轻量化结构与机智号火星无人机的复合材料轻量化设计

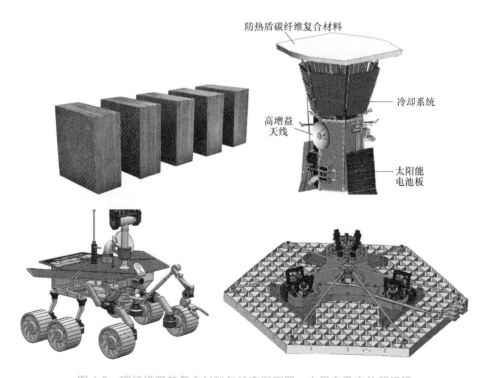

图 1.6 　碳纤维隔热复合材料与帕克探测器、火星车及韦伯望远镜

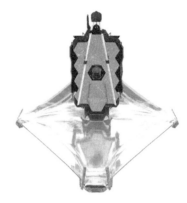

图 1.6　碳纤维隔热复合材料与帕克探测器、火星车及韦伯望远镜（续）

1.1.3　古代轻量化结构的思路启发

目前，轻薄大型弧形合金零件很难设计和制造。研究人员在修复秦铜车马时，发现其顶棚厚度仅为几毫米，是基于一次性铜液浇灌技术形成的轻量化结构，如图 1.7 所示。这些大型青铜器轻质结构，目前仍持续给科学家们的轻量化设计思路以巨大启发。无独有偶，古代轻量化建筑结构及演化历程，也不断给纤维增强复合材料的轻量化设计带来新的持续性的研究思路启发，如图 1.8 所示。

图 1.7　秦铜车马铜顶轻量化结构

1.1.4　航空复合材料的轻量化设计

随着航空技术的进步，复合材料在飞机上已由当初只应用于口盖和舱门等非承力构件，逐步扩大应用到减速板和尾翼等次承力构件，而且正向用于机翼

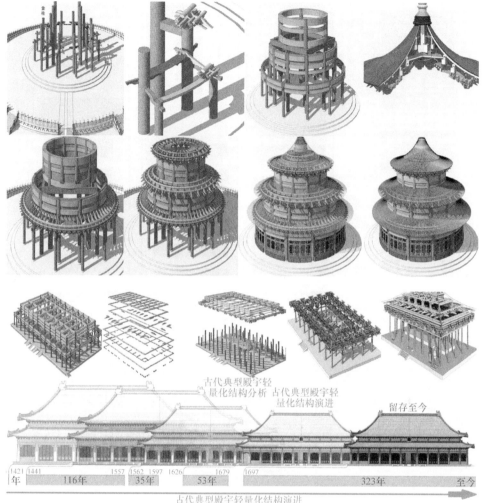

图 1.8 不同的古代建筑的轻量化结构及演化历程

甚至前机身等主承力构件的方向发展，这体现了复合材料轻量化设计在航空领域的发展思路。航空复合材料总体设计框架如图 1.9 所示。飞机结构可用的复合材料设计如图 1.10 所示。航空发动机复合材料总体设计框架，如图 1.11所示。

随航空技术发展，飞机复合材料用量越来越大，如图 1.12 所示。碳纤维复合材料的密度（见表 1.1）约是铝的 1/2，钢的 1/5，强度约为钢铁 5 倍，可耐受约 2000℃以上高温，且具备低热膨胀系数，热容量小（节能），抗热冲击性，抗腐蚀与抗辐射性能等特点。其在很多溶剂中不溶解，在隔绝空气的惰性环境中（常压下）遇到高温不会熔融，因此得到广泛应用。

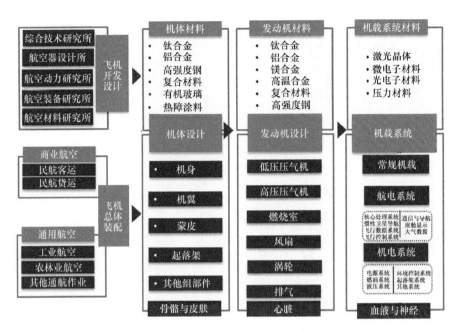

综合技术研究所		机体材料	发动机材料	机载系统材料
航空器设计所		· 钛合金	· 钛合金	
航空动力研究所	飞机开发设计	· 铝合金	· 铝合金	· 激光晶体
航空装备研究所		· 高强度钢	· 镁合金	· 微电子材料
航空材料研究所		· 复合材料	· 高温合金	· 光电子材料
		· 有机玻璃	· 复合材料	· 压力材料
		· 热障涂料	· 高强度钢	

机体设计 发动机设计 机载系统

商业航空		机身	低压压气机	常规机载
民航客运		机翼	高压压气机	航电系统
民航货运	飞机总体装配	蒙皮	燃烧室	
		起落架	风扇	机电系统
通用航空		其他组部件	涡轮	
工业航空			排气	
农林业航空		骨骼与皮肤	心脏	血液与神经
其他通航作业				

核心处理系统 惯性卫星导航 飞行数据系统 飞行控制系统　通信与导航 座舱显示 大气数据

电源系统 燃油系统 液压系统　环境控制系统 起落架系统 其他系统

图 1.9　航空复合材料总体设计框架

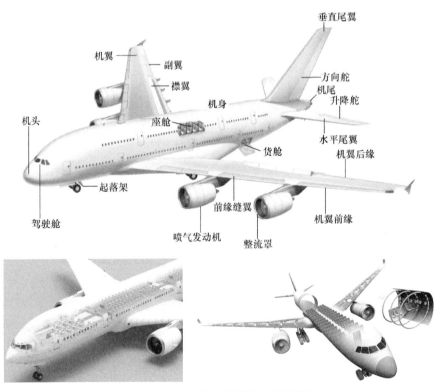

图 1.10　飞机结构可用的复合材料设计

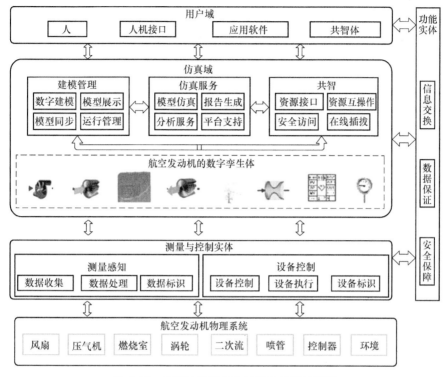

图 1.11　航空发动机复合材料总体设计框架

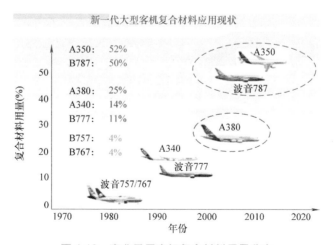

图 1.12　商业民用客机复合材料用量分布

表 1.1　航空用碳纤维增强复合材料比模量与比强度对比

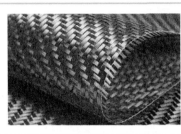

	材料	密度 / (g/cm^3)	拉伸强度 / MPa	比强度 / 10^{7}cm	拉伸模量 / GPa	比模量 / 10^{7}cm
复合 材料	碳纤维复合材料	1.5	1700	1.06	128	85
	玻璃纤维 / 聚酯	2.0	1500	0.75	42	21
金属	钢	7.8	1080	0.13	210	27
	铝合金	2.8	470	0.17	75	26
	钛合金	4.5	1000	0.21	110	25

　　波音 787 是一款规模使用碳纤维复合材料的客机，如图 1.13 所示。B787 采用两台翼吊发动机，两侧机翼上布置有一对外侧副翼、一对襟副翼、七对扰流板，以及前缘缝翼、后缘襟翼等增升装置。尾翼布置有一块水平安定面、一对升降舵和一块方向舵。它以复合材料为主体材料，不仅减小了机身质量，而且提高了飞机抗疲劳和抗腐蚀性能。B787 机身蒙皮、框、长桁、地板梁、龙骨梁、机翼根部、机翼蒙皮及翼肋等主要结构件全部采用碳纤维复合材料。其中机身、尾翼采用了碳纤维层合板结构；升降舵、方向舵等活动面采用了碳纤维

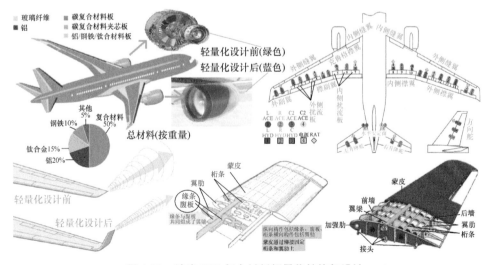

图 1.13　波音 787 复合材料轻量化结构与设计

层合板夹芯结构；整流罩部位采用了玻璃纤维层合板夹层结构。其结构质量中复合材料约占 50%，铝约占 20%，钢铁约占 10%，钛合金约占 15%，其他约占 5%。波音 787 复合材料机身强度高于铝合金，复合材料部件形状大而复杂，共减少约 1500 个钣金件和 40000~50000 颗铆钉。其发动机轻量化后，变得更小（由绿色尺寸变为蓝色尺寸），其中复合材料发展起着推动作用。

空客 A380 所用复合材料约占其质量的 25%，其两侧机翼上布置有 3 对副翼、8 对扰流板，及前缘缝翼、后缘襟翼等增升装置。尾翼布置有 1 块水平安定面、2 对升降舵和 2 块方向舵，获得了减重收益。A380 复合材料轻量化结构设计与失效模式如图 1.14 所示。

空客 A350 约 80% 的结构采用了复合材料、钛及铝合金等，其中，复合材料占比约 52%，如图 1.15 所示。空客 A350 拥有较高复合材料成熟度，降低了燃油消耗和排放，维护和使用成本下降。

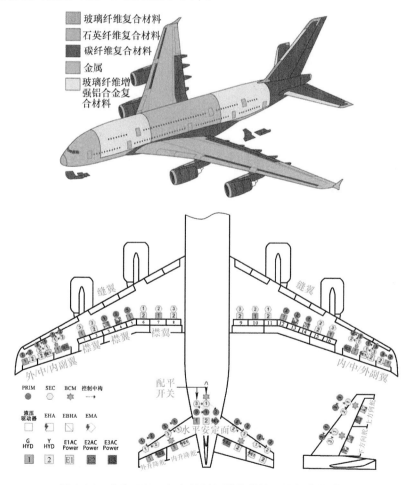

图 1.14　空客 A380 复合材料轻量化结构设计与失效模式

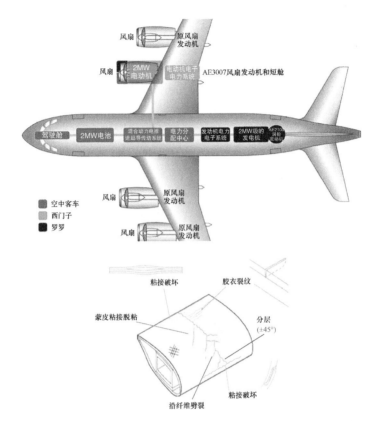

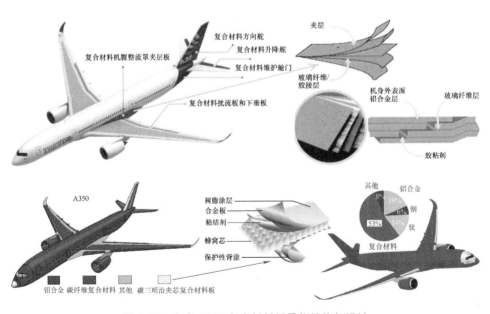

图 1.14 空客 A380 复合材料轻量化结构设计与失效模式（续）

图 1.15 空客 A350 复合材料轻量化结构与设计

复合材料应用水平不断得到提升，用量占比越来越高，很多飞机都在机翼、尾翼等结构中大量使用复合材料，如图 1.16 所示。同样，为了应对复杂的工作情况，航空发动机也大量采用复合材料结构，如图 1.17 所示。

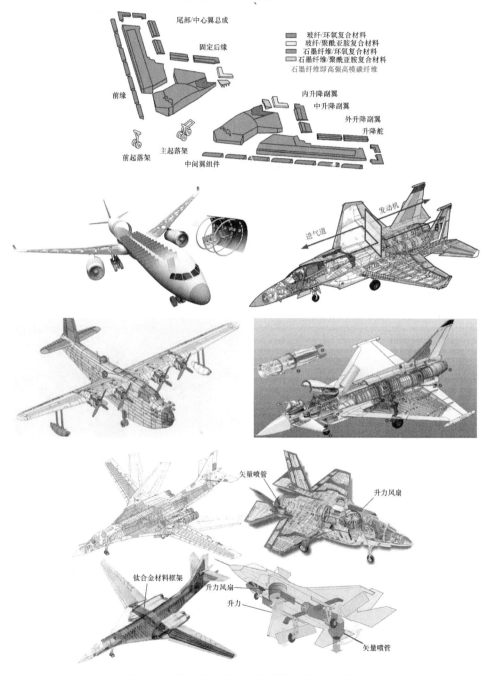

图 1.16　其他飞机复合材料轻量化结构与设计

图 1.16　其他飞机复合材料轻量化结构与设计（续）

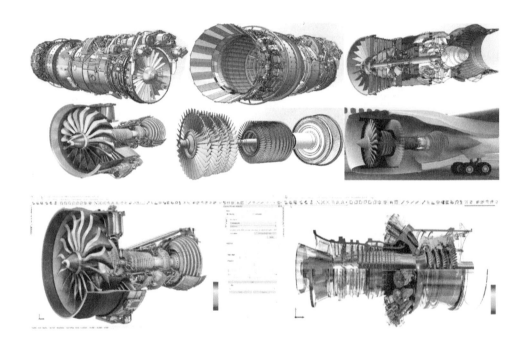

图 1.17　飞机航空发动机复合材料轻量化结构与设计

　　复合材料电动推进系统被全球航空产业视为能改变航空格局、突破现有瓶颈的技术。近年，全球民用客货飞机的设计表现出了强烈趋同性：圆筒机身，大展弦比后掠翼安装在机身底部，机翼下吊挂 2 ~ 4 台发动机（主要是 2台）。在当前推进原理下，目前布局兼容传统机场地面设施，赋予飞机在结构重量、气动效率及座舱体验等方面全面优化。但若跳出涡轮 / 涡扇发动机对飞机设计的限制，采用高性能电机动力系统，现有飞机设计上的很多缺陷都可被根除，很多已经被认为难以继续提高的性能指标还有非常大提升空间。**现有涡轮发动机热效率已接近设计极限**，从热效率上看，涡扇发动机热效率目前只有约

40%，提升空间小，而每一次小幅度性能提升都代价昂贵。若将涡扇发动机换成电机驱动涵道风扇，如图 1.18 所示，飞机推进系统对能量利用效率就可得到很大提升。为节约成本，飞机一直倾向于数量少、推力大的双发动机方案，但其中也隐含相当高的安全风险（如鸟击引起双发失效），也限制了飞机性能设计，不能充分利用发动机的吸气和喷流过程，对机翼进行减阻增升。相比目前主流设计，分布式推进系统能释放飞机总体设计灵感。与涡轮 / 涡扇发动机不同，电机效率与自身尺寸相关性很弱，而且和飞机机体间不需复杂的油液、气路及机械传动连接。因此，电动飞机可用多个小尺寸涵道风扇来满足总推进功率。同时，由于电机可靠性远高于涡轮发动机，而且多电机布局下，即便 1 ~ 2 个电机失效，对飞机整体动力影响有限。在分布式布局下，把整个机翼都做成夹层结构，在机翼中间铺一层小直径电驱动涵道风扇，能够提升机翼气动效率，并有效降低噪声。但目前，类似电动汽车的发展历程，制约飞机推进系统电动化的瓶颈同样在于电池的储能密度过低。目前锂电池能量密度约为 $200W \cdot h/kg$（$0.72MJ/kg$），而航空煤油燃烧值则高于 $42.5MJ/kg$，在能量密度上比电池强。因此，目前商用电池对飞机来说还是太重。

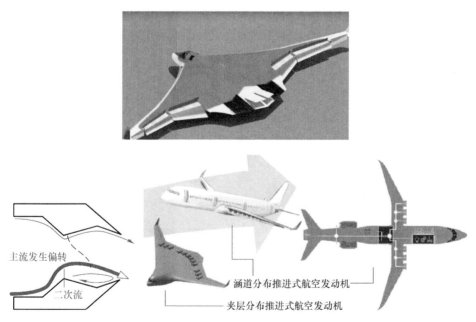

图 1.18　电动飞机及航空电动机复合材料轻量化结构及设计

随着飞机吨位与航程的不断提升，重量不断增加的电池组会迅速抵消掉飞机完全电动化带来的性能提升收益。因此，未来如果电池储能密度无法实现大幅提升，在中大型飞机领域传统燃油动力系统依然具备优势。由于在充电和储能密度方面，现有电池尚未实现革命性突破，因此，人们将目光投向了"烧油→发电→电机推进"的**混合动力**方案。这是目前中大型飞机能兼得"燃油储能＋电推进"的现实轻量化技术方向，亮点在于其混动系统使用超导复合材料磁体，其在相同转矩、功率等指标下，让电机体积更小，且重量更轻。

1.2 高分子复合材料的发展路径

随着树脂基体性能的不断提高和先进工艺技术的逐步应用，复合材料的应用趋势由小尺寸次承力结构到大尺寸主承力结构方向发展。在新能源领域，玻璃纤维／碳纤维增强等复合材料的应用范围由非承力和次承力结构发展到主承力结构。在风力发电和电动汽车方面应用碳纤维复合材料产业注入了新活力，复合材料在交通和汽车产业领域应用前景广阔。复合材料轻量化设计随着复合材料的应用，朝着一体化、多元化及智能化发展。高分子复合材料指碳／芳纶／玻璃纤维等增强环氧／酚醛／双马来酰亚胺树脂等复合材料，综合性能优异，安全性高。高分子复合材料是高端装备物质基础，在航天／航空装备等的轻质结构、烧蚀防热部件上发挥着不可替代作用，主要应用于高超声速、近空间及深空探测飞行器等。复合材料在智能制造、交通、新能源车辆等领域也有着广泛应用，如图 1.19 所示。目前，碳纤维复合材料面向智能制造及新能源车辆的技术成为研究焦点。

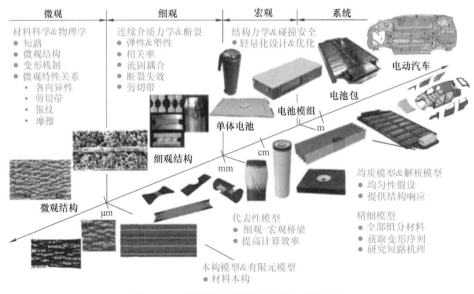

图 1.19 新能源车辆轻量化复合材料结构

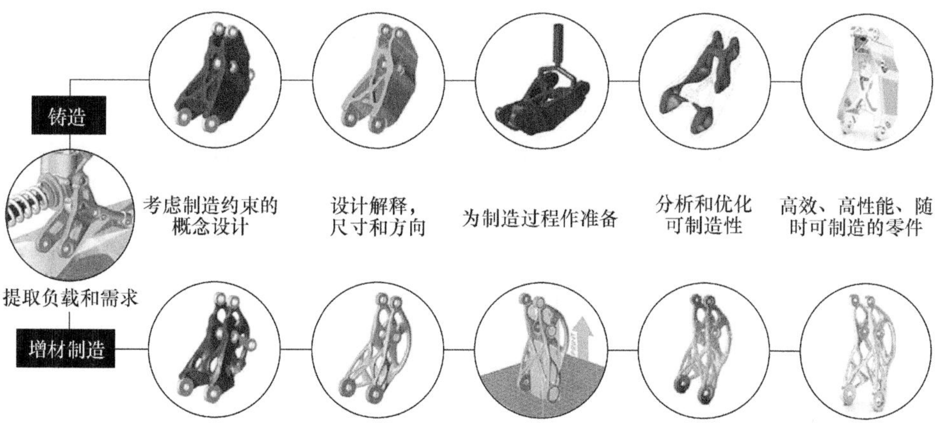

图 1.19　新能源车辆轻量化复合材料结构（续）

铸造
考虑制造约束的概念设计　设计解释，尺寸和方向　为制造过程作准备　分析和优化可制造性　高效、高性能、随时可制造的零件

提取负载和需求
增材制造

　　防弹衣在遭遇子弹打击时产生局部变形，将子弹动能分散到表面，通过形变吸收子弹动能，将动能转化为热能，同时将子弹冲击力分散到更大面积，最大限度保护身体。凯夫拉是一种芳纶纤维，它最初被发明是为代替汽车轮胎中的钢丝网，即"帘子布"，如图 1.20 所示。芳纶纤维耐热且坚固，这是因为其分子间有非常多的氢键将羟基和 NH 中心相连接，这使得其分子间结构非常牢固。同样由于氢键的作用，凯夫拉纤维的分子呈现平面的片状结构，这比其他丝状结构的聚合物纤维强度要高许多。通过将多层凯夫拉纤维织物缝制粘合在一起，就可以得到强度很高但重量比钢板轻得多的防弹装备了。与钢板的另一个区别是，凯夫拉纤维的防弹是通过更大幅度的形变来实现的。在由凯夫拉制成的防弹背心中，一层层交错的纤维一点点地消耗子弹动能，直到由最后一层织物来将子弹兜住。如果只用凯夫拉纤维复合材料做防弹衣，那么这意味着它将产生更大的变形甚至断裂，身体受伤甚至折断肋骨却是常有的事，这是减轻重量而付出的代价。这明显不可行，因此，科学家引入碳化硼陶瓷来平衡凯夫拉的变形及断裂，做成防弹衣产品。

　　碳化硼陶瓷与碗碟陶瓷不同，它是由硼和碳结合而成的晶体。碳化硼维氏硬度约为 38GPa、弹性模量约为 460GPa，是高硬度物质，密度约为 $2.52g/cm^3$，比钢要轻许多，因此是高级防弹装甲的理想材料，如图 1.21 所示。与钢板和凯夫拉纤维受冲击变形不同，陶瓷装甲在子弹强大动能的撞击下会发生局部破碎。由于其破碎的范围比受冲击面要大得多，因此得以分散子弹的压强，与此同时，子弹大部分动能被陶瓷吸收，通过碎片之间相互摩擦作用转化为热能。陶瓷防弹装甲可抵抗动量很高的步枪子弹。尽管自身不会发生弯曲形变，但它的碎片会构成扇形冲击面，如果没有东西"兜底"，依然有可能造成伤害。因此陶瓷-凯夫拉复合材料轻量化装甲应运而生。复合材料防弹衣在受到子弹撞击时产生

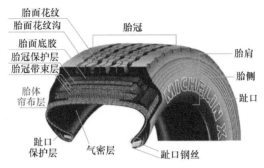

a) 凯夫拉帘布轮胎

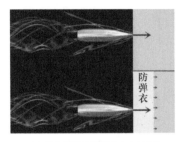

b) 防弹衣分散子弹冲击力/减压强

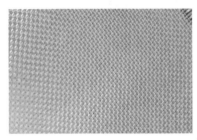

c) 凯夫拉纤维织物

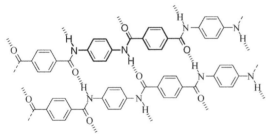

d) 芳纶纤维的分子间存在大量氢键连接结构

e) 凯夫拉防弹头盔

图 1.20　凯夫拉纤维增强复合材料

a) 宏观样品

b) 晶体形态

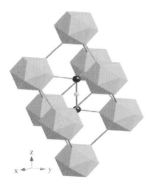

c) 分子结构

图 1.21　碳化硼陶瓷样品、晶体形态及分子结构

形变或破碎，从而将子弹大部分动能转化为热能来实现防护。同时，防弹衣还通过分散子弹的冲击面，降低其压强来减小伤害。好的防护与轻的负担是一对矛盾，战场上子弹的速度常高达 800m/s 以上，动量很大，可轻易穿透约 5mm 厚钢板，不能指望士兵每天背负着几十公斤重的护具战斗。因此，复合材料轻量化防弹装甲应运而生。凯夫拉纤维 - 碳化硼陶瓷复合材料装甲不但提供防护，而且将重量控制在可接受范围，是现代防弹背心始终追求的复合材料轻量化设计目标。

玻璃纤维复合材料已形成从纤维、基体到复合材料的完整产业链。由于发电风机叶片玻璃纤维增强聚合物复合材料在风机迎风状态下，气流会依照导流罩的流线型均匀分流，故称导流罩，也称为轮毂罩、轮毂帽等。轮毂罩，指风机轮毂的外保护罩。分体型玻璃钢导流罩是由罩体部件和罩头部件连接而成，树脂基体的发展已进入有序稳定期。在复合材料轻量化设计上，航空和航天复合材料技术已经进入成熟期，风力发电和汽车领域的应用为碳纤维复合材料产业注入新的活力，热塑性复合材料在轨道交通和汽车产业中的应用前景广阔。采用玻璃纤维编织物和不饱和聚酯树脂等复合材料，如图 1.22 所示。

飞机、卫星和探月项目等实施需要高强、高模碳纤维及其复合材料进行保障。在航空、航天、海洋装备、船舶、交通、新能源汽车、新信息技术产业、数控机床、机器人及医疗器械等多个领域，复合材料是关键落地抓手。在风电叶片的梁帽和主梁上使用碳纤维复合材料，一方面可使叶片自重减少，成本降

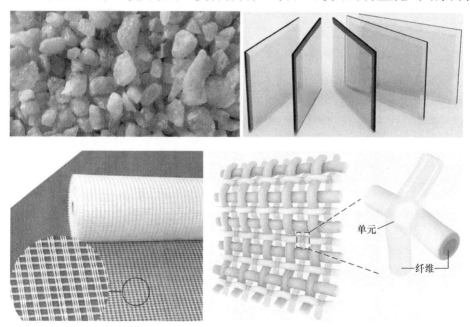

单元

纤维

图 1.22　典型的玻璃纤维复合材料样品及结构

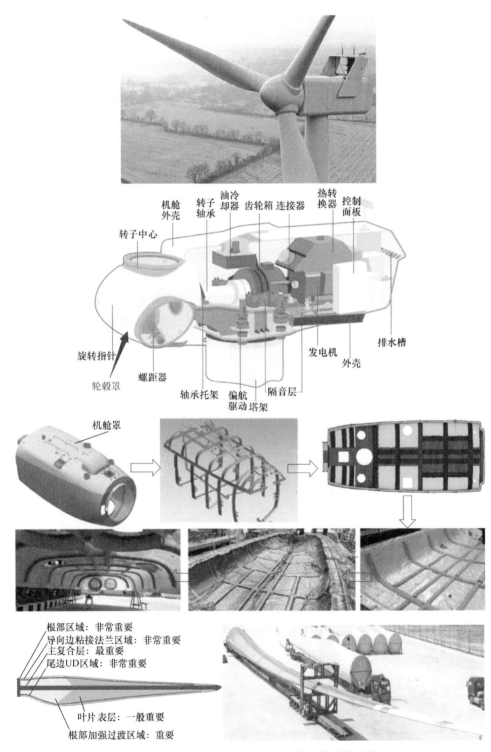

机舱
外壳　转子
轴承　油冷
却器　齿轮箱　连接器　热转
换器　控制
面板

转子中心

旋转指针

轮毂罩　螺距器　轴承托架　偏航
驱动塔架　隔音层　发电机　外壳　排水槽

机舱罩

根部区域：非常重要
导向边粘接法兰区域：非常重要
主复合层：最重要
尾边UD区域：非常重要

叶片表层：一般重要
根部加强过渡区域：重要

图 1.22　典型的玻璃纤维复合材料样品及结构（续）

低；另一方面提高叶片抗疲劳性能，提高输出功率，以碳纤维为材质更易生产大直径自适应叶片。

节能减排是汽车产业的重要研究课题，轻量化是解决问题的关键。先进高分子复合材料由于具有比模量和比强度高、减重潜力大、安全性好等突出优点，现已应用于汽车结构。碳纤维是碳元素含量在 90% 以上的纤维状材料，其中以聚丙烯腈（PAN）纤维为前驱体得到的聚丙烯腈基碳纤维较为重要，包括丙烯腈（AN）聚合物、PAN 原丝、PAN 纤维预氧化、PAN 预氧纤维碳化以及为与树脂复合进行表面处理等。碳纤维制造状况如图 1.23 所示。

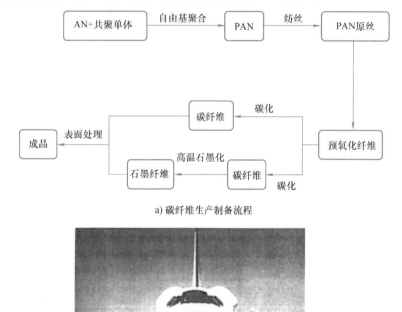

a) 碳纤维生产制备流程

b) 航天飞机的碳/碳复合材料鼻锥及侧翼

图 1.23 碳纤维制造状况

树脂基复合材料在客机、风电和汽车等领域的大规模应用尚未完全破局，复合材料产业落地尚未形成系统规模。增强材料、树脂基体等原材料的研究分散，超材料、石墨烯等新技术仍处于理论设计或实验验证阶段，离实际工程规模应用要求仍然存在差距。复合材料发展仍存在规模设计欠缺、资源整合不够、重要跨学科领域综合设计能力不足及技术共享不充分等问题，尚未形成通用化、系列化、标准化体系，缺少支撑未来技术发展的高性能产品。

最近，以汽车与物流为主的交通领域为复合材料发展注入了新活力。低碳、绿色经济对碳纤维复合材料应用的拉动效益显著，推动产业跨入到以工业应用为主的新阶段。环氧树脂是由环氧氯丙烷与双酚缩聚而成的热固性树脂，由它用作复合材料的基体树脂在复合材料中占重要地位。与高温固化相比，中温固化具有固化温度低、对模具精度要求不高、内应力小、尺寸稳定等优点，具有广阔发展空间。为避免固化后的环氧树脂产生韧性差、脆性强等问题，需要对其进行增韧改性，包括橡胶类弹性体增韧、热塑性聚合物增韧、热致液晶聚合物增韧等。另外，还需要对环氧树脂进行阻燃改性，近年来无卤阻燃剂得到广泛研究与应用。分子结构中带有一定量 N、Si 或 P 元素的功能单体，用作阻燃环氧树脂的反应性单体或固化剂，使树脂复合材料具有较好的阻燃性，如图 1.24 所示。

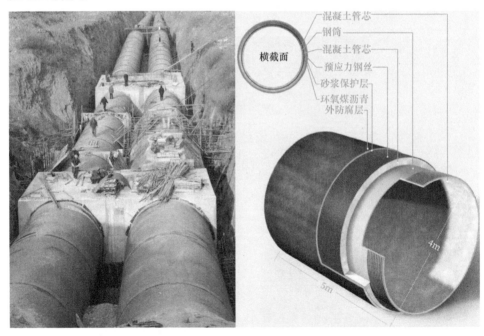

横截面

混凝土管芯
钢筒
混凝土管芯
预应力钢丝
砂浆保护层
环氧煤沥青外防腐层

4m

5m

图 1.24　环氧增韧相复合材料轻量化结构及设计

由于环氧树脂具备优异的耐化学性、热稳定性以及强度和刚度，使其广泛应用于航空、航天、电子等领域，作为结构黏合剂、储能纤维增强复合材料等。然而对于高密度交联结构，塑性变形受到限制，固化的环氧树脂显示出较差的断裂韧性，通过掺入增韧相可提高环氧树脂的断裂韧性，但目前挑战是，增韧填料应分散在基体树脂中以提高效率，如图 1.25 所示。因此，填料分散和填料与基体之间的界面相互作用是决定复合材料性能的主要因素。

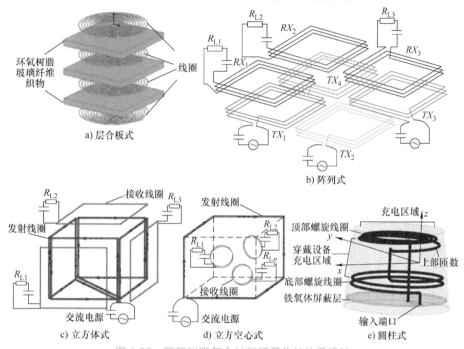

图 1.25　环氧树脂复合材料轻量化结构及设计

酚醛树脂是由酚类化合物（如苯酚）和醛类化合物（如甲醛）缩聚而成的热固性树脂，常见的酚醛树脂是以苯酚和甲醛缩聚而成的聚合物，如图 1.26 所示。酚醛树脂脆性大、延伸率低，且其结构上的酚羟基和亚甲基易氧化。为满足航空、航天及其他工程技术领域对酚醛树脂的性能要求，需进行增韧改性和耐热改性。在目前已有的改性酚醛树脂中，硼酚醛树脂将硼元素引入到酚醛树脂分子结构中，使酚醛树脂呈现出高氧指数、低毒、低烟等特点。特种树脂基体主要有双马来酰亚胺树脂、氰酸酯树脂、苯并噁嗪树脂等。这些特种树脂具有良好的耐热性、阻燃性、耐辐射、透波性、电绝缘性和机械性能，被认为是具有广阔发展前景的一类热固性聚合物基体树脂，有望成为环氧树脂的继任者，在航空和航天领域得到广泛应用。特种树脂基体复合材料在实际应用时需解决两大技术难题：①通过共聚、共混或其他方式，改善树脂的加工性能，解决固相高温固化成型带来的脆性大、易断裂等问题；②在确保材料具有足够高的耐热性能、力学性能和强度的同时，提高韧性，制备集强度、韧性、耐热性、加工性等优异性能于一身的复合材料，满足航空、航天及其他领域使用要求。

图 1.26　酚醛树脂样品及层合板

1.3　智能复合材料轻量化设计

　　随着人工智能、大数据及云计算等新技术的快速发展，对集成电路需求也越来越多。人们将 16nm 芯片作为基础器件以后的时代称为"后摩尔时代"。随着加工尺寸不断缩小，微电子学科正在转向纳电子学科，沿着延续摩尔、拓展摩尔、超越摩尔与丰富摩尔的路径不断向前发展，如图 1.27 所示。芯片集成电路特征尺寸的缩小及相应典型复合材料产品如图 1.28 所示。

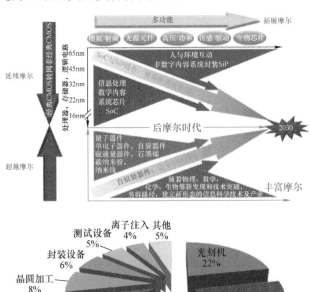

图 1.27　后摩尔时代集成电路的发展及工艺设备占比

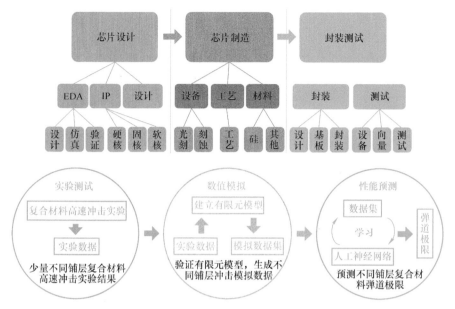

图 1.28　芯片集成电路特征尺寸的缩小及相应典型复合材料产品

　　在集成电路复合材料器件与结构设计中，正在研发、并期待量产的技术主要依赖于高频、高速、高功率、抗辐照及耐高温器件使用的稀土材料，如图 1.29 所示。集成电路芯片专用设备主要是 7nm 以下工艺必备的光刻机，且要不断提高刻录机的数值孔，如图 1.30 所示。集成电路的技术沿革如图 1.31 所示。

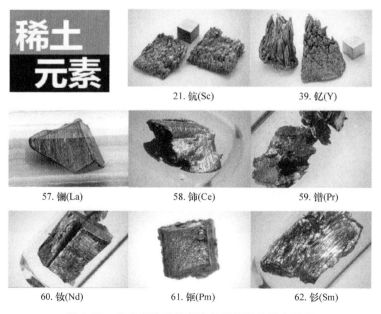

图 1.29　集成电路芯片复合材料使用的稀土元素

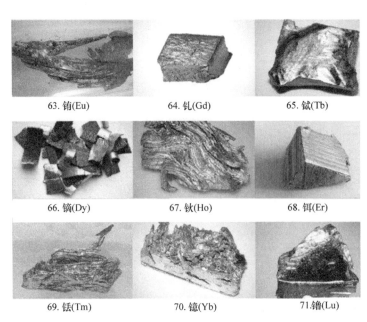

图 1.29　集成电路芯片复合材料使用的稀土元素（续）

图 1.30　制作集成电路芯片的光刻机

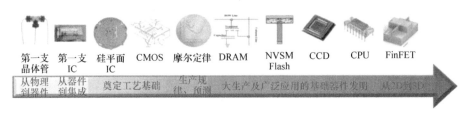

图 1.31　集成电路材料重要技术沿革

　　2010 年诺贝尔物理学奖令石墨烯近年来在技术和市场上炙手可热。石墨烯是由单层的碳原子紧密排列成二维的蜂巢状薄膜，厚度仅为 0.34nm。当科学家将一张碳原子薄片叠在另一张碳原子薄片上，在它们之间施加 1.1° 的旋转，然后将原子晶圆冷却到接近绝对零度时，就变成了完美的电子导管。在双层石墨烯中，实现了电子有规律无摩擦的流动。人们将三层石墨烯上下片对齐，中间片旋转 1.56°，就实现了超导特性，扭曲的三层石墨烯携带电子的能力证实了双层芯片系统并非偶然。石墨烯拥有约 97.7% 的透光率，而且熔点高达 3652℃，注定了其将在集成电路领域大有可为，石墨复合材料轻量化结构设计如图 1.32 所示。

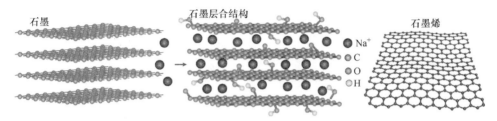

a) 石墨及石墨烯结构

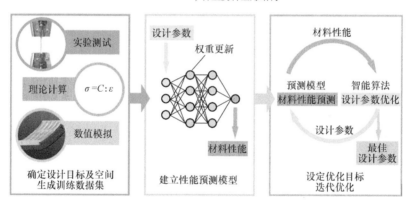

b) 石墨材料力学设计

图 1.32　石墨复合材料轻量化结构设计

　　超材料是指具有天然材料所不具备的性能的人工复合材料。微结构材料的特性是由其微观上的几何布局，而不是化学成分决定的。超材料的性能主要靠的不是它们的材质，而是结构。超材料由人工复合材料（例如金属或聚合物）制成的多种组元组装而成，其结构以重复的模式排列，其尺度小于它们所影响现象的波长。得益于超材料精确模型、几何形状、尺寸、取向和排列等特点，使其具有操控物理波、振动等的智能特性，即通过阻挡、吸收、增强或弯曲波来获得超越传统材料所具备的性能，如图 1.33a 所示。例如，气凝胶是一种内部有很多空隙的固态物质，里面充满了空气，把它拿在手上看上去就像凝固的烟，在阳光的照射下气凝胶几乎透明，重量也非常轻，密度只有同样原材料二氧化硅玻璃的千分之一，只要一抽掉空气这些气凝胶密度甚至比空气还低。非常轻盈。这种材料看起来脆弱不堪，但其实非常坚固牢靠，气凝胶可承受超过自身重量 1000 倍的压力。气凝胶具有纳米级的孔隙，这使得不管是冷空气还是热空气都很难穿透它们，是一种热导率极低的固体。因此，气凝胶也被用作芯片系统及工艺设备的隔热材料，如图 1.33b 所示。

a) 超材料   b) 气凝胶

图 1.33   超轻材料轻量化设计与测试分析

1.4 仿生复合材料的轻量化结构与设计启发

1.4.1 植物的复合材料轻量化结构及启发

在丰富多彩、五光十色的大自然植物世界里，轻量化构造以最小能源消耗方式出现，重量轻，寿命长，且能够保持一定刚度和强度。自然界轻量化原则是：**适合躯体的质量在遇到大载荷的地方，自然地优先生长；在承受小载荷的地方，材料则自然地减少。**这个演化规律极大地启发了科学家和工程师们。并且，硅化木轻量化结构及演进历程也再次证实了自然生长的轻量化原则，如图 1.34 所示。自然界种子、花及果实等重要植物结构也遵循了这个规则，并且

图 1.34   硅化木轻量化结构及演进历程

为仿生高韧性复合材料提供了新思路与解决方案，如图1.35所示。木材也是典型的植物轻量化材料，作为丰富的环境友好的轻质模板材料，可以进行大量工程化及产业化落地，如图1.36所示。木材被认为是由平行的中空管状结构组成，从横截面来看，它由近似平行的多层结构组成，具有丰富的垂直层间连接，其剪切性能分析，如图1.37所示。去除木质结构中的基质如木质素和半纤维素可产生便于功能化的多孔结构，然后通过轻量化实验台架测试提高木质复合材料的剪切性、刚度、强度、耐久性及断裂韧性等，如图1.38所示。

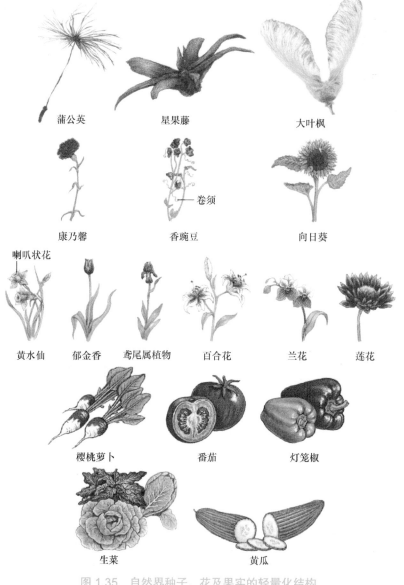

蒲公英　　　　　星果藤　　　　　　大叶枫

康乃馨　　　　　香豌豆——卷须　　　向日葵

喇叭状花　黄水仙　郁金香　鸢尾属植物　百合花　兰花　莲花

樱桃萝卜　　　　番茄　　　　　灯笼椒

生菜　　　　　黄瓜

图1.35　自然界种子、花及果实的轻量化结构

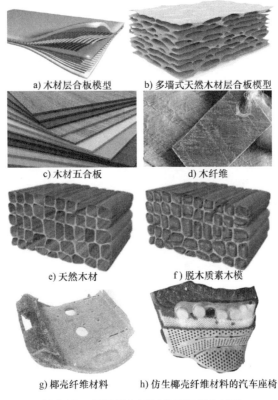

a) 木材层合板模型　　b) 多墙式天然木材层合板模型

c) 木材五合板　　d) 木纤维

e) 天然木材　　f) 脱木质素木模

g) 椰壳纤维材料　　h) 仿生椰壳纤维材料的汽车座椅

图 1.36　用天然木材制造层状复合材料

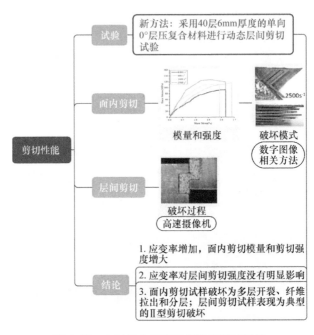

图 1.37　木材复合材料剪切性能测试思路

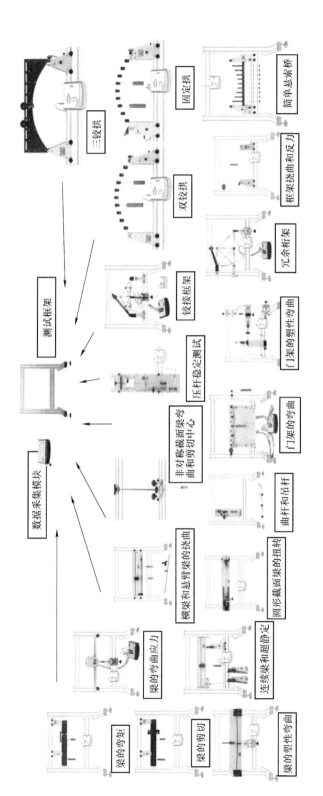

图 1.38 复合材料轻量化设计与分析测试台架

1.4.2 类肌腱水凝胶的多尺度轻量化设计

跑步一直是大众参与多、受欢迎程度高、简便易行的运动。但令人遗憾的是，研究显示这项运动的伤痛发生率高，其中又以膝痛为常见。导致膝痛原因很多，跑姿不正确、体重大、跑量多、缺乏力量及不重视恢复等，这些都是导致膝痛的因素，从而导致慢性损伤。跑步是周期性运动，蹬地、腾空、摆腿、着地、支撑等阶段周期重复出现，在跑步的整个过程中，哪个环节受力大，就是容易引发伤痛的关键环节，处理好这个环节就能很大程度解决伤痛问题。在跑步过程中，脚每次着地会对地面形成 2～3 倍体重的作用力，此时地面会形成相等的、反方向的力。看起来，着地所引发的冲击力是应力集中并且不断积累的。从脚后跟着地至脚掌离开面过程中地面反作用力的变化，明显有两个峰值。第一个峰值（称为被动峰值）是脚后跟接触地面的瞬间，地面给脚和小腿的反作用力（脚后跟着地跑者的数据），冲击力峰值基本上反映出了此时地面对脚和小腿冲击力的大小（图 1.39）。第二个峰值（主动峰值）出现在着地的中间时刻，此时冲击力来自脚支撑身体的重量。第二次冲击力峰值比第一次大且持续时间长。无论后脚跟着地还是前脚掌着地，都会受到至少 2 倍于体重的冲击力，但能够通过合理的技术降低冲击力对人体的伤害。

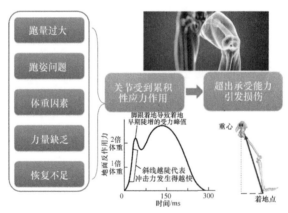

图 1.39　跑步状态的人体骨骼受力分析

硬着陆方式，如图 1.39 所示，着地时膝关节处于伸直状态，着地点远离身体重心。在着地瞬间，膝关节处于锁死状态，着地瞬间所带来的冲击力没有经过缓冲就直接作用于膝盖，自然就容易导致膝关节损伤。如果水平虚线代表重心距离着地点的距离，这个距离过大则说明跑姿存在明显问题，造成着地点远离重心，令人体受到地面冲击力的直接作用。着地时膝关节保持伸直状态可能与两个因素有关，一是步频过慢（低于 150 步 /min），二是甩小腿跑。因此，要想减少着地时地面的冲击力，必须在着地时保持膝关节处于弯曲状态，并通过着地后膝关节积极下压，依靠肌肉而非骨骼来缓冲地面冲击力。适当缩小步幅，让着地点更加靠近重心。从高处跳下，如果着地瞬间你的下肢关节都是伸直的，会受到很大地面冲击力，甚至引发骨折，但如果落地时膝关节保持弯曲并积极屈膝屈髋屈踝，就可以有效缓冲地面冲击力。

水凝胶是以水为分散介质的复合材料，具有交联网状结构，能够吸收大量水，具有良好柔性且能保持一定形状，也能通过物理化学方法修饰实现多功能。这些特点使其在组织培养、伤口敷料、人造肌肉、软体机器人及可穿戴器件等方面得到了广泛应用。但水凝胶由于交联松散、固含量低及结构等原因而显得不够强韧、弹性不好且不耐久，难以用于要求长寿命、高负载及大变形的实际应用领域。动物体内肌腱含水量也很高，但肌腱强度、韧性以及耐久性都很好。人类正常运动，肌腱会用超百万次，但性能不会有影响，原因是肌腱在多个长度尺度都具有各向异性结构，这些结构多级组装，赋予了肌腱优秀的机械性能。受此启发，科学家提出改进水凝胶性能策略——冷冻辅助盐析处理，可让水凝胶在从毫米至分子水平的不同长度尺度上产生多级各向异性结构，从而提高水凝胶韧性、强度和耐疲劳性。以聚乙烯醇水凝胶为模型，能有效改善水凝胶的密度、结晶度和内部网络结构，提升机械性能，这为水凝胶的实际应用提供了良好基础。

为了提高水凝胶的性能，人们尝试了多种结构工程和分子工程方法，例如电纺丝、挤出、冷冻成型、机械拉伸以及自组装、诱导疏水性聚集等。定向冷冻成型可使水凝胶在较大尺度上（微米至毫米）具有各向异性结构，同时提高分子密度。而简单添加特定离子来改变聚合物聚集态，可在相同的聚合物组合物形成模量对比结构。科学家结合定向冷冻成型和随后的盐析处理，在从毫米至分子水平的不同长度尺度上协同产生水凝胶结构（如图 1.40 所示），构建了具有分级各向异性结构的高强度、高韧性、可拉伸且耐疲劳的水凝胶。该方法从复合材料多尺度和各向异性结构的角度对水凝胶进行调控，使水凝胶在从毫米到分子水平的多个长度尺度上具有多层次和各向异性结构，如图 1.40 所示。提高水凝胶内部网络的复杂程度，同时提高结晶度和密度。以聚乙烯醇水凝胶为模型，所得水凝胶具有良好的强度、韧性和耐疲劳性，该方法对其他材质水凝胶依然适用，这些特点使其在仿生肌肉软体机器组织系统等方面得到应用（如图 1.41 所示），为设计新型高性能水凝胶提供了轻量化技术基础。

1.4.3　外骨骼装备的轻量化设计

骨骼密度虽小，但有橡胶性能的骨胶原与节支弹性蛋白来形成稳定性。外骨骼结构的刚度则通过轻量化设计来形成，该结构具有高抗弯刚度和翘曲刚度。遵循自然轻量化法则会在许多方面给轻量化设计指明方向，如图 1.42 所示。

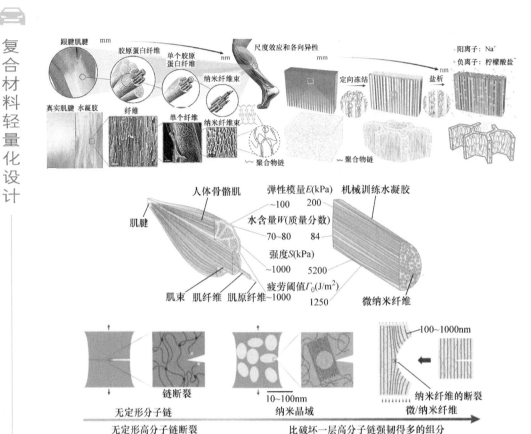

类肌腱仿生水凝胶及抗疲劳材料轻量化设计思路

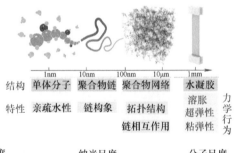

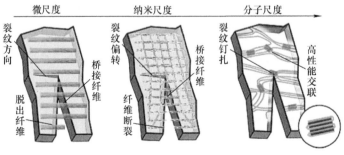

图1.40　复合材料肌腱与水凝胶多尺度轻量化设计模型

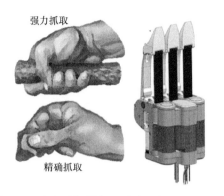

强力抓取

精确抓取

图 1.41 水凝胶轻量化设计应用与仿生机器手

图 1.42 骨骼结构分析及轻量化外骨骼结构

1.4.4 飞鸟复合结构轻量化

蜂鸟飞翔时两翅急速拍动，快速有力而持久，频率可达 50 次 /s 以上。这使其善于在空中悬停，它的动态力学特性如图 1.43 所示。通过仿生轻量化设计，可将类似结构应用于无人机和仿生机器人。仿生大型鸟的飞行结构特征，通过复合材料轻量化设计后，可设计出飞机的轻量化结构特征，如图 1.44 所示。

1.4.5 荷叶疏水复合材料轻量化分析

荷叶微观表面有很多 μm 尺度蜡质乳突结构。用电子显微镜观察，可以发现微结构表面又附着更小纳米尺度颗粒，这些称为荷叶微 - 纳米尺度双重结构，这类结构排列紧密，在其周围形成了类似于气垫结构，就是这些气垫造成了荷叶疏水的特点，如图 1.45 所示。接触角决定水滴和物体的接触面积，绿线与红线之间的角度就是接触角。接触角越大，水滴越趋向于规则圆形，容易滚动；接触角越小，接触面越大，水滴就不易流动。若把荷叶浸在水下 10m 左右一段时间，由于压力的作用，气垫内的空气被排出，荷叶就会变得亲水。超疏水性

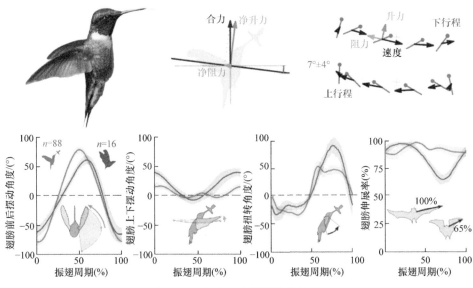

图 1.43 蜂鸟动力学轻量化特性

图 1.44 大型鸟类飞行仿生飞机轻量化结构

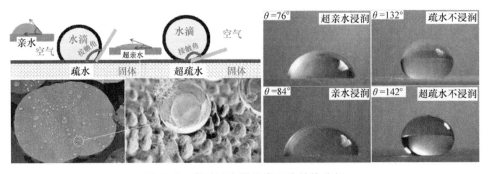

图 1.45 荷叶疏水微纳米尺度结构分析

荷叶的表面有一层茸毛（微米尺度结构）和一些微小的乳突（纳米尺度结构），水在这些纳米级的微小颗粒上因接触角极小，不会大面积沾染，而是形成一个个球体，就是看到荷叶上滚动的雨水或者露珠。滚动的水珠会带走叶子表面的灰尘，从而清洁了叶子表面。两种不相容的液体，或液体与气体之间会存在表面张力，表面张力是由分子间拉住彼此的力产生的，这种力使得液体的表面类似于处于绷紧状态下的弹性膜，具有收缩的趋势，使得液体表面积尽可能小。而球体的比表面积最小，因此液体的形状要具有小比表面积，自然形成球。由于重力作用，球体会有变形，荷叶表面的水滴就形成了。

1.4.6　铁锭甲虫复合材料的轻量化结构分析

在骨骼、牙齿和贝壳等天然物品中发现的材料，通常具有特殊的机械性能，能以传统工程材料无法达到的方式将强度、韧性和自愈能力等性能结合起来。这些优异的性能部分归因于材料的层次，更重要的是，不同尺度的材料之间的契合结构导致了协同强韧化机制。因此，许多人都致力于发展受自然启发的层次结构复合材料。铁锭甲虫（ironclad beetle），以其坚硬的外壳闻名于世，在遭到踩踏乃至汽车碾压后仍能幸存，轻量化外壳使它能支撑 149N 的力，食肉动物或者鸟类面对它都无从下嘴，不仅硌牙影响口感，而且吞下去就像咽了一颗石子。在压力实验中科学家发现，它可以承受约 3.9 万倍于自身体重的压力。仅 2cm 长的铁锭甲虫就像一个六条腿的小坦克，通过 CT 扫描、显微镜图像、三维打印模型和计算机模拟分析铁锭甲虫装甲，终于揭示了其高强度的秘密。在对铁锭甲虫的研究中，科学家发现其外壳角质层中，是由比较常见的多糖 α-甲壳素的分子与蛋白质结合形成纤维，纤维聚集成扭曲的螺旋状排列，这种扭曲排列的纤维堆积，使角质层具有多层微观结构，使其具备一定的坚固性且能够吸收能量。

但甲壳质角质层的成分性质，仍不足以解释其超级抗压的特性。科学家发现恶魔铁锭甲平均压力载荷为（133±16）N，约为其自身体重的 3.9 万倍，一方面是其外骨骼的上半部分和下半部分之间的一系列连接，在边缘上有一些凸脊锁契合在一起，而且接触面呈现出三种不同类型的侧向支撑，将腹侧角质层连接到鞘翅上：叉指式、闭锁式和独立式。叉指关节在压缩下表现最坚硬、最结实，而闭锁和独立式的支撑使外骨骼在压缩时可以发生一些形变，缓冲压力。第二个关键特征，是其背部刚柔并济的接头或缝合结构，其沿甲虫背部中线延伸，连接起左侧和右侧厚实的装甲。科学家将这里的一系列凸起物，称为"刀片"，它们可以像拼图玩具一样装配在一起，将两侧紧密相连。而且这些刀片包含由蛋白质粘合在一起的组织层，具有较高的抗损伤性以及自我修复性。

当用一定的力挤压甲虫时，每个"刀片"层之间的蛋白质胶中会形成微小的裂纹，但是科学家表示，那些小的裂纹，类似于可自愈的"骨折"，这些"刀片"能够有效吸收冲击而不会完全折断，保护体内的软组织。上层坚固而具有的交叉状支撑物的坚固结构，可用于保护甲虫的重要器官不被压碎；在上下链接部分，柔顺的闭锁式和独立式的支撑物则允许外骨骼变形，类似于可调高低的汽车悬架，从而使甲虫能够挤入岩石或树皮的缝隙中。

铁锭甲虫如此强悍，原因在于它有一种特殊结构：鞘翅。所谓鞘翅，就是指昆虫的外骨骼前翅，金龟子和瓢虫身上就有这样的结构。鞘翅质坚而厚、抗挤压，常会硬化为不透明的角质，并不能用于飞行，主要是起到保护作用。这种优异的性能往往是由于材料具有从分子到宏观层面的几个不同尺度的复杂分层结构。对于节肢动物（包括昆虫和其他节肢无脊椎动物）来说，其外骨骼主要包括三层——最外层的防水表皮和两个为机体提供保护和机械支持的内部角质层。在两个角质层中，多糖的分子与蛋白质结合形成纤维，纤维再组合成扭曲的螺旋状排列，这样的结构令节肢动物的外骨骼有韧性、可以吸收冲击能量、耐损伤。为科学家们的研究提供了一种新思路。

鞘翅呈椭球形，由复杂且有层级的多个界面形成。图 1.46 中绿色的 cross section 字样是指铁锭甲虫的横截面，黄色 elytra 字样就是重点观察对象鞘翅。鞘翅富含蛋白质，但不含甲壳类动物外骨骼中常有的无机矿物质，而且其外壳相比其他昆虫的外壳要厚得多，这有助于其外骨骼吸收能量。采用微型计算机断层摄影成像技术，继续观察外骨骼界面的显著特征，如图 1.46 所示，鞘翅和腹侧角质层（甲虫最下方外壳）相连接处有三种不同类型（交织型、闭锁型和独立型）侧向支撑；两个鞘翅间有一个坚硬的关节，即缝合线。正是坚硬的交织型支撑保护了甲虫的重要器官免受挤压，而闭锁型和独立型支撑使得外骨骼可以在特定情形下实现变形，使得铁锭甲虫可以挤进岩石或树皮的缝隙中。这一发现可用于发展有韧性、抗冲击、抗压的材料。为此，科学家们利用仿生复

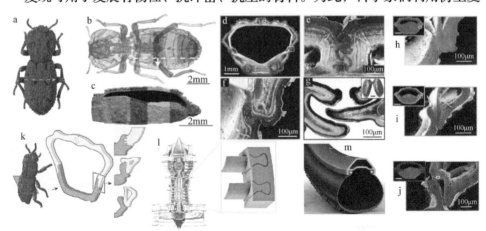

图 1.46　铁锭甲虫宏细观结构与特性测试实验

合材料制作了一种连锁缝合线。与常用的工程接头相比，这种材料的确有着相当大的韧性。模仿甲虫的外骨骼，使用 3D 打印技术制作了具有层压结构的锯齿形叶片，并将其与两种缺乏这种结构的叶片进行对比，结果显示，受甲虫启发的叶片比其他两种叶片更加坚硬，并且还能够吸收更多能量。

通过研究铁锭甲虫主要身体部位坚固的接头和接口，可用类似的轻量化结构改进飞机涡扇。从各种甲虫微观结构与形态层面上，进行仿生设计与电镜实验等，如图 1.47 所示，是复合材料性能与功能设计的创新思路之一，目前发展较快的有层状结构、网状结构、微孔结构与梯度结构等。

a) 实验电镜

b) 甲虫模型

图 1.47　不同甲虫宏细观结构观测实验

1.4.7　复合材料仿生机器

科学家从青蛙的结构中获得灵感，将多种材料进行仿生复合，在一定程度上打破了强度和塑性的牵制，获得了同时具备优异刚度和强度的仿生机器蛙，如图 1.48a 所示。虎豹身体在跑动中，具备高强度、耐冲击及减振等特性，其软体结构在减振、吸声、吸能方面有着特殊的功效，进行仿生复合材料轻量化设计，可获得抗冲击、减振、耐疲劳的软体复合材料仿生机器，如图 1.48b 所示，可应用于交通、工程机械、航空航天等工业装备领域。

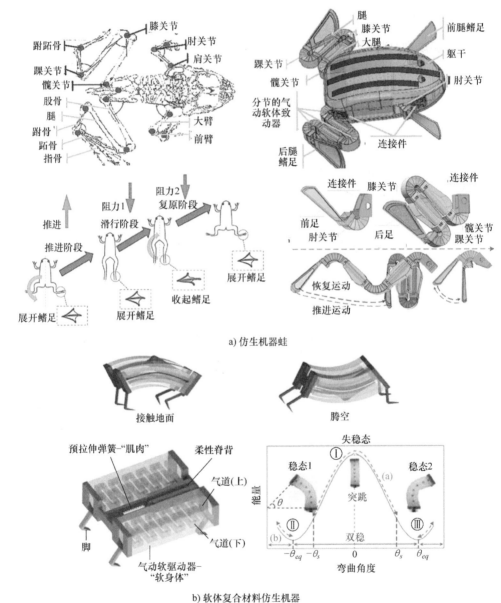

图 1.48 轻量化结构及设计

1.5 复合材料轻量化成型技术

喷射成型工艺属于低压成型工艺，使用短切纤维和树脂经过喷枪混合后，通过压缩空气喷洒在模具上，达到预定厚度后，再手工用橡胶辊按压，然后固化成型。喷射成型是为改进手糊成型而创造的一种半机械化成型工艺，在工作效率方面有一定程度的提高，但依然满足不了大批量生产，通常被用以制造汽车车身、储罐的过渡层。

缠绕成型是将经过树脂胶液浸渍的连续纤维或布带按一定规律缠绕到芯模上，然后固化、脱模成为复合材料制品的工艺。碳纤维缠绕成型可充分发挥其高比强度、高比模量以及低密度的特点，可用于制造圆柱体、球体及某些正曲率回转体或筒形等结构简单的碳纤维制品。

树脂转移模塑成形（Resin Transfer Molding，RTM）技术是一种低成本复合材料的制造方法，最初主要用于飞机次承力结构件，如舱门和检查口盖。RTM 技术具有高效、低成本、制件质量好、尺寸精度高、受环境影响小等优点，可应用于体积大、结构复杂、强度高的复合材料制件的成型，已经成为近几年复合材料加工领域研究最为活跃的方向之一。

液态成型将传统液态单体合成为高分子聚合物，再从聚合物固化反应为复合材料的过程改为直接在模具中一次完成，既减少了工艺过程中的能量消耗，又缩短了模塑周期。但这种工艺的应用，必须以精确的管道输送和计量以及温度压力自动控制为基础，属于高分子材料和近代高新科学技术的交叉范畴，目前的应用范围还不是很广。

树脂膜渗透成型工艺的主要优点是模具比 RTM 工艺模具简单，树脂沿厚度方向流动，更容易浸润纤维，没有预浸料，成本较低。但所得制品尺寸精度和表面质量不如 RTM 工艺，空隙含量较高，效率也稍微低一些，适合生产大平面或简单曲面的零件。

真空辅助成型工艺的优点是原材料利用率高，制件修整加工量少，不需要预浸料，成本较低，适用于常温或温度不高的大型壁板结构件生产。

模压成型将碳纤维预浸料置于上下模之间，合模将模具置于液压成型台上，经过一定时间的高温高压使树脂固化后，取下碳纤维制品。这种成型技术具有高效、制件质量好、尺寸精度高、受环境影响小等优点，适用于批量化、强度高的复合材料制件的成型。但前期模具制造复杂，投入高，制件大小受压机尺寸的限制。

注塑成型是一种新型技术，将传统的"多步法"工艺集成为"一步法"，大大缩短了工艺流程，并且更好地保留了纤维长度，达到节能高效生产的目的。通过材料 - 装备 - 制造中的配方优化、混配系统、智能控制系统和成型工艺参数优化等一系列关键技术，满足了汽车轻量化对制品强度、成本、效率等方面的需求。

湿法铺层成型的主要流程是在模具工作面上涂敷脱模剂、胶衣，将剪裁好的碳纤维预浸布铺设到模具工作面上，刷涂或喷涂树脂体系胶液，达到需要的厚度后，成型固化、脱模。在制备技术高度发达的今天，该工艺仍以工艺简便、投资低廉、适用面广等优势在石油化工容器、贮槽、汽车壳体等领域广泛应用。其缺点是质地疏松、密度低，制品强度不高，而且主要依赖于人工，质量不稳定，生产效率低。

真空热压罐将单层预浸料按预定方向铺叠成的复合材料坯料放在热压罐内，在一定温度和压力下完成固化过程。热压罐是一种能承受和调控一定温度、压力范围的专用压力容器。坯料被铺放在附有脱模剂的模具表面，然后依次用多孔防粘布（膜）、吸胶毡、透气毡覆盖，并密封于真空袋内，再放入热压罐中。加温固化前先将袋抽真空，除去空气和挥发物，然后按不同树脂的固化制度升温、加压、固化。固化制度的制定与执行是保证热压罐成型制件质量的关键。真空热压罐成型工艺具备很多优点，不仅可固化不同厚度的层合板和制造复杂曲面的零件，力学性能也可靠。但相应地，真空热压罐成型也有一些缺点，例如制件大小会受到热压罐的尺寸限制，并且耗能较高，导致加工成本也比较高。

真空导入的主要流程是在模具上铺"干"碳纤维复合材料，然后铺真空袋，并抽出体系中的真空，在模具腔中形成一个负压，利用真空产生的压力把不饱和树脂通过预铺的管路压入纤维层中，让树脂浸润增强材料，最后充满整个模具，制品固化后，揭去真空袋材料，从模具上得到所需的制品。在真空环境下树脂浸润碳纤，制品中产生的气泡极少，强度更高、质量更轻，产品质量比较稳定，而且降低了树脂的损耗，仅用一面模具就可以得到两面光滑平整的制品，能较好地控制产品厚度。一般应用于汽车工业中的各类车顶、挡风板、车厢等。

感应加热是将感应器集成在模具中的新型感应加热工艺，可以在 20 ~ 400℃的温度下加工碳纤维，通过热传导利用集成在模具内部的感应器来加热模具表面。采用电磁感应可以迅速加热模具，并能很好地控制局部温度。其优势是显著减少了加工周期和部件成本。但是目前该种技术尚不适合大型部件，而且要求产量必须足够大。

层压成型是将逐层铺叠的预浸料放置于上下平板模之间加压加温固化的成型工艺，这种工艺可以直接继承木胶合板的生产方法和设备，并根据树脂的流变性能进行改进与完善。层压成型工艺主要用来生产各种规格、不同用途的复合材料板材。具有自动化程度高、产品质量稳定等特点，但是设备一次性投资大。

拉挤成型将浸渍树脂胶液的连续碳纤维丝束、带或布等，在牵引力的作用下，通过挤压模具成型、固化，连续不断地生产长度不限的型材。拉挤成型是复合材料成型工艺中的一种特殊工艺，其优点是生产过程可完全实现自动化控制，生产效率高。拉挤成型制品中纤维质量分数可高达 80%，浸胶在张力下进行，能充分发挥增强材料的特性，产品强度高，其制成品纵、横向强度可任意调整，可以满足制品的不同力学性能要求。该工艺适合于生产各种截面形状的型材，如工字型、角型、槽型、异型截面管材以及上述截面构成的组合截面型材。

复合材料，尤其是碳纤维复合材料以它的低密度、高性能、抗腐蚀等诸多优势而越来越受到汽车业的青睐，特别是新能源汽车当然碳纤维复合材料的成本高、制作周期长等缺点对于汽车工业来说还是有不少劣势，也是目前不能广泛应用在汽车上的主因，但随着技术的进步，未来在汽车上的应用也会越来越广。

1.6 复合材料 SMC 等模压成型技术

近年来发展较为迅速的原子层沉积方法在半导体工业中有着较多的应用，比较传统的还有化学气相沉积方法、自组织生长方法等。因此，虽然大家目前制作光学薄膜普遍使用的是物理方法，也不能忽视了化学方法的可取之处，在解决制作难题时，不可一味采用现有技术和手段，要用更广阔的思维视角去看待问题，处理问题，不断创新解决问题的方法。片状模压料（Sheet Molding Compound，SMC）是由树脂糊浸渍纤维或短切纤维毡，两边覆盖聚乙烯薄膜而制成的一类片状模压料，属于预浸毡料范围，如图 1.49 所示。SMC 是目前国际上应用最广泛的成型材料之一，用不饱和聚酯树脂、增稠剂、引发剂、交联剂、低收缩添加剂、填料、内脱模剂和着色剂等混合成树脂糊浸渍短切纤维粗纱或玻璃纤维毡，并在两面用聚乙烯或聚丙烯薄膜包覆起来形成的片状模压料。

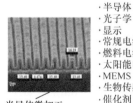

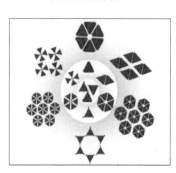

图 1.49　典型薄膜的制作方法

SMC 作为一种发展迅猛的新型模压料，具有许多特点：①重现性好，不受操作者和外界条件的影响；②操作处理方便；③操作环境清洁、卫生，改善了劳动条件；④流动性好，可成型异形制品；⑤模压工艺对温度和压力要求不高，可变范围大，可大幅度降低设备和模具费；⑥纤维长度 40～50mm，质量均匀性好，适于压制截面变化不大的大型薄壁制品；⑦所得制品表面光洁度高，采用低收缩添加剂后，表面质量更为理想；⑧生产效率高，成型周期短，易于实现全自动机械化操作，生产成本相对较低。

SMC 作为新型复合材料，根据具体用途和要求的不同又发展出系列新品种，如①高强度模压料（Hight Molding Compound，HMC）和高强度片状模压料（XMC）主要用于制造汽车部件。HMC 中不加或少加填料，采用短切玻璃纤维，纤维含量为 65% 左右，玻璃纤维定向分布，具有极好的流动性和成型表面，其制品强度约是 SMC 制品强度的 3 倍。XMC 用定向连续纤维，纤维含量达 70%～80%，不含填料。②模塑成型技术，包含模塑料、注射模塑机械和模具三种含义。其制品既保持了较高的强度指标，又具有优良的外观和很高的生产效率，综合了 SMC 和 HMC 的优点，获得了较快的发展。

SMC 的原材料由合成树脂、增强材料和辅助材料三大类组成。合成树脂为不饱和聚酯树脂，不同的不饱和树脂对树脂糊的增稠效果、工艺特性以及制品性能、收缩率、表面状态均有直接的影响。SMC 对不饱和聚酯树脂有以下要求：①黏度低，对玻璃纤维浸润性能好；②同增稠剂具有足够的反应性，满足增稠要求；③固化迅速，生产周期短，效率高；④固化物有足够的热态强度，便于制品的热脱模；⑤固化物有足够的韧性，制品发生某些变形时不开裂；⑥较低的收缩率。增强材料为短切玻璃纤维粗纱或原丝。在不饱和聚酯树脂模塑料中，用于 SMC 增强材料的目前只有短切玻璃纤维毡，而用于预混料的增强材料比较多，有短切玻璃纤维、石棉纤维、麻和其他各种有机纤维。在 SMC 中，玻璃纤维含量可在 5%～50% 之间调节。辅助材料包括固化剂、表面处理剂、增稠剂、低收缩添加剂、脱模剂、着色剂、填料和交联剂。

SMC 生产的工艺流程主要包括树脂糊制备、上糊操作、纤维切割沉降及浸渍、树脂稠化等过程，其工艺流程为：①将不饱和聚酯树脂和苯乙烯倒入配料釜中，搅拌均匀；②将引发剂倒入配料釜中，与树脂和苯乙烯混匀；③在搅拌作用下加入增稠剂和脱模剂；④在低速搅拌下加入填料和低收缩添加剂；⑤在配方所列各组分分散为止，停止搅拌，静置待用。连续法是将 SMC 配方中的树脂糊分为两部分，即增稠剂、脱模剂、部分填料和苯乙烯为一部分，其余组分为另一部分，分别计量、混匀后，送入 SMC 机组上设置的相应贮料容器内，在需要时由管路计量泵计量后进入静态混合器，混合均匀后输送到 SMC 机组的上糊区，再涂布到聚乙烯薄膜上。

浸渍和压实：经过涂布树脂糊的下承载薄膜在机组的牵引下进入短切玻璃纤维沉降室，切割好的短切玻璃纤维均匀沉降在树脂糊上，达到要求的沉降量后，随传动装置离开沉降室，并和涂布有树脂糊的上承载薄膜相叠合，然后进入由一系列错落排列的辊阵中，在张力和辊的作用下，下、上承载薄膜将树脂糊和短切玻璃纤维紧紧压在一起，经过多次反复，使短切玻璃纤维浸渍树脂并赶走其中的气泡，形成密实而均匀的连续 SMC 片料。SMC 片材的质量对成型工艺过程及制品质量有很大的影响。因此，压制前必须了解料的质量，如树脂糊配方、树脂糊的增稠曲线、玻纤含量、玻纤浸润剂类型、单重、薄膜剥离性、硬度及质量均匀性等。按制品的结构形状，加料位置，流程决定片材剪裁的形状与尺寸，制作样板裁料。剪裁的形状多为方形或圆形，尺寸多按制品表面投影面积的 40% ~ 80%。为防止外界杂质的污染，上下薄膜在装料前才揭去。

设备的准备：熟悉压机的各项操作参数，尤其要调整好工作压力和压机运行速度及台面平行度等。模具安装一定要水平，并确保安装位置在压机台面的中心，压制前要先彻底清理模具，并涂脱模剂。加料前要用干净纱布将脱模剂擦均，以免影响制品外观质量。对于新模具，用前必须去油。每个制品的加料量在首次压制时可按下式计算：加料量 = 制品体积 ×1.8，加料面积的大小，直接影响到制品的密度程度料的流动距离和制品表面质量。它与 SMC 的流动与固化特性、制品性能要求、模具结构等有关。一般加料面积为制品表面积的 40% ~ 80%。过小会因流程过长而导致玻纤取向，降低强度，增加波纹度，甚至不能充满模腔；过大则不利于排气，易产生制品内裂纹。加料位置与方式直接影响到制品的外观、强度与方向性。通常情况下，加料位置应在模腔的中部。对于非对称复杂制品，加料位置必须确保成型时料流同时达到模具成型内腔各端部。加料方式必须有利于排气。多层片材叠合时，最好将料块按上小下大呈宝塔形叠置。另外，料块尽量不要分开加，否则会产生空气裹集和熔接区，导致制品强度下降。在加料前，为增加片材的流动性，可在 100 ~ 120℃下预热操作。这一点对成型深拉形制品尤其有利。

当料块进入模腔后，压机快速下行。当上、下模吻合时，缓慢施加所需成型压力，经过一定的固化制度后，制品成型结束。成型过程中，要合理地选定各种成型工艺参数及压机操作条件。成型温度的高低，取决于树脂糊的固化体系、制品厚度、生产效率和制品结构的复杂程度。成型温度必须保证固化体系引发、交联反应的顺利进行，并实现完全的固化。一般厚度大的制品所选择的成型温度应比薄壁制品低，这样可防止过高温度在厚制品内部产生过度的热积聚。如制品厚度为 25 ~ 32mm，其成型温度为 135 ~ 145℃。而更薄制品可在 171℃下成型。成型温度的提高，可缩短相应的固化时间；反之，当成型温度降低时，则需延长相应的固化时间。成型温度应在最高固化速度和最佳成型条件之间权衡选定。SMC 成型温度在 120 ~ 155℃之间。成型压力 SMC 成型压力随制品结构、形状、尺寸及 SMC 增稠程度而异。形状简单的制品仅需 25 ~ 30MPa 的成型压力；形状复杂的制品，成型压力可达 140 ~ 210MPa。SMC 增稠程度越高，所需成型压力也越大。成型压力的大小与模具结构也有关系。垂直分型结构模具所需成型压力低于水平分型结构模具。配合间隙较小的模具比间隙较大的模具需较高压力。外观性能和平滑度要求高的制品，在成型时需较高的成型压力。成型压力确定应考虑多方面因素。SMC 成型压力在 3 ~ 7MPa 之间。SMC 在成型温度下的固化时间（也叫保温时间）与它的性质及固化体系、成型温度、制品厚度和颜色等因素有关。固化时间一般按 40s/mm 计算。对 3mm 以上厚制品，每增加 4mm，固化时间增加 1min。由于 SMC 是一种快速固化系统，因此压机快速闭合很重要。若加料后，压机闭合过缓，那么易在制品表面出现预固化补斑，或产生缺料、或尺寸过大。在实现快速闭合的同时，在压机行程终点应细心调节模具闭合速度，减缓闭合过程，利于排气。

1.7 复合材料连接技术

对于传统金属材料结构而言，零件之间通常采用焊接的连接方式，其工艺成熟，传递载荷性能优异。相对金属结构而言，复合材料由于其材料、工艺等方面的特性，无法采用传统的连接方式，为保证各部件制件载荷的有效传递，必须采用合理的连接方式来解决，如图 1.50 所示。因此，连接设计是保证在复合材料结构性能的关键环节之一。

机械连接优点：①便于检查，可靠性高；②可重复装配，维修性好；③无残余应力；④受环境影响小。缺点：①制孔后孔周部位局部会出现应力集中，降低了连接效率；②打孔后层压板局部强度下降，需局部加厚；③制孔要求较高；④有电化学腐蚀的风险。

胶接优点：①无钻孔引起的应力集中，层压板强度不受影响；②抗疲劳、密封减振、绝缘性好；③组织裂纹扩展，安全性好；④不同材料无电化学腐蚀。缺点：①强度分散性大，剥离强度低，难以传递大载荷；②受环境影响大，易老化；③胶接面需特殊处理，工艺要求严格；④永久性连接，胶接后不可拆卸，修补困难。

对于复合材料，单纯的机械连接及胶接都无法满足装配需求，更适合用混合连接。复合材料混合连接技术如图 1.51 所示，其同时具备机械连接与胶接的优点。①可以阻止或延缓胶层损伤的扩展，提高抗剥离、抗冲击、抗疲劳和抗蠕变等性能；②可以在密封、减振、绝缘的前提下进一步增大连接强

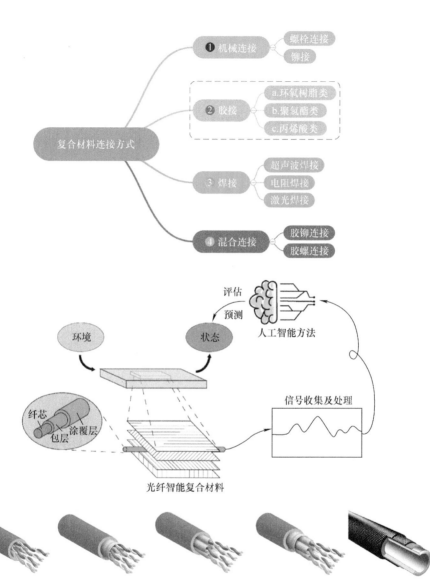

图 1.50　复合材料连接技术

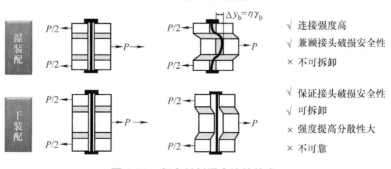

图 1.51　复合材料混合连接技术

度，提高载荷传递能力；③隔离金属紧固件与复合材料，无电化学腐蚀。混合连接注意事项：①应选用韧性胶黏剂，尽量使胶接的变形与机械连接的变形相协调；②需提高紧固件与孔的配合精度，否则易引起胶层剪切破坏，降低连接强度。

复合材料连接方法的选取应充分利用各自的优点，遵循原则如下：

1）机械连接：①主要用于传递集中载荷或强调可靠性的部位；②其中螺栓连接比铆钉连接可承受更大的载荷，一般用于主承力结构的连接。焊接主要适用于热塑性复合材料。

2）胶接：①一般适用于传递均布载荷或承受剪切载荷的部位；②可用于非主要承力结构上，在轻型飞机、汽车行业等应用较多；③有密封、减振、绝缘等要求的部位。

3）混合连接：适用于要求安全裕度较大的连接部位，一般适用于中等厚度板的连接。

碳纤维复合材料胶接技术如图 1.52 所示。

图 1.52　碳纤维复合材料胶接技术

4）复合材料胶接技术设计：①优秀的胶接连接设计应使其胶接强度不低于被胶件本身的强度，否则胶接将成为薄弱环节，使胶接结构过早破坏；②胶接连接设计应根据最大载荷的作用方向，使所设计的胶接连接以剪切的方式传递最大载荷，而其他方向载荷很小，尽量避免胶层受拉力和剥离力；③应特别注意被胶接件热膨胀系数要匹配。

5）复合材料胶接胶粘剂选择：胶粘剂按应力 - 应变特性分为韧性及脆性两种。脆性胶粘剂的剪切强度高于韧性胶粘剂，韧性胶粘剂的连接静强度较高。因此，环境温度低于 100℃时尽量选用韧性胶粘剂，高温环境时最好选用脆性胶粘剂。目前碳纤维复合材常用的胶粘剂有环氧树脂类、聚胺酯类和丙烯酸类。复合材料胶接表面处理方式有图 1.53 所示三种。粘接物体表面的清洁度、粗糙度和表面化学结构直接影响最终的粘接强度，表面处理工艺主要是通过改善材料表面来提高粘接强度。

复合材料胶接搭接技术如图 1.54 所示。从强度角度考虑，当胶接构件较薄时，宜采用简单的单面搭接或双面搭接形式。当胶接构件较厚时，由于偏心载荷产生的偏心力矩较大，宜采用阶梯型搭接或斜面搭接形式：当被胶件厚度 $t < 1.8mm$ 时，可采用单搭接，搭接长度与被胶件厚度比 $L/t = 50 \sim 100$ ；对中

等厚度板（1.8mm ≤ *t* ≤ 4mm），采用双搭接比较适宜，搭接长度与被胶件厚度比 *L/t*≈30；当被胶件很厚（*t* > 4mm）时，宜选用斜面搭接，搭接角度6°～8°，若斜面加工在工艺上不易实现，采用阶梯形搭接。

图 1.53　复合材料胶接表面处理技术

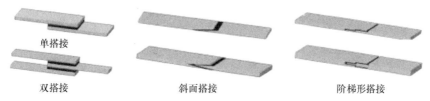

图 1.54　复合材料胶接搭接技术

1.8　碳纤维复合材料轻量化设计

碳纤维（Carbon Fiber，CF）是含碳量在90%以上的高强度、高模量的新型纤维材料。碳纤维增强复合材料及功能设计思路如图1.55所示。生产碳纤维的技术工艺是：首先是在机械载荷和温度（250～300℃）控制下的材料拉伸处理，第二步是通过热解（1500～1600℃，惰性气体气氛中）还原成石墨层（碳化，碳的质量百分比为96%～98%）。为进一步提高纯度和定向质量，可以进行石墨化处理步骤（温度 > 1800℃）。能源密集型制造工艺使得碳纤维成本高，这也是迄今为止在汽车行业中通常只有在赛车或跑车中才使用碳纤维复合材料的根本原因。碳纤维复合材料具有低密度、高弹性模量和抗拉强度的组合，以及生产工艺产生强烈的各向异性等特点，它们同样也反映在热膨胀特性上——沿纤维方向和垂直于纤维方向的极大差别。全面优化利用这些特性，从而转化为汽车创新的轻量化方案，是碳纤维材料在汽车上开发与应用的关键所在。

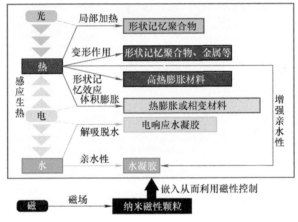

图 1.55　碳纤维增强复合材料及功能设计思路

碳纤维按原料来源可分为聚丙烯腈基碳纤维、沥青基碳纤维、粘胶基碳纤维、酚醛基碳纤维和气相生长碳纤维；按性能可分为通用型、高强型、中模高强型、高模型和超高模型碳纤维；按状态分为长丝、短纤维和短切纤维。目前用量大的是聚丙烯腈 PAN 基碳纤维，占市场的 90% 左右。对于聚丙烯腈基纤维和沥青基纤维，可在制备碳纤维的"预氧化→碳化→石墨化→表面处理"工艺流程中调整得到所需的特性。

汽车行业发展迅猛，整车产量不断增加，保有量也在日益增长，因此由汽车引起的生态环境问题越来越突出。碳纤维作为一种新型材料，在节能减排方面潜力巨大，有望为汽车行业的迅速发展做出巨大贡献。

汽车的座椅作为重要的内饰部件，其设计工作也比较复杂。在座椅设计工作中，必须考虑造型、安全性、功能性及舒适性等因素，所以座椅轻量化的设计必须在保持各性能基础之上减轻座椅重量，最大限度地实现座椅轻量化，同时更要保证座椅的安全性能，因此汽车座椅轻量化的实现依然具有极大的挑战性与研究性。

碳纤维材料是由有机纤维进行石墨化和碳化处理后得到的，其含碳量在无机高分子纤维中所占比例高达 90%。作为新型增强纤维，碳纤维既具有碳材料本身存在的特性，也具有纺织纤维的可塑性与柔软性。将碳纤维跟玻璃纤维与凯芙拉纤维进行比较后会发现，碳纤维的弹性模量是玻璃纤维的 3 倍以上，是凯芙拉纤维的 2 倍左右，并且具备极高的耐腐蚀性。碳纤维具有很强的机械性能，其模量与轴向强度很高，不会产生蠕变现象，抗疲劳能力极强，比热容与导电性都在金属与非金属之间，其热膨胀系数较小，且纤维的密度较低；由于碳纤维复合材料密度较小，抗变形能力与抗破坏能力较强，因此在汽车、航天航空领域中应用比较广泛。

汽车后座椅骨架是一辆汽车中很重要的承载部位，设计必须严谨，将碳纤维材料应用在汽车后座椅骨架上的时候必须全面考虑设计要求。通常情况下，评判座椅骨架合格与否、安全性能高低必须观察后座椅在动态冲击力、前向冲击力与疲劳强度等实验结果。在汽车进行急剧减速模拟实验后，观察汽车后座椅的行李舱在受到动态冲击后的保持状态，仔细察看行李舱内的物体对汽车后座椅的冲击情况。通过强烈的冲击力可以检验汽车后座椅的抗冲击能力是否足够强大，根据此实验对后座椅骨架设计进行改进，防止出现行李舱内物体由于冲击而侵入乘坐区域造成人员受伤的情况。座椅骨架有很多疲劳强度实验，包括座椅前后、座椅侧向等不同的疲劳强度实验。这类实验的步骤都很相似，都是通过反复的周期应力来观察骨架结构的疲劳强度，在此基础上进行技术改进，确保后座椅骨架具备极强的耐久性。碳纤维材料在进行工艺制造的过程中要进行预埋工作，保证零件部位的稳定性，而且工艺制造的成本也较高，因此，可运用先进的技术手段完成后座椅骨架的设计工作。

碳纤维复合材料可以代替传统的钢材料，传统的汽车后座椅骨架用钢制成，钢密度比碳纤维的密度大，所以用碳纤维复合材料代替钢材质来制作座椅骨架，可最大限度地达到减重效果。但是在骨架管件与其他相关零件连接的时候会出现很多细节问题，两者之间的连接可采用从中间进行三通管连接方式，还可运用胶水进行连接，实际操作需要不停地研究实验，因此汽车后座椅骨架的实际减重效果会受到一定影响。

碳纤维在产品中呈现的结构是纺织结构，耐冲击性比较强，但是采用碳纤维材料需要注意其与其他零件连接时的细节问题，如果有轴销或者预埋钢制衬套的需求必须充分考虑工艺步骤的合理性。目前，汽车后座椅的模具成本比较高，在前期必须将产品性能了解分析得非常透彻，才可以正式进行模具制造和生产，这对工艺设计与计算机模拟工作的要求都比较高。树脂材料会在模具内进行化学反应，这不仅要求工作人员能够及时解决温度较高的情况，还需要解决产品反应后降温的现象，从而保证产品的尺寸及性能。用碳纤维增强型材料进行注塑工作，将其采用分组形式进行混炼，使其得到充分融合，进行反应后形成注塑用的塑料粒子，然后将其注塑成型形成产品。对于汽车后座椅的骨架设计需要从整体考虑，全面分析零件性能，可充分应用计算机模拟技术进行仿真分析，并且不断改进技术手段。

碳纤维多作为增强材料加入到树脂、金属、陶瓷等材料中，构成复合材料。碳纤维已成为先进复合材料中重要的增强材料。纤维在很大程度上决定了复合材料的机械性能，例如：强度和刚度在织物或纺布中使用连续纤维能实现高性能特性。基体材料能够传递力、支持纤维防止纵向弯曲、防止外部冲击。

在汽车结构应用中通常使用玻璃纤维、碳纤维和芳纶纤维增强材料来实现轻量化。纤维复合材料特别是能够承载高负荷的碳纤维复合材料，与其他材料相比，具有更大的轻量化潜力和各种附加功能。很多应用实例已证明其能够比铝减轻约 20% 的质量，比钢减轻约 60% 的质量。复合材料本身是由嵌在基体中的能满足负荷要求的增强纤维（主要是玻璃或碳）构成的。纤维的特性和方向使材料获得优良机械性能，而基体又有耐高温性和耐介质性。由于材料是在零部件的制作期间形成的，通过结构表现来确定纤维、基体和工艺技术之间复杂的关系和相互作用。其特性从本质上不同于金属材料。可根据纤维方向调整其特性（各向异性），此外，还不会出现塑性变形且断裂伸长率低。

在使用某种材料时，通过质量参数可知在类似结构和某特定负荷类型下减轻或增加的质量。纤维增强塑料的值与束状结构和纤维方向有关，给出的值作为预选材料的参考值。在一定屈曲稳定性下，碳纤维增强塑料的压杆比相同结构的铝质压杆轻约 43.2%。如果使用这些材料作为弹性元件（如轿车螺旋弹簧），在吸收能相同的情况下，碳纤维复合材料弹簧比铝质弹簧轻约 88.9%，而比玻璃纤维复合材料弹簧轻约 66.7%。通过使用碳纤维可以在极轻的质量水平下实现强度和刚度特性的组合。与金属相比，纤维增强复合材料显示出在可比刚度水平下更高的强度。纤维基体的粘附性与纤维复合材料良好的碰撞性能和能量吸收能力相关。通过在复合材料中形成许多界面，在负荷作用下也能相应地产生许多破坏位置或破坏表面。通过层压板内界面较多，可能在一个很小的空间中转换大量的能量。1kg 的钢和铝制部件可吸收 15～25kJ 的能量，而同等情况下 1kg 纤维复合材料可吸收 70～100kJ，如果设计得好，复合材料的耐撞性能会优于目前广泛应用的钢和铝材料。带热塑性基质的纤维复合材料能够更好地吸收事故发生时产生的能量，因为在碰撞时它不会像热固性塑料那样出现脆性分层，从而实现高轻量化潜力。

1.9 复合材料轻量化设计理论框架

复合材料轻量化设计涉及大工科类相关学科的综合理论，是为培养工科相关专业高质量专门人才服务的。复合材料轻量化设计基本逻辑如图1.56所示；复合材料结构分析的理论框架如图1.57所示。

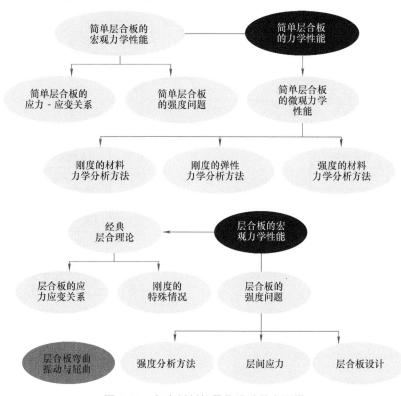

图 1.56　复合材料轻量化设计基本逻辑

通过学习，将会掌握：①复合材料结构特性分析；②复合材料单层板的刚度；③复合材料单层板的强度；④复合材料层合板的刚度与强度；⑤复合材料产品的力学特性分析；⑥复合材料轻量化设计理论，为复合材料结构设计、复合材料产品设计奠定理论基础。

在掌握复合材料基础知识的同时，要通过各个主要环节逐步培养专业人才根据复合材料各向异性、非均质、功能设计的特点，掌握复合材料轻量化设计的原理和特性分析。复合材料轻量化主要内容包含：复合材料的结构特性、结构层次、单层板的概念、双向板的概念、单层材料设计、层合板设计和结构设计理论。复合材料的主要特性为：各向异性、非均质性、可设计等。复合材料设计包括材料设计、结构设计及轻量化设计等。

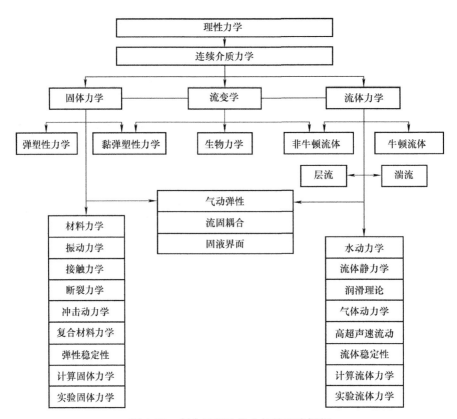

图 1.57　复合材料结构分析的理论框架

Chapter 02

第 2 章
各向异性复合材料的本构理论
（三维一次结构）

　　本章理论内容包含一般各向异性材料、单对称材料、正交各向异性材料、横观各向同性材料、各向同性材料的应力 - 应变关系。着重分析一般各向异性材料、单对称材料、正交各向异性材料、横观各向同性材料、各向同性材料的应力 - 应变关系的区别与联系。复合材料结构分析逻辑思路如图 2.1 所示。轻量化设计在单层板与层合板这两个层次上展开；工程结构的轻量化设计（例如新能源汽车轻量化设计等）在复合材料结构力学的基础上开展。

　　本章的研究对象是复合材料的三维结构的初始本构关系，也称三维一次结构。如图 2.1a 所示。

　　单层板，单层设计，二维一次结构：纤维增强复合材料的基本单元，组分材料、体份比、相几何等决定其特性；如图 2.1b 所示。

　　层合板，铺层设计，三维二次结构：单层板组成的层合板，单层板特性、铺层几何（铺层方向、顺序）等决定其特性；如图 2.1c 所示。

　　实际工程产品结构，结构设计（轻量化设计），三维三次结构：层合板特性和结构几何等决定其特性，形成利用耦合效应等的产品形状和尺寸；如图 2.1d ~ f 所示。

　　这四个结构设计层次互为前提，互为影响，互为依赖，打破了轻量化材料与结构的设计界限，必须将材料设计与结构设计统一考虑，将材料维度和结构层次统一考虑，将材料尺度与结构特性统一考虑。如图 2.1 所示。

正交各向异性材料的各向异性特征，层合板厚度方向非均质性导致耦合响应，产品结构的轻量化设计，各向异性、非均质性、轻量化设计的实际特性为工程应用的重中之重；

宏观力学特性：考虑单层板的平均表观力学性能，表观参数，宏观实验参数，实用性和可靠性强，不讨论复合材料组分之间的相互作用；

对单层板来说，由于厚度与其他方向尺寸相比较小，因此一般按平面应力状态进行分析，只考虑单层板面内应力，不考虑面上应力，即认为它们很小，可忽略；在线弹性范围内，进行结构分析、计算与轻量化设计。

三维初始弹性模型，三维一次结构；单层板、单向板，单层设计，二维一次结构：层合板，铺层设计，三维二次结构：实际工程产品结构，结构、功能及轻量化设计，三维三次结构：可在同一工艺流程中制作或形成，这也是复合材料的特性之一，如图 2.1 所示。

这四个设计层次中正交各向异性、非均质性、耦合响应、产品轻量化设计等实际特性为工程应用的重中之重。也即原材料、单层材料、铺层材料及结构材料产品的轻量化设计。

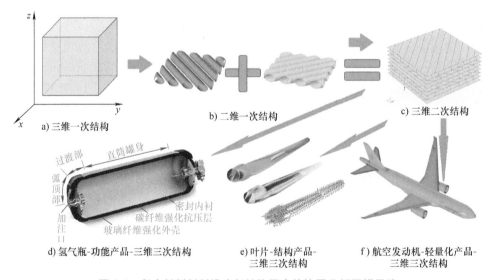

a) 三维一次结构　　b) 二维一次结构　　c) 三维二次结构

d) 氢气瓶-功能产品-三维三次结构　　e) 叶片-结构产品-三维三次结构　　f) 航空发动机-轻量化产品-三维三次结构

图 2.1　复合材料材料维度与结构层次的协同分析逻辑思路

本章知识点包含各种三维一次材料的弹性本构理论，包含：①一般各向异性材料；②单对称材料；③正交各向异性材料；④横观各向同性材料；⑤各向同性材料的应力 - 应变关系的介绍。典型三维一次材料的结构模型如图 2.2 所示。

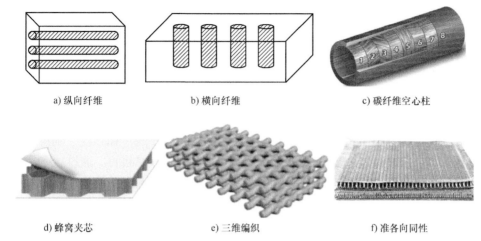

a) 纵向纤维   b) 横向纤维   c) 碳纤维空心柱

d) 蜂窝夹芯   e) 三维编织   f) 准各向同性

图 2.2   典型三维一次材料的结构模型

2.1 各向异性复合材料的本构关系

2.1.1 一般各向异性三维复合材料

对于宏观力学，一般各向异性弹性体与各向同性弹性体的本构关系有本质不同，要复杂得多。例如，木材属多孔性复合材料，大孔隙如细胞腔和纹孔等，小如微纤丝间隙，水分很容易渗透进木材内部使其膨胀，引起尺寸变化，即木材的干缩湿胀性能。木材内部微观结构如图 2.3b 所示。更重要的是，木材为各向异性材料，各方向上随木材含水率变化而不均匀胀缩，易产生翘曲、变形、开裂等缺陷，如图 2.3a 所示。木材不稳定是因为它是"活"的，会受环境影响而变化，又因为各部分受到的影响变化反应不一样，因此会引发缺陷。在木制品设计过程中，为使木材变得"听话"，必不可少的是轻量化设计。

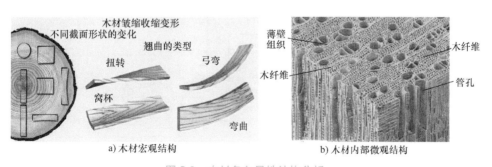

a) 木材宏观结构   b) 木材内部微观结构

图 2.3   木材各向异性结构分析

纤维缠绕是用于制造空心、圆形或棱柱形零件（如管道和储罐）加工的技术，其是通过专用卷绕机将连续纤维束卷绕到旋转芯轴上实现。纤维缠绕复合材料用于航空航天、车辆和能源等行业。纤维束通过输送系统送到缠绕机，在缠绕机上以预定设计缠绕到芯轴上。纤维与芯轴的相对角度（称为缠绕角度）可以调整，从而在所需方向上提供强度和刚度。当使用足够多的纤维层时，所得到的层压板在芯轴上固化。成品零件的总体尺寸和形状由芯轴形状和层压板厚度决定。缠绕角度将决定复合材料零件的机械物理性能（如强度、刚度和质量等）。复合材料层压板密度是由缠绕过程中纤维张力控制的。通过这些方法制造的复合材料零件具有良好的比强度 - 比模量特性。缠绕工艺中主要材料体系基体树脂：包括热固性树脂，如环氧树脂、聚酯、乙烯基酯、酚醛树脂；增强纤维：包括碳纤维、玻璃纤维等；纤维缠绕有两种不同形式：湿法和干法缠绕。在湿法缠绕中，纤维从粗纱上松开，并通过树脂浸渍，然后缠绕在规定方向的芯轴上。干法使用预浸渍形式的纤维，当达到设计层厚度时，组件在烘箱中固化。固化后，移除型芯或将其用作成品的一部分。在固化过程中，发生交联，从而形成三维纤维缠绕复合材料，如图 2.4 所示。

1. 内层：树脂衬里
2. 中间层：碳纤维强化树脂层
3. 表层：玻璃纤维强化树脂层

图 2.4　三维纤维缠绕复合材料

一般各向异性三维复合材料，如图 2.5 所示，本构关系如下

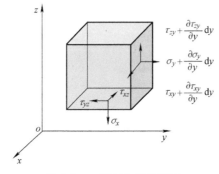

图 2.5　一般各向异性结构

$$\begin{bmatrix} \sigma_1 \\ \sigma_2 \\ \sigma_3 \\ \tau_{23} \\ \tau_{13} \\ \tau_{12} \end{bmatrix} = \begin{bmatrix} C_{11} & C_{12} & C_{13} & C_{14} & C_{15} & C_{16} \\ C_{21} & C_{22} & C_{23} & C_{24} & C_{25} & C_{26} \\ C_{31} & C_{32} & C_{33} & C_{34} & C_{35} & C_{36} \\ C_{41} & C_{42} & C_{43} & C_{44} & C_{45} & C_{46} \\ C_{51} & C_{52} & C_{53} & C_{54} & C_{55} & C_{56} \\ C_{61} & C_{62} & C_{63} & C_{64} & C_{65} & C_{66} \end{bmatrix} \begin{bmatrix} \varepsilon_1 \\ \varepsilon_2 \\ \varepsilon_3 \\ \gamma_{23} \\ \gamma_{13} \\ \gamma_{12} \end{bmatrix} \tag{2.1}$$

式中，$C_{ij} = C_{ji}$，为刚度系数

$$\begin{bmatrix} \varepsilon_1 \\ \varepsilon_2 \\ \varepsilon_3 \\ \gamma_{23} \\ \gamma_{13} \\ \gamma_{12} \end{bmatrix} = \begin{bmatrix} S_{11} & S_{12} & S_{13} & S_{14} & S_{15} & S_{16} \\ S_{21} & S_{22} & S_{23} & S_{24} & S_{25} & S_{26} \\ S_{31} & S_{32} & S_{33} & S_{34} & S_{35} & S_{36} \\ S_{41} & S_{42} & S_{43} & S_{44} & S_{45} & S_{46} \\ S_{51} & S_{52} & S_{53} & S_{54} & S_{55} & S_{56} \\ S_{61} & S_{62} & S_{63} & S_{64} & S_{65} & S_{66} \end{bmatrix} \begin{bmatrix} \sigma_1 \\ \sigma_2 \\ \sigma_3 \\ \tau_{23} \\ \tau_{13} \\ \tau_{12} \end{bmatrix} \tag{2.2}$$

式中，$S_{ij} = S_{ji}$，为柔度系数

2.1.2　单对称三维复合材料（弹性对称面）

单对称三维复合材料含有一个弹性对称面，如图 2.6 所示，若考察与 z 轴有关的剪应力、剪应变，有：

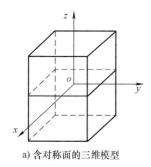

a) 含对称面的三维模型　　　　b) 单对称平面模型

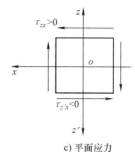

c) 平面应力

图 2.6　单对称三维复合材料

$$\sigma_1' = \sigma_1 = C_{11}\varepsilon_1 + C_{12}\varepsilon_2 + C_{13}\varepsilon_3 - C_{14}\gamma_{23} - C_{15}\gamma_{13} + C_{16}\gamma_{12}$$
$$\sigma_2' = \sigma_2 = C_{21}\varepsilon_1 + C_{22}\varepsilon_2 + C_{23}\varepsilon_3 - C_{24}\gamma_{23} - C_{25}\gamma_{13} + C_{26}\gamma_{12}$$
$$\sigma_3' = \sigma_3 = C_{31}\varepsilon_1 + C_{32}\varepsilon_2 + C_{33}\varepsilon_3 - C_{34}\gamma_{23} - C_{35}\gamma_{13} + C_{36}\gamma_{12}$$
$$\tau_{23}' = -\tau_{23} = -C_{44}\gamma_{23} - C_{45}\gamma_{13} + C_{46}\gamma_{12} \tag{2.3}$$
$$\tau_{13}' = -\tau_{13} = -C_{54}\gamma_{23} - C_{55}\gamma_{13} + C_{56}\gamma_{12}$$
$$\tau_{12}' = \tau_{13} = -C_{54}\gamma_{23} - C_{55}\gamma_{13} + C_{56}\gamma_{12}$$

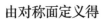
由对称面定义得

$$\sigma = \sigma' \tag{2.4}$$

故解得：

$$C_{14} = C_{15} = C_{24} = C_{25} = C_{34} = C_{35} = C_{46} = C_{56} = 0 \tag{2.5}$$

基于刚度矩阵的本构关系

$$
\begin{bmatrix} \sigma_1 \\ \sigma_2 \\ \sigma_3 \\ \tau_{23} \\ \tau_{13} \\ \tau_{12} \end{bmatrix}
=
\begin{bmatrix}
C_{11} & C_{12} & C_{13} & 0 & 0 & C_{16} \\
C_{12} & C_{22} & C_{23} & 0 & 0 & C_{26} \\
C_{13} & C_{23} & C_{33} & 0 & 0 & C_{36} \\
0 & 0 & 0 & C_{44} & C_{45} & 0 \\
0 & 0 & 0 & C_{54} & C_{55} & 0 \\
C_{16} & C_{26} & C_{36} & 0 & 0 & C_{66}
\end{bmatrix}
\begin{bmatrix} \varepsilon_1 \\ \varepsilon_2 \\ \varepsilon_3 \\ \gamma_{23} \\ \gamma_{13} \\ \gamma_{12} \end{bmatrix}
\tag{2.6}
$$

式中，$C_{ij} = C_{ji}$，为刚度系数。

基于柔度矩阵的本构关系

$$
\begin{bmatrix} \varepsilon_1 \\ \varepsilon_2 \\ \varepsilon_3 \\ \gamma_{23} \\ \gamma_{13} \\ \gamma_{12} \end{bmatrix}
=
\begin{bmatrix}
S_{11} & S_{12} & S_{13} & 0 & 0 & S_{16} \\
S_{21} & S_{22} & S_{23} & 0 & 0 & S_{26} \\
S_{13} & S_{23} & S_{33} & 0 & 0 & S_{36} \\
0 & 0 & 0 & S_{44} & S_{45} & 0 \\
0 & 0 & 0 & S_{45} & S_{55} & 0 \\
S_{16} & S_{26} & S_{36} & 0 & 0 & S_{66}
\end{bmatrix}
\begin{bmatrix} \sigma_1 \\ \sigma_2 \\ \sigma_3 \\ \tau_{23} \\ \tau_{13} \\ \tau_{12} \end{bmatrix}
\tag{2.7}
$$

式中，$S_{ij} = S_{ji}$，为柔度系数。

注意：当 x 轴或 y 轴为弹性主轴时，对应不同的 C 刚度系数取 0，故表达式不唯一。

2.1.3　正交各向异性三维复合材料（三个弹性对称面）

在单对称基础上，再增加与单对称面正交的一个对称面，同理可证，正交各向异性材料必然存在第三个对称面与这两个弹性对称面正交，即正交各向异性三维复合材料，如图 2.7 所示。

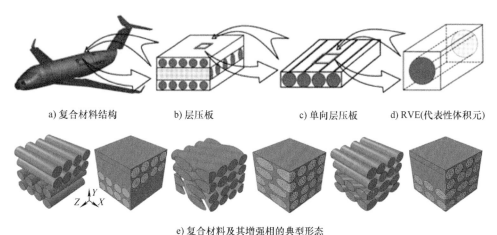

a) 复合材料结构　　　　b) 层压板　　　　c) 单向层压板　　　d) RVE(代表性体积元)

e) 复合材料及其增强相的典型形态

图2.7　正交各向异性三维复合材料

正交各向异性材料有三个互相正交的弹性对称面，根据本构理论，可得

$$C_{16} = C_{26} = C_{36} = C_{45} = 0 \tag{2.8}$$

故：

$$\begin{bmatrix} \sigma_1 \\ \sigma_2 \\ \sigma_3 \\ \tau_{23} \\ \tau_{13} \\ \tau_{12} \end{bmatrix} = \begin{bmatrix} C_{11} & C_{12} & C_{13} & 0 & 0 & 0 \\ C_{12} & C_{22} & C_{23} & 0 & 0 & 0 \\ C_{13} & C_{23} & C_{33} & 0 & 0 & 0 \\ 0 & 0 & 0 & C_{44} & 0 & 0 \\ 0 & 0 & 0 & 0 & C_{55} & 0 \\ 0 & 0 & 0 & 0 & 0 & C_{66} \end{bmatrix} \begin{bmatrix} \varepsilon_1 \\ \varepsilon_2 \\ \varepsilon_3 \\ \gamma_{23} \\ \gamma_{13} \\ \gamma_{12} \end{bmatrix} \tag{2.9}$$

式中，$C_{ij} = C_{ji}$，为刚度系数。

柔度矩阵：

$$\begin{bmatrix} \varepsilon_1 \\ \varepsilon_2 \\ \varepsilon_3 \\ \gamma_{23} \\ \gamma_{13} \\ \gamma_{12} \end{bmatrix} = \begin{bmatrix} S_{11} & S_{12} & S_{13} & 0 & 0 & 0 \\ S_{12} & S_{22} & S_{23} & 0 & 0 & 0 \\ S_{13} & S_{23} & S_{33} & 0 & 0 & 0 \\ 0 & 0 & 0 & S_{44} & 0 & 0 \\ 0 & 0 & 0 & 0 & S_{55} & 0 \\ 0 & 0 & 0 & 0 & 0 & S_{66} \end{bmatrix} \begin{bmatrix} \sigma_1 \\ \sigma_2 \\ \sigma_3 \\ \tau_{23} \\ \tau_{13} \\ \tau_{12} \end{bmatrix} \tag{2.10}$$

式中，$S_{ij} = S_{ji}$，为柔度系数。

选取不同的两个弹性主轴，得到相同表达式。说明当存在两个弹性正交对称面时，一定有第三个弹性对称面。这里需要说明，正交各向异性材料是复合材料轻量化设计关键材料。

2.1.4　横观各向同性材料（一个各向同性面）

若经过弹性体的每一点都有一个平面，在这个平面内的所有方向弹性特性均相等，则该弹性体称为横观各向同性体，该平面称为各向同性面。在不同坐标系下的横观各向同性三维材料如图 2.8 所示。

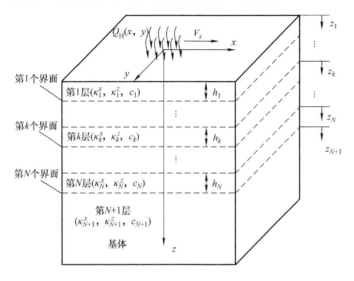

a) 三维模型　　　　　　　　　　　　　b) 典型的各向同性面

图 2.8　横观各向同性三维材料

横观各向同性材料含有一个各向同性面，若 YOZ 面为各向同性面。

$$则：\qquad \sigma_2 = \sigma_3, \tau_{12} = \tau_{13}, \varepsilon_2 = \varepsilon_3, \gamma_{12} = \gamma_{23} \tag{2.11}$$

$$得：\qquad C_{22} = C_{33}, C_{55} = C_{66}, C_{13} = C_{12}, C_{44} = \frac{1}{2}\left(C_{22} - C_{23}\right) \tag{2.12}$$

刚度矩阵：

$$\begin{bmatrix} \sigma_1 \\ \sigma_2 \\ \sigma_3 \\ \tau_{23} \\ \tau_{13} \\ \tau_{12} \end{bmatrix} = \begin{bmatrix} C_{11} & C_{12} & C_{12} & 0 & 0 & 0 \\ C_{12} & C_{22} & C_{23} & 0 & 0 & 0 \\ C_{12} & C_{23} & C_{33} & 0 & 0 & 0 \\ 0 & 0 & 0 & \dfrac{(C_{22}-C_{23})}{2} & 0 & 0 \\ 0 & 0 & 0 & 0 & C_{55} & 0 \\ 0 & 0 & 0 & 0 & 0 & C_{55} \end{bmatrix} \begin{bmatrix} \varepsilon_1 \\ \varepsilon_2 \\ \varepsilon_3 \\ \gamma_{23} \\ \gamma_{13} \\ \gamma_{12} \end{bmatrix} \tag{2.13}$$

柔度矩阵：
$$\begin{bmatrix} \varepsilon_1 \\ \varepsilon_2 \\ \varepsilon_3 \\ \gamma_{23} \\ \gamma_{13} \\ \gamma_{12} \end{bmatrix} = \begin{bmatrix} S_{11} & S_{12} & S_{12} & 0 & 0 & 0 \\ S_{12} & S_{22} & S_{23} & 0 & 0 & 0 \\ S_{12} & S_{23} & S_{33} & 0 & 0 & 0 \\ 0 & 0 & 0 & 2(S_{22}-S_{23}) & 0 & 0 \\ 0 & 0 & 0 & 0 & S_{55} & 0 \\ 0 & 0 & 0 & 0 & 0 & S_{55} \end{bmatrix} \begin{bmatrix} \sigma_1 \\ \sigma_2 \\ \sigma_3 \\ \tau_{23} \\ \tau_{13} \\ \tau_{12} \end{bmatrix} \qquad (2.14)$$

换一个各向同性的弹性对称面，刚度矩阵为

$$\begin{bmatrix} \sigma_1 \\ \sigma_2 \\ \sigma_3 \\ \tau_{23} \\ \tau_{13} \\ \tau_{12} \end{bmatrix} = \begin{bmatrix} C_{11} & C_{12} & C_{12} & 0 & 0 & 0 \\ C_{12} & C_{22} & C_{23} & 0 & 0 & 0 \\ C_{12} & C_{23} & C_{33} & 0 & 0 & 0 \\ 0 & 0 & 0 & C_{55} & 0 & 0 \\ 0 & 0 & 0 & 0 & C_{55} & 0 \\ 0 & 0 & 0 & 0 & 0 & 2(C_{22}-C_{23}) \end{bmatrix} \begin{bmatrix} \varepsilon_1 \\ \varepsilon_2 \\ \varepsilon_3 \\ \gamma_{23} \\ \gamma_{13} \\ \gamma_{12} \end{bmatrix} \qquad (2.15)$$

柔度矩阵：
$$\begin{bmatrix} \varepsilon_1 \\ \varepsilon_2 \\ \varepsilon_3 \\ \gamma_{23} \\ \gamma_{13} \\ \gamma_{12} \end{bmatrix} = \begin{bmatrix} S_{11} & S_{12} & S_{12} & 0 & 0 & 0 \\ S_{12} & S_{22} & S_{23} & 0 & 0 & 0 \\ S_{12} & S_{23} & S_{33} & 0 & 0 & 0 \\ 0 & 0 & 0 & S_{55} & 0 & 0 \\ 0 & 0 & 0 & 0 & S_{55} & 0 \\ 0 & 0 & 0 & 0 & 0 & 2(S_{22}-S_{23}) \end{bmatrix} \begin{bmatrix} \sigma_1 \\ \sigma_2 \\ \sigma_3 \\ \tau_{23} \\ \tau_{13} \\ \tau_{12} \end{bmatrix} \qquad (2.16)$$

选取不同的各向同性面，C 的取值也不同，所以表达式不唯一。同理，对 S 也是一样。

2.1.5　各向同性材料本构关系

各向同性材料三维模型如图 2.9 所示。下面分析各向同性材料的本构关系。

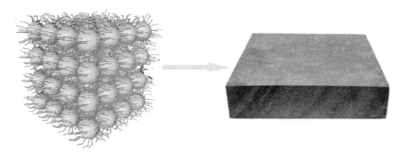

图 2.9　各向同性材料三维模型

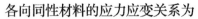

各向同性材料的应力应变关系为

$$
\begin{bmatrix} \sigma_x \\ \sigma_y \\ \sigma_z \\ \tau_{yz} \\ \tau_{zx} \\ \tau_{xy} \end{bmatrix} = \begin{bmatrix} C_{11} & C_{12} & C_{12} & 0 & 0 & 0 \\ C_{12} & C_{11} & C_{12} & 0 & 0 & 0 \\ C_{12} & C_{12} & C_{11} & 0 & 0 & 0 \\ 0 & 0 & 0 & (C_{11}-C_{12})/2 & 0 & 0 \\ 0 & 0 & 0 & 0 & (C_{11}-C_{12})/2 & 0 \\ 0 & 0 & 0 & 0 & 0 & (C_{11}-C_{12})/2 \end{bmatrix} \begin{bmatrix} \varepsilon_x \\ \varepsilon_y \\ \varepsilon_z \\ \gamma_{yz} \\ \gamma_{zx} \\ \gamma_{xy} \end{bmatrix} \tag{2.17}
$$

由
$$ \sigma_{ij} = \lambda\theta\delta_{ij} + 2\mu\varepsilon_{ij} \tag{2.18} $$

得
$$ C_{11}=C_{22}=C_{33}=\lambda+2\mu,\ C_{12}=C_{23}=\lambda,\ C_{44}=C_{55}=C_{66}=2\mu \tag{2.19} $$

刚度矩阵：
$$
\begin{bmatrix} \sigma_1 \\ \sigma_2 \\ \sigma_3 \\ \tau_{23} \\ \tau_{13} \\ \tau_{12} \end{bmatrix} = \begin{bmatrix} \lambda+2\mu & \lambda & \lambda & 0 & 0 & 0 \\ \lambda & \lambda+2\mu & \lambda & 0 & 0 & 0 \\ \lambda & \lambda & \lambda+2\mu & 0 & 0 & 0 \\ 0 & 0 & 0 & 2\mu & 0 & 0 \\ 0 & 0 & 0 & 0 & 2\mu & 0 \\ 0 & 0 & 0 & 0 & 0 & 2\mu \end{bmatrix} \begin{bmatrix} \varepsilon_1 \\ \varepsilon_2 \\ \varepsilon_3 \\ \gamma_{23} \\ \gamma_{13} \\ \gamma_{12} \end{bmatrix} \tag{2.20}
$$

讨论内容：请考虑这里的 μ 是否代表弹性剪应变？即如果要写成工程剪应变，是否应该把 2μ 改为 μ？

柔度矩阵

$$
\begin{bmatrix} \varepsilon_1 \\ \varepsilon_2 \\ \varepsilon_3 \\ \gamma_{23} \\ \gamma_{13} \\ \gamma_{12} \end{bmatrix} = \begin{bmatrix} \dfrac{\lambda+\mu}{2\mu^2+3\lambda\mu} & -\dfrac{\lambda}{4\mu^2+6\lambda\mu} & -\dfrac{\lambda}{4\mu^2+6\lambda\mu} & 0 & 0 & 0 \\[2mm] -\dfrac{\lambda}{4\mu^2+6\lambda\mu} & \dfrac{\lambda+\mu}{2\mu^2+3\lambda\mu} & -\dfrac{\lambda}{4\mu^2+6\lambda\mu} & 0 & 0 & 0 \\[2mm] -\dfrac{\lambda}{4\mu^2+6\lambda\mu} & -\dfrac{\lambda}{4\mu^2+6\lambda\mu} & \dfrac{\lambda+\mu}{2\mu^2+3\lambda\mu} & 0 & 0 & 0 \\[2mm] 0 & 0 & 0 & \dfrac{1}{2\mu} & 0 & 0 \\[2mm] 0 & 0 & 0 & 0 & \dfrac{1}{2\mu} & 0 \\[2mm] 0 & 0 & 0 & 0 & 0 & \dfrac{1}{2\mu} \end{bmatrix} \begin{bmatrix} \sigma_1 \\ \sigma_2 \\ \sigma_3 \\ \tau_{23} \\ \tau_{13} \\ \tau_{12} \end{bmatrix} \tag{2.21}
$$

各向同性材料本构关系表达式唯一。

【例2.1】 试求某些纤维增强复合材料比强度与比模量，已知这些材料基本性质测定数据为：

材料编号	I	II	III
密度 /kg·m⁻³	1250	1730	2360
拉伸强度 /MPa	458	1320	1640
弹性模量 /GPa	92	156	180

解：方法一，比强度计算公式为：$\dfrac{\sigma_{TS}}{\gamma} = \dfrac{\sigma_{TS}}{\rho g}$，比模量计算公式为：$\dfrac{E}{\gamma} = \dfrac{E}{\rho g}$，为方便计算，取 $g = 10\text{m/s}^2$，

材料 I：比强度为 $\dfrac{458 \times 10^6 \text{Pa}}{1250 \times 10 \text{kg} \cdot \text{m}^{-3} \cdot \text{m} \cdot \text{s}^{-2}} = 36640 \dfrac{\text{N} \cdot \text{m}^{-2}}{\text{N} \cdot \text{m}^{-3}} = 36640\text{m}$

比模量为 $\dfrac{92 \times 10^9 \text{Pa}}{1250 \times 10 \text{kg} \cdot \text{m}^{-3} \cdot \text{m} \cdot \text{s}^{-2}} = 7.36 \times 10^6 \text{m}$

同理，材料 II，比强度为 $7.63 \times 10^5 \text{m}$，比模量为 $9.02 \times 10^6 \text{m}$

材料 III，比强度为 $6.95 \times 10^5 \text{m}$，比模量为 $7.63 \times 10^6 \text{m}$

方法二，比强度为拉伸强度 - 密度之比；比模量为弹性模量 - 密度之比。

材料编号	比强度（N·m/kg）	比模量（kN·m/kg）
I	336.4	73.6
II	763.0	90.17
III	694.9	76.27

讨论：以上哪个方法及结果更加准确？请计算与分析。

【例 2.2】 用应变能密度 $w = \dfrac{1}{2} C_{ij} \varepsilon_i \varepsilon_j$，证明广义胡克定律的刚度系数对称性，即 $C_{ij} = C_{ji}$。

证明：广义胡克定律，$\varepsilon = (\varepsilon_1 \ \varepsilon_2 \cdots \varepsilon_6)^{\text{T}}$，$\sigma = (\sigma_1 \ \sigma_2 \cdots \sigma_6)^{\text{T}}$，有 $\sigma = C\varepsilon$ 或 $\sigma_i = C_{ij} \varepsilon_j, j = 1, 2, 3, \cdots, 6$；

对于等温条件下的完全弹性体，其体内的应变势能为

$$W = \iiint_\Omega w \mathrm{d}\tau = \iiint_\Omega \frac{1}{2} \sigma_i \varepsilon_i \mathrm{d}\tau$$

式中，w 为应变能密度，$w = \dfrac{1}{2} \sigma_i \varepsilon_i$。

把广义胡克定律代入上式得：

$$w = \frac{1}{2} C_{ij} \varepsilon_i \varepsilon_j = \frac{1}{2} C_{ji} \varepsilon_j \varepsilon_i$$

即应变能密度是应变分量的二次函数，对两边取偏导数为

$$\frac{\partial^2 w}{\partial \varepsilon_i \partial \varepsilon_j} = C_{ij} \text{ 和 } \frac{\partial^2 w}{\partial \varepsilon_j \partial \varepsilon_i} = C_{ji}$$

又因为对弹性体采用了连续介质假设，故应变能密度 w 是应变分量的 n 次连续可微函数，由数学分析的结论便有

$$\frac{\partial^2 w}{\partial \varepsilon_i \partial \varepsilon_j} = \frac{\partial^2 w}{\partial \varepsilon_j \partial \varepsilon_i}$$

即 $C_{ij} = C_{ji}$

因而一般各向异性有 21 个独立的材料参数。[$(36-6)/2+6=21$]。

【例 2.3】 试证：各向同性体的泊松比的范围为 $-1 < v < 0.5$。

证明：

方法 1 各向同性弹性体应力应变关系

$$\varepsilon_x = \frac{1}{E}[\sigma_x - v(\sigma_y + \sigma_z)] \quad \gamma_{yz} = \frac{1}{2\mu}\tau_{yz}$$

$$\varepsilon_y = \frac{1}{E}[\sigma_y - v(\sigma_z + \sigma_x)] \quad \gamma_{zx} = \frac{1}{2\mu}\tau_{zx}$$

$$\varepsilon_z = \frac{1}{E}[\sigma_z - v(\sigma_x + \sigma_y)] \quad \gamma_{xy} = \frac{1}{2\mu}\tau_{xy}$$

将上式写成矩阵形式

$$\begin{Bmatrix} \varepsilon_x \\ \varepsilon_y \\ \varepsilon_z \\ \sqrt{2}\gamma_{yz} \\ \sqrt{2}\gamma_{zx} \\ \sqrt{2}\gamma_{xy} \end{Bmatrix} = \frac{1}{E} \begin{bmatrix} 1 & -v & -v & & & \\ -v & 1 & -v & & & \\ -v & -v & 1 & & & \\ & & & 1+v & & \\ & & & & 1+v & \\ & & & & & 1+v \end{bmatrix} \begin{Bmatrix} \sigma_x \\ \sigma_y \\ \sigma_z \\ \sqrt{2}\tau_{yz} \\ \sqrt{2}\tau_{zx} \\ \sqrt{2}\tau_{xy} \end{Bmatrix}$$

此式可简记为 $\varepsilon = \boldsymbol{D}^{-1}\boldsymbol{\sigma}$

由于应变能 $W = \frac{1}{2}\boldsymbol{\varepsilon}^{\mathrm{T}}\boldsymbol{\sigma} = \frac{1}{2}\boldsymbol{\varepsilon}^{\mathrm{T}}\boldsymbol{D}\boldsymbol{\varepsilon} = \frac{1}{2}\boldsymbol{\sigma}^{\mathrm{T}}\boldsymbol{D}^{-1}\boldsymbol{\sigma}$ 且 W 是正定二次型，所以 $\boldsymbol{D}$ 和 $\boldsymbol{D}^{-1}$ 都是正定矩阵，其逐级主子式皆大于 0。

由 $\begin{vmatrix} 1 & -v & -v \\ -v & 1 & -v \\ -v & -v & 1 \end{vmatrix} > 0 \Rightarrow 2v^3 + 3v^2 - 1 < 0 \Rightarrow (2v-1)(v^2 + 2v + 1) < 0$，

所以 $2v - 1 < 0 \Rightarrow v < 0.5$

又由 $\begin{vmatrix} 1 & -v & -v \\ -v & 1 & -v \\ -v & -v & 1 \end{vmatrix} (1+v) > 0 \Rightarrow 1 + v > 0 \Rightarrow v > -1$，所以 $-1 < v < 0.5$，得证。

方法2　对各向同性体，剪切模量为

$$G = \frac{E}{2(1+\nu)}$$

体积模量为

$$K = \frac{E}{3(1-2\nu)}$$

由于 G 和 E 都为正，由 $G = \dfrac{E}{2(1+\nu)} > 0$ 与 $E > 0$，得 $\nu > -1$，同理，由

$K = \dfrac{E}{3(1-2\nu)} > 0$ 与 $E > 0$，得 $\nu < 0.5$，各向同性体的泊松比范围为 $-1 < \nu < 0.5$。

【例 2.4】　求证横观各向同性材料泊松比的限制条件 $-1 < \nu < \dfrac{1}{2(\nu')^2 \dfrac{E}{E'}}$，

式中，E、ν 为各向同性面（102面）的弹性模量和泊松比，$\nu_{31} = \nu_{32} = \nu'$，$E_3 = E'$。

解：

方法一　已知应变能密度表达式 $W = \dfrac{1}{2}\sigma_i \varepsilon_i = \dfrac{1}{2}\boldsymbol{\sigma}^{\mathrm{T}}\boldsymbol{\varepsilon} = \dfrac{1}{2}\boldsymbol{\sigma}^{\mathrm{T}}\boldsymbol{S}\boldsymbol{\sigma} = \dfrac{1}{2}\boldsymbol{\varepsilon}^{\mathrm{T}}\boldsymbol{C}\boldsymbol{\varepsilon}$，根据热力学第一定律，应力做功的总和必为正值，因此 $\boldsymbol{C}$ 和 $\boldsymbol{S}$ 是正定矩阵。因此，$\boldsymbol{S}$ 的对角元素须是正值，即 S_{11}，S_{22}，S_{33}，S_{44}，S_{55}，$S_{66} > 0$，各向异性材料的弹性常数与柔度系数关系为

$$
\begin{bmatrix}
S_{11} & S_{12} & S_{13} & 0 & 0 & 0 \\
S_{21} & S_{22} & S_{23} & 0 & 0 & 0 \\
S_{31} & S_{32} & S_{33} & 0 & 0 & 0 \\
0 & 0 & 0 & S_{44} & 0 & 0 \\
0 & 0 & 0 & 0 & S_{55} & 0 \\
0 & 0 & 0 & 0 & 0 & S_{66}
\end{bmatrix}
=
\begin{bmatrix}
\dfrac{1}{E_1} & \dfrac{-\nu_{12}}{E_1} & \dfrac{-\nu_{13}}{E_1} & 0 & 0 & 0 \\
\dfrac{-\nu_{21}}{E_2} & \dfrac{1}{E_2} & \dfrac{-\nu_{23}}{E_2} & 0 & 0 & 0 \\
\dfrac{-\nu_{31}}{E_3} & \dfrac{-\nu_{32}}{E_3} & \dfrac{1}{E_3} & 0 & 0 & 0 \\
0 & 0 & 0 & \dfrac{1}{G_{23}} & 0 & 0 \\
0 & 0 & 0 & 0 & \dfrac{1}{G_{31}} & 0 \\
0 & 0 & 0 & 0 & 0 & \dfrac{1}{G_{12}}
\end{bmatrix}
$$

可得：E_1，E_2，E_3，G_{23}，G_{31}，$G_{12} > 0$。
因正定矩阵行列式必须为正，得到

$$\Delta = \frac{1 - \nu_{12}\nu_{21} - \nu_{13}\nu_{31} - \nu_{23}\nu_{32} - 2\nu_{12}\nu_{23}\nu_{31}}{E_1 E_2 E_3} > 0$$

由于 E_1，E_2，$E_3 > 0$，只需 $1 - \nu_{12}\nu_{21} - \nu_{13}\nu_{31} - \nu_{23}\nu_{32} - 2\nu_{12}\nu_{23}\nu_{31} > 0$（ * ）

由横观各向同性性质得：$S_{11} = S_{22} \Rightarrow \dfrac{1}{E_1} = \dfrac{1}{E_2} \Rightarrow E_1 = E_2 = E E_3 = E'$

由 $\boldsymbol{S}$ 的对称性质：$S_{12} = S_{21} \Rightarrow \dfrac{-\nu_{12}}{E_1} = \dfrac{-\nu_{21}}{E_2} \Rightarrow \nu_{12} = \dfrac{E_1}{E_2}\nu_{21} = \nu_{21} = \nu$

$$S_{13} = S_{31} \Rightarrow \frac{-\nu_{13}}{E_1} = \frac{-\nu_{31}}{E_3} \Rightarrow \nu_{13} = \frac{E_1}{E_3}\nu_{31} = \frac{E}{E'}\nu'$$

$$S_{23} = S_{32} \Rightarrow \frac{-\nu_{23}}{E_2} = \frac{-\nu_{32}}{E_3} \Rightarrow \nu_{23} = \frac{E_2}{E_3}\nu_{32} = \frac{E}{E'}\nu'$$

将上述性质代入（ * ）式，得到：$1 - \nu^2 - (\nu')^2\dfrac{E}{E'} - (\nu')^2\dfrac{E}{E'} - 2\nu(\nu')^2\left(\dfrac{E}{E'}\right) > 0 \Rightarrow$

$-\left[\nu + (\nu')^2\dfrac{E}{E'}\right]^2 + 1 - 2(\nu')^2\dfrac{E}{E'} + (\nu')^4\left(\dfrac{E}{E'}\right)^2 > 0 \Rightarrow -\left[\nu + (\nu')^2\dfrac{E}{E'}\right]^2 + \left[1 - (\nu')^2\dfrac{E}{E'}\right]^2 >$

$0 \Rightarrow -1 < \nu < 1 - 2(\nu')^2\dfrac{E}{E'}$，设 $x = 2(\nu')^2\dfrac{E}{E'}$，可看出 $x > 0$，由不等式 $x + \dfrac{1}{x} \geqslant$

$2(x > 0)$ 可知 $1 - x \leqslant \dfrac{1}{x} - 1 < \dfrac{1}{x}$ 即 $1 - 2(\nu')^2\dfrac{E}{E'} < \dfrac{1}{2(\nu')^2\dfrac{E}{E'}}$，$\nu$ 的范围为 $-1 < \nu <$

$\dfrac{1}{2(\nu')^2\dfrac{E}{E'}}$。

方法二：横观各向同性材料的本构关系如下

$$\begin{bmatrix} \varepsilon_1 \\ \varepsilon_2 \\ \varepsilon_3 \\ \gamma_{23} \\ \gamma_{31} \\ \gamma_{12} \end{bmatrix} = \begin{bmatrix} S_{11} & S_{12} & S_{13} & 0 & 0 & 0 \\ S_{12} & S_{11} & S_{13} & 0 & 0 & 0 \\ S_{13} & S_{13} & S_{33} & 0 & 0 & 0 \\ 0 & 0 & 0 & S_{44} & 0 & 0 \\ 0 & 0 & 0 & 0 & S_{44} & 0 \\ 0 & 0 & 0 & 0 & 0 & 2(S_{11} - S_{12}) \end{bmatrix} \begin{bmatrix} \sigma_1 \\ \sigma_2 \\ \sigma_3 \\ \tau_{23} \\ \tau_{31} \\ \tau_{12} \end{bmatrix} \qquad (2.22)$$

引入广义的弹性模量 E_i、泊松比 ν_{ij} 和剪切模量 G_{ij} 可得

$$\begin{cases} S_{11} = \dfrac{1}{E_1} = \dfrac{1}{E} \\[2mm] S_{12} = -\dfrac{\nu_{12}}{E_2} = -\dfrac{\nu}{E} \\[2mm] S_{13} = S_{31} = -\dfrac{\nu_{31}}{E_1} = -\dfrac{\nu'}{E} \\[2mm] S_{33} = \dfrac{1}{E_3} = \dfrac{1}{E'} \\[2mm] S_{44} = \dfrac{1}{G_{23}} \end{cases} \qquad (2.23)$$

将式（2.23）代入式（2.22）得到柔度矩阵为

$$s = \begin{bmatrix} \dfrac{1}{E} & -\dfrac{\nu}{E} & -\dfrac{\nu'}{E} & 0 & 0 & 0 \\[3mm] -\dfrac{\nu}{E} & \dfrac{1}{E} & -\dfrac{\nu'}{E} & 0 & 0 & 0 \\[3mm] -\dfrac{\nu'}{E} & -\dfrac{\nu'}{E} & \dfrac{1}{E'} & 0 & 0 & 0 \\[3mm] 0 & 0 & 0 & \dfrac{1}{G_{23}} & 0 & 0 \\[3mm] 0 & 0 & 0 & 0 & \dfrac{1}{G_{23}} & 0 \\[3mm] 0 & 0 & 0 & 0 & 0 & 2\dfrac{1+\nu}{E} \end{bmatrix} \qquad (2.24)$$

弹性体的应变能 W 可表示为

$$W = \frac{1}{2} \boldsymbol{\sigma}^{\mathrm{T}} \boldsymbol{S} \boldsymbol{\sigma}$$

由于能量是一个恒为正的标量，柔度矩阵 $\boldsymbol{S}$ 为正定矩阵，其顺序主子式应都大于零。

于是可得

$$E > 0$$

$$\begin{vmatrix} \dfrac{1}{E} & -\dfrac{\nu}{E} \\[3mm] -\dfrac{\nu}{E} & \dfrac{1}{E} \end{vmatrix} > 0$$

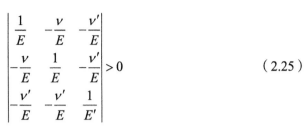

$$\begin{vmatrix} \dfrac{1}{E} & -\dfrac{\nu}{E} & -\dfrac{\nu'}{E} \\[2mm] -\dfrac{\nu}{E} & \dfrac{1}{E} & -\dfrac{\nu'}{E} \\[2mm] -\dfrac{\nu'}{E} & -\dfrac{\nu'}{E} & \dfrac{1}{E'} \end{vmatrix} > 0 \tag{2.25}$$

$$G_{23} > 0 \tag{2.26}$$

$$\frac{1+\nu}{E} > 0 \tag{2.27}$$

由式（2.24）~式（2.27）可确定 ν 的范围为

$$-1 < \nu < 1 - 2\frac{\nu'^2 E'}{E}$$

各种材料刚度系数比较与正轴、偏轴及一般坐标系，如表 2.1 和图 2.10 所示。讨论：请分析复合材料三维一次结构向二维一次结构转化的简化几何模型，如图 2.11 所示，可否成立。

表 2.1 各种材料刚度系数比较

材料对称性的类型	独立常数数量	非零分量个数（正轴）	非零分量个数（偏轴）	非零分量个数（一般）
三斜轴系	21	36	36	36
单斜轴系	13	20	36	36
正交各向异性	9	12	20	36
横观各向同性	5	12	20	36
各向同性	2	12	12	12

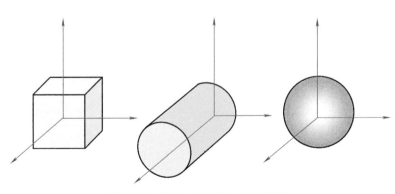

图 2.10 正轴、偏轴及一般坐标系

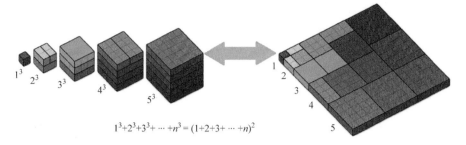

$$1^3+2^3+3^3+\cdots+n^3=(1+2+3+\cdots+n)^2$$

图 2.11　复合材料三维一次结构与二维一次结构转化的简化几何模型

Chapter 03

第 3 章
复合材料单层板的刚度理论
（二维一次结构）

在复合材料结构力学层面，复合材料与其说是材料，不如说是结构。我们可以用纤维增强的层合结构为例说明这个问题。从轻量化设计层次来看，可将其分为 3 个结构层次：一次结构、二次结构和三次结构，如图 3.1 所示。具体复合材料结构层次分析如下：

1）一次结构是指由基体和增强材料复合而成的三维材料或单层材料，其综合性能决定于组分材料的性能、相几何（相材料的形状、分布、含量）及界面区的性能，即单层材料轻量化设计。

2）二次结构是指单层材料层合而成的层合板，其综合性能决定于单层材料的性能和铺层几何（各单层的厚度、铺层方向和铺层序列），即铺层材料轻量化设计。

3）三次结构是指由复合材料层合板经轻量化设计后，所产生的工程结构或产品结构，其综合性能决定于层合板的性能和结构几何等，即结构材料轻量化设计。

本章基本概念包括：单层板的正轴刚度，正轴与偏轴的概念，单层板的正轴应力 - 应变关系，柔度与刚度的定义，柔度、刚度与工程弹性常数的关系。本章基本理论包括：单层板的正轴刚度理论，单层板的正轴应力 - 应变关系，柔度与刚度本构关系，柔度、刚度与工程弹性常数的关系，单层板的正轴刚度，正轴与偏轴，单层板的正轴应力 - 应变关系。本章知识点包含：柔度、刚度与工程弹性常数的关系，单层板的正轴、偏轴刚度，应力转换和应变转换公式，坐标转变矩阵，偏轴工程弹性常数与正轴弹性常数的转换关系，单层板的偏轴刚度，应力转换和应变转换公式，单层板偏轴应力 - 应变关系式。

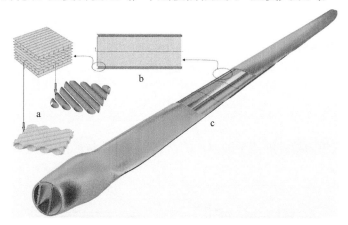

图 3.1　复合材料轻量化设计的结构层次

a　单层板 - 单向板二维一次结构　b　层合板三维二次结构　c　叶片产品结构三维三次结构

　　复合材料单层板是指单向纤维或编织纤维在基体中呈扁平模式的层状结构，纤维增强复合材料结构与复合材料单层板二维一次结构如图 3.2 所示。复合材料单向纤维单层板，又称单向单层板（简称单向板），如图 3.3a 所示；复合材料编织纤维单层板，又称双向单层板（简称双向板），如图 3.3b 所示；复合材料编织双向纤维结构如图 3.3c 所示。双向板可简化为基体含量相同而厚度按经纬向纤维量来分配的两个互相垂直的单向板的组合。因此，单向板更具一般性。后面在无特指时，单层板均指单向板。

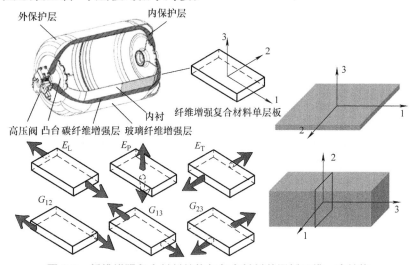

图 3.2　纤维增强复合材料结构与复合材料单层板二维一次结构

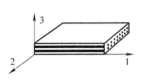
a) 复合材料单向纤维单层板

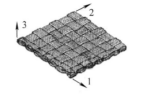
b) 复合材料编织双向纤维单层板

c) 复合材料编织双向纤维结构

图 3.3　复合材料单层板

3.1　单层板结构正交各向异性材料的本构理论

三个方向单向拉伸和三个纯剪切的正交各向异性材料模型如图 3.4 所示。

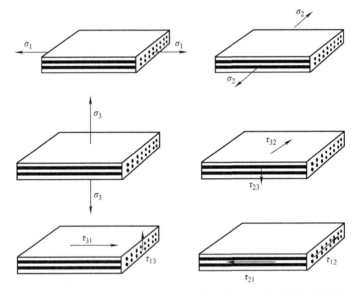

图 3.4　三个方向单向拉伸和三个纯剪切的正交各向异性材料模型

对于正交各向异性材料，其应变与应力之间满足下式关系，其柔度矩阵和本构关系分别为

$$
\boldsymbol{S} = \begin{bmatrix} S_{11} & S_{12} & S_{13} & 0 & 0 & 0 \\ S_{12} & S_{22} & S_{23} & 0 & 0 & 0 \\ S_{13} & S_{23} & S_{33} & 0 & 0 & 0 \\ 0 & 0 & 0 & S_{44} & 0 & 0 \\ 0 & 0 & 0 & 0 & S_{55} & 0 \\ 0 & 0 & 0 & 0 & 0 & S_{66} \end{bmatrix}, \quad \begin{bmatrix} \varepsilon_1 \\ \varepsilon_2 \\ \varepsilon_3 \\ \gamma_{23} \\ \gamma_{31} \\ \gamma_{12} \end{bmatrix} = \begin{bmatrix} S_{11} & S_{12} & S_{13} & 0 & 0 & 0 \\ S_{12} & S_{22} & S_{23} & 0 & 0 & 0 \\ S_{13} & S_{23} & S_{33} & 0 & 0 & 0 \\ 0 & 0 & 0 & S_{44} & 0 & 0 \\ 0 & 0 & 0 & 0 & S_{55} & 0 \\ 0 & 0 & 0 & 0 & 0 & S_{66} \end{bmatrix} \begin{bmatrix} \sigma_1 \\ \sigma_2 \\ \sigma_3 \\ \tau_{23} \\ \tau_{31} \\ \tau_{12} \end{bmatrix}
$$

$$(3.1)$$

当单元体处于单向拉伸或纯剪切应力状态时：

1）只有正应力 $\sigma_1 \neq 0$，$\sigma_2 = \sigma_3 = \tau_{23} = \tau_{31} = \tau_{12} = 0$，如图 3.4 所示。由式（3.1）可得

$$\begin{cases} \varepsilon_1 = S_{11}\sigma_1 \\ \varepsilon_2 = S_{12}\sigma_1 \\ \varepsilon_3 = S_{13}\sigma_1 \\ \gamma_{23} = \gamma_{31} = \gamma_{12} = 0 \end{cases} \tag{3.2}$$

式中，ε_1，ε_2，ε_3 代表纤维 1，2，3 三个主方向的应变；γ_{23}，γ_{31}，γ_{12} 代表平面 203，301，102 的剪切应变。

另外，由胡克定律和泊松效应有

$$\varepsilon_1 = \frac{\sigma_1}{E_1}, \quad \varepsilon_2 = -\frac{\nu_{12}}{E_1}\sigma_1, \quad \varepsilon_3 = -\frac{\nu_{13}}{E_1}\sigma_1 \tag{3.3}$$

比较式（3.2）和式（3.3）得

$$S_{11} = \frac{1}{E_1}, \quad S_{12} = -\frac{\nu_{12}}{E_1}, \quad S_{13} = -\frac{\nu_{13}}{E_1} \tag{3.4}$$

2）只有正应力 $\sigma_2 \neq 0$，$\sigma_1 = \sigma_3 = \tau_{23} = \tau_{31} = \tau_{12} = 0$，如图 3.4 所示。由式（3.1）可得

$$\begin{cases} \varepsilon_1 = S_{12}\sigma_2 \\ \varepsilon_2 = S_{22}\sigma_2 \\ \varepsilon_3 = S_{23}\sigma_2 \\ \gamma_{23} = \gamma_{31} = \gamma_{12} = 0 \end{cases} \tag{3.5}$$

另外由胡克定律和泊松效应有

$$\varepsilon_1 = -\frac{\nu_{21}}{E_2}\sigma_2, \quad \varepsilon_2 = \frac{\sigma_2}{E_2}, \quad \varepsilon_3 = -\frac{\nu_{23}}{E_2}\sigma_2 \tag{3.6}$$

比较式（3.5）和式（3.6）得

$$S_{12} = -\frac{\nu_{21}}{E_2}, \quad S_{11} = \frac{1}{E_2}, \quad S_{13} = -\frac{\nu_{23}}{E_2} \tag{3.7}$$

3）只有正应力 $\sigma_3 \neq 0$，$\sigma_1 = \sigma_2 = \tau_{23} = \tau_{31} = \tau_{12} = 0$，如图 3.4 所示。由式（3.1）可得

$$\begin{cases} \varepsilon_1 = S_{13}\sigma_3 \\ \varepsilon_2 = S_{23}\sigma_3 \\ \varepsilon_3 = S_{33}\sigma_3 \\ \gamma_{23} = \gamma_{31} = \gamma_{12} = 0 \end{cases} \tag{3.8}$$

另外由胡克定律和泊松效应有

$$\varepsilon_1 = -\frac{v_{31}}{E_3}\sigma_3, \quad \varepsilon_2 = -\frac{v_{32}}{E_3}\sigma_3, \quad \varepsilon_3 = \frac{\sigma_3}{E_3} \tag{3.9}$$

比较式（3.8）和式（3.9）得

$$S_{13} = -\frac{v_{31}}{E_3}, \quad S_{23} = -\frac{v_{32}}{E_3}, \quad S_{33} = \frac{1}{E_3} \tag{3.10}$$

4）只有切应力 $\tau_{23} \neq 0$，$\sigma_1 = \sigma_2 = \sigma_3 = \tau_{31} = \tau_{12} = 0$，如图3.4所示。由式（3.1）可得

$$\gamma_{23} = S_{44}\tau_{23} \tag{3.11}$$

另外，由胡克定律

$$\gamma_{23} = \frac{1}{G_{23}}\tau_{23} \tag{3.12}$$

比较式（3.8）和式（3.9）得

$$S_{44} = \frac{1}{G_{23}} \tag{3.13}$$

5）只有切应力 $\tau_{31} \neq 0$，$\sigma_1 = \sigma_2 = \sigma_3 = \tau_{23} = \tau_{12} = 0$，如图3.4所示。由式（3.1）可得

$$\gamma_{31} = S_{55}\tau_{31} \tag{3.14}$$

另外由胡克定律

$$\gamma_{31} = \frac{1}{G_{31}}\tau_{31} \tag{3.15}$$

比较式（3.14）和式（3.15）得

$$S_{55} = \frac{1}{G_{31}} \tag{3.16}$$

6）只有切应力 $\tau_{12} \neq 0$，$\sigma_1 = \sigma_2 = \sigma_3 = \tau_{23} = \tau_{31} = 0$，如图3.4所示。由式（3.1）可得

$$\gamma_{12} = S_{66}\tau_{12} \tag{3.17}$$

另外由胡克定律

$$\gamma_{12} = \frac{1}{G_{12}}\tau_{12} \tag{3.18}$$

比较式（3.17）和式（3.18）得

$$S_{66} = \frac{1}{G_{12}} \qquad (3.19)$$

将上述应力状态叠加，由式（3.4）、式（3.7）、式（3.10）、式（3.13）、式（3.16）和式（3.19）得正交各向异性材料柔度矩阵的工程弹性常数

$$\boldsymbol{S} = \begin{bmatrix} \dfrac{1}{E_1} & -\dfrac{v_{12}}{E_1} & -\dfrac{v_{13}}{E_1} & 0 & 0 & 0 \\[2mm] -\dfrac{v_{21}}{E_2} & \dfrac{1}{E_2} & -\dfrac{v_{23}}{E_2} & 0 & 0 & 0 \\[2mm] -\dfrac{v_{31}}{E_3} & -\dfrac{v_{32}}{E_3} & \dfrac{1}{E_3} & 0 & 0 & 0 \\[2mm] 0 & 0 & 0 & \dfrac{1}{G_{23}} & 0 & 0 \\[2mm] 0 & 0 & 0 & 0 & \dfrac{1}{G_{31}} & 0 \\[2mm] 0 & 0 & 0 & 0 & 0 & \dfrac{1}{G_{12}} \end{bmatrix} \qquad (3.20)$$

其本构关系为

$$\begin{bmatrix} \varepsilon_1 \\ \varepsilon_2 \\ \varepsilon_3 \\ \gamma_{23} \\ \gamma_{31} \\ \gamma_{12} \end{bmatrix} = \begin{bmatrix} \dfrac{1}{E_1} & -\dfrac{v_{12}}{E_1} & -\dfrac{v_{13}}{E_1} & 0 & 0 & 0 \\[2mm] -\dfrac{v_{21}}{E_2} & \dfrac{1}{E_2} & -\dfrac{v_{23}}{E_2} & 0 & 0 & 0 \\[2mm] -\dfrac{v_{31}}{E_3} & -\dfrac{v_{32}}{E_3} & \dfrac{1}{E_3} & 0 & 0 & 0 \\[2mm] 0 & 0 & 0 & \dfrac{1}{G_{23}} & 0 & 0 \\[2mm] 0 & 0 & 0 & 0 & \dfrac{1}{G_{31}} & 0 \\[2mm] 0 & 0 & 0 & 0 & 0 & \dfrac{1}{G_{12}} \end{bmatrix} \begin{bmatrix} \sigma_1 \\ \sigma_2 \\ \sigma_3 \\ \tau_{23} \\ \tau_{31} \\ \tau_{12} \end{bmatrix} \qquad (3.21)$$

同时，由该矩阵的对称性可得工程弹性常数的关系如下

$$\begin{cases} \dfrac{v_{12}}{E_1} = \dfrac{v_{21}}{E_2} \\[2mm] \dfrac{v_{13}}{E_1} = \dfrac{v_{31}}{E_3} \\[2mm] \dfrac{v_{23}}{E_2} = \dfrac{v_{32}}{E_3} \end{cases}$$

（3.22）

即

$$\frac{v_{ij}}{E_i} = \frac{v_{ji}}{E_j}$$

综上，可得正交各向异性板的柔度矩阵为

$$\begin{bmatrix} \dfrac{1}{E_1} & -\dfrac{v_{21}}{E_2} & -\dfrac{v_{31}}{E_3} & 0 & 0 & 0 \\[3mm] -\dfrac{v_{12}}{E_1} & \dfrac{1}{E_2} & -\dfrac{v_{32}}{E_3} & 0 & 0 & 0 \\[3mm] -\dfrac{v_{13}}{E_1} & -\dfrac{v_{23}}{E_2} & \dfrac{1}{E_3} & 0 & 0 & 0 \\[3mm] 0 & 0 & 0 & \dfrac{1}{G_{23}} & 0 & 0 \\[3mm] 0 & 0 & 0 & 0 & \dfrac{1}{G_{31}} & 0 \\[3mm] 0 & 0 & 0 & 0 & 0 & \dfrac{1}{G_{12}} \end{bmatrix}$$

（3.23）

【例 3.1】 正交各向异性单层板结构如图 3.5 所示。坐标系 1 轴为纤维方向，3 轴为单层板厚度方向，根据右手定则确定 2 轴，求单层板折减刚度矩阵。

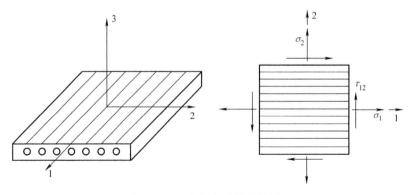

图 3.5 正交各向异性单层板

解：在平面应力作用下，应变 - 应力关系为

$$\varepsilon = S\sigma$$

$$\begin{bmatrix} \varepsilon_1 \\ \varepsilon_2 \\ \gamma_{12} \end{bmatrix} = \begin{bmatrix} S_{11} & S_{12} & 0 \\ S_{12} & S_{22} & 0 \\ 0 & 0 & S_{66} \end{bmatrix} \begin{bmatrix} \sigma_1 \\ \sigma_2 \\ \tau_{12} \end{bmatrix}$$

对 S 求逆，得到折减刚度矩阵 Q

$$Q = S^{-1} = \begin{bmatrix} \dfrac{S_{22}}{S_{11}S_{22} - S_{12}^{\,2}} & -\dfrac{S_{12}}{S_{11}S_{22} - S_{12}^{\,2}} & 0 \\ -\dfrac{S_{12}}{S_{11}S_{22} - S_{12}^{\,2}} & \dfrac{S_{11}}{S_{11}S_{22} - S_{12}^{\,2}} & 0 \\ 0 & 0 & \dfrac{1}{S_{66}} \end{bmatrix}$$

另外，$S_{11} = \dfrac{1}{E_1}, S_{22} = \dfrac{1}{E_2}, S_{12} = -\dfrac{v_{12}}{E_1}, S_{66} = \dfrac{1}{G_{12}}$，$\dfrac{v_{12}}{E_1} = \dfrac{v_{21}}{E_2}$。

将以上两式带入 Q 解得：

$$Q_{11} = \frac{\dfrac{1}{E_2}}{\dfrac{1}{E_1}\dfrac{1}{E_2} - (-\dfrac{v_{12}}{E_1})^2} = \frac{\dfrac{1}{E_2}}{\dfrac{1}{E_1}\dfrac{1}{E_2} - \dfrac{v_{12}}{E_1}\dfrac{v_{21}}{E_2}} = \frac{E_1}{1 - v_{12}v_{21}}$$

$$Q_{22} = \frac{\dfrac{1}{E_1}}{\dfrac{1}{E_1}\dfrac{1}{E_2} - (-\dfrac{v_{12}}{E_1})^2} = \frac{\dfrac{1}{E_1}}{\dfrac{1}{E_1}\dfrac{1}{E_2} - \dfrac{v_{12}}{E_1}\dfrac{v_{21}}{E_2}} = \frac{E_2}{1 - v_{12}v_{21}}$$

$$Q_{12} = -\frac{-\dfrac{v_{12}}{E_1}}{\dfrac{1}{E_1}\dfrac{1}{E_2} - (-\dfrac{v_{12}}{E_1})^2} = \frac{v_{12}E_2}{1 - v_{12}v_{21}} = v_{12}Q_{22}$$

$$= -\frac{-\dfrac{v_{21}}{E_2}}{\dfrac{1}{E_1}\dfrac{1}{E_2} - (-\dfrac{v_{12}}{E_1})^2} = \frac{v_{21}E_1}{1 - v_{12}v_{21}} = v_{21}Q_{11}$$

$$Q_{66} = G_{12}$$

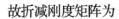
故折减刚度矩阵为

$$\boldsymbol{Q} = \begin{bmatrix} \dfrac{E_1}{1-v_{12}v_{21}} & \dfrac{v_{12}E_2}{1-v_{12}v_{21}} & 0 \\ \dfrac{v_{12}E_2}{1-v_{12}v_{21}} & \dfrac{E_2}{1-v_{12}v_{21}} & 0 \\ 0 & 0 & G_{12} \end{bmatrix}$$

【讨论】本题推广后可考虑，图 3.6 所示的复合材料结构是否为正交各向异性结构。

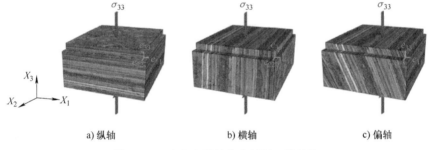

a) 纵轴   b) 横轴   c) 偏轴

图 3.6 正交各向异性复合材料三维结构

3.2 复合材料一次结构弹性常数的限制条件

3.2.1 三维一次正交各向异性材料

对于三维正交各向异性材料，工程弹性常数与柔度系数的关系式表示为

$$\boldsymbol{S} = \begin{bmatrix} S_{11} & S_{12} & S_{13} & 0 & 0 & 0 \\ S_{12} & S_{22} & S_{23} & 0 & 0 & 0 \\ S_{13} & S_{23} & S_{33} & 0 & 0 & 0 \\ 0 & 0 & 0 & S_{44} & 0 & 0 \\ 0 & 0 & 0 & 0 & S_{55} & 0 \\ 0 & 0 & 0 & 0 & 0 & S_{66} \end{bmatrix} = \begin{bmatrix} \dfrac{1}{E_1} & -\dfrac{v_{21}}{E_2} & -\dfrac{v_{31}}{E_3} & 0 & 0 & 0 \\ -\dfrac{v_{12}}{E_1} & \dfrac{1}{E_2} & -\dfrac{v_{32}}{E_3} & 0 & 0 & 0 \\ -\dfrac{v_{13}}{E_1} & -\dfrac{v_{23}}{E_2} & \dfrac{1}{E_3} & 0 & 0 & 0 \\ 0 & 0 & 0 & \dfrac{1}{G_{23}} & 0 & 0 \\ 0 & 0 & 0 & 0 & \dfrac{1}{G_{31}} & 0 \\ 0 & 0 & 0 & 0 & 0 & \dfrac{1}{G_{12}} \end{bmatrix} \quad (3.24)$$

根据弹性理论，可以得到非零应力状态下，材料的弹性应变位能为正值，应变能是应变（或应力）的正定二次型。

$$W = \frac{1}{2} S_{ij} \sigma_i \sigma_j \qquad (3.25)$$

W 为 σ_i 的正定二次型的充要条件是矩阵 S 的所有主要主子式大于零，即

$$S_{11} > 0, \begin{vmatrix} S_{11} & S_{12} \\ S_{21} & S_{22} \end{vmatrix} > 0, \cdots, \det[S_{ij}] > 0 \qquad (3.26)$$

对于三维正交各向异性，有 E_1，E_2，E_3，G_{23}，G_{31}，$G_{12} > 0$。

正交各向异性材料有 9 个独立的弹性常数，由于柔度矩阵对称，即 $S_{ij} = S_{ji}$，故工程弹性常数有如下的关系

$$\begin{cases} \dfrac{v_{12}}{E_1} = \dfrac{v_{21}}{E_2} \\[2ex] \dfrac{v_{13}}{E_1} = \dfrac{v_{31}}{E_3} \\[2ex] \dfrac{v_{23}}{E_2} = \dfrac{v_{32}}{E_3} \end{cases}$$

即

$$\frac{v_{ij}}{v_{ji}} = \frac{E_j}{E_i} \, (i, j = 1, 2, 3) \qquad (3.27)$$

由于刚度矩阵与柔度矩阵互逆，即 $S^{-1} = C$，故可得到各弹性系数有如下关系

$$\begin{cases} C_{11} = \dfrac{S_{22} S_{33} - S_{23}^2}{S}, C_{12} = \dfrac{S_{13} S_{23} - S_{12} S_{33}}{S} \\[2ex] C_{22} = \dfrac{S_{33} S_{11} - S_{13}^2}{S}, C_{13} = \dfrac{S_{12} S_{23} - S_{13} S_{22}}{S} \\[2ex] C_{33} = \dfrac{S_{11} S_{22} - S_{12}^2}{S}, C_{23} = \dfrac{S_{12} S_{13} - S_{23} S_{11}}{S} \end{cases} \qquad (3.28)$$

式中，$S = |S_{ij}|$，$(i, j = 1, 2, 3)$ $\qquad (3.29)$

同理，C_{11}，C_{22}，C_{33}，C_{44}，C_{55}，$C_{66} > 0$，可得

$$\begin{cases} \Delta = S = \dfrac{1 - v_{12} v_{21} - v_{23} v_{32} - v_{13} v_{31} - 2 v_{12} v_{23} v_{31}}{E_1 E_2 E_3} > 0 \\[2ex] 1 - v_{23} v_{32} > 0 \\[1ex] 1 - v_{13} v_{31} > 0 \\[1ex] 1 - v_{12} v_{21} > 0 \end{cases} \qquad (3.30)$$

得三维正交各向异性材料的泊松比的限制条件为

$$
\begin{cases}
v_{12}^2 < \dfrac{E_2}{E_1}, v_{21}^2 < \dfrac{E_1}{E_2} \\[2mm]
v_{23}^2 < \dfrac{E_3}{E_2}, v_{32}^2 < \dfrac{E_2}{E_3} \\[2mm]
v_{31}^2 < \dfrac{E_1}{E_3}, v_{13}^2 < \dfrac{E_3}{E_1}
\end{cases}
\tag{3.31}
$$

取式（3.30）中第一个不等式：

$$
\Delta = S = \frac{1 - v_{12}v_{21} - v_{23}v_{32} - v_{13}v_{31} - 2v_{12}v_{23}v_{31}}{E_1 E_2 E_3} > 0
\tag{3.32}
$$

经过整理可得到

$$
v_{12}v_{23}v_{31} < \frac{1 - v_{12}v_{21} - v_{23}v_{32} - v_{13}v_{31}}{2}
$$

即

$$
v_{12}v_{23}v_{31} < \frac{1 - v_{12}^2\left(\dfrac{E_1}{E_2}\right) - v_{23}^2\left(\dfrac{E_2}{E_3}\right) - v_{31}^2\left(\dfrac{E_3}{E_1}\right)}{2}
\tag{3.33}
$$

由于 $v_{12}^2\left(\dfrac{E_1}{E_2}\right) > 0, v_{23}^2\left(\dfrac{E_2}{E_3}\right) > 0, v_{31}^2\left(\dfrac{E_3}{E_1}\right) > 0$ ，可得到

$$
v_{12}v_{23}v_{31} < \frac{1 - v_{12}^2\left(\dfrac{E_1}{E_2}\right) - v_{23}^2\left(\dfrac{E_2}{E_3}\right) - v_{31}^2\left(\dfrac{E_3}{E_1}\right)}{2} < \frac{1}{2}
\tag{3.34}
$$

3.2.2　二维正交各向异性材料

对于二维正交各向异性材料，工程弹性常数与柔度系数的关系式表示为

$$
\boldsymbol{S} =
\begin{bmatrix}
S_{11} & S_{12} & 0 \\
S_{12} & S_{22} & 0 \\
0 & 0 & S_{33}
\end{bmatrix}
=
\begin{bmatrix}
\dfrac{1}{E_1} & -\dfrac{v_2}{E_2} & 0 \\[2mm]
-\dfrac{v_1}{E_1} & \dfrac{1}{E_2} & 0 \\[2mm]
0 & 0 & \dfrac{1}{G_{12}}
\end{bmatrix}
\tag{3.35}
$$

同三维正交各向异性材料正定二次型为 W

$$W = \frac{1}{2} S_{ij} \sigma_i \sigma_j$$

故矩阵 $\boldsymbol{S}$ 的所有主要主子式大于零，即

$$S_{11} > 0, \quad \begin{vmatrix} S_{11} & S_{12} \\ S_{21} & S_{22} \end{vmatrix} > 0, \quad \cdots, \quad \det\left[\boldsymbol{S}_{ij}\right] > 0$$

得到

$$E_1 > 0, \quad E_2 > 0, \quad G_{12} > 0$$

由于柔度矩阵对称，即 $S_{ij} = S_{ji}$，故工程弹性常数有如下的关系

$$\frac{\nu_1}{\nu_2} = \frac{E_1}{E_2}$$

刚度矩阵与柔度矩阵互逆，即 $\boldsymbol{S}^{-1} = \boldsymbol{C}$，根据线性代数得到两矩阵各系数有如下关系

$$\begin{cases} C_{11} = \dfrac{S_{22}}{S_{11}S_{22} - S_{12}^2} \\[2mm] C_{22} = \dfrac{S_{11}}{S_{11}S_{22} - S_{12}^2} \\[2mm] C_{12} = -\dfrac{S_{12}}{S_{11}S_{22} - S_{12}^2} \\[2mm] C_{33} = G_{12} \end{cases} \qquad (3.36)$$

同理 C_{11}，C_{22}，$C_{33} > 0$，可以得到：$\nu_1^2 < \dfrac{E_1}{E_2}$。

3.2.3 各向同性材料

对于各向同性材料，弹性常数必须满足下列关系式，即

$$G = \frac{E}{2(1+2\nu)}(E > 0, \ G > 0) \qquad (3.37)$$

于是可得

$$\nu > -1$$

另外，由于三向压力 p 的作用，各向同性体的体积应变为

$$\Theta = \varepsilon_1 + \varepsilon_2 + \varepsilon_3 = \frac{-p}{E / 3(1-2\nu)} = -\frac{p}{K} \qquad (3.38)$$

式中，K 为体积模量，应为正值，则有 $K = \dfrac{E}{3(1-2v)} > 0$，可得 $v < \dfrac{1}{2}$。因此，$-1 < v < \dfrac{1}{2}$。

各向同性材料在横向拉伸时必然会引起纵向的收缩，即

$$\varepsilon_x > 0, \varepsilon_y < 0, \ v = -\frac{\varepsilon_y}{\varepsilon_x} > 0 \tag{3.39}$$

得：
$$0 < v < \frac{1}{2} \tag{3.40}$$

【例 3.2】 由工程弹性常数定义和物理意义，证 E_1、E_2、E_3、G_{23}、G_{31}、G_{12} 均大于 0。

解：应变能密度表达式为

$$W = \frac{1}{2}\sigma_i \varepsilon_i = \frac{1}{2}\boldsymbol{\sigma}^{\mathrm{T}}\boldsymbol{\varepsilon} = \frac{1}{2}\boldsymbol{\sigma}^{\mathrm{T}}\boldsymbol{S}\boldsymbol{\sigma} = \frac{1}{2}\boldsymbol{\varepsilon}^{\mathrm{T}}\boldsymbol{C}\boldsymbol{\varepsilon}$$

鉴于热力学的限制，应力做功的总和必为正值，即应变能密度为正值，由正定矩阵定义可以判定 $\boldsymbol{C}$ 和 $\boldsymbol{S}$ 都为正定矩阵，可知 $\boldsymbol{S}$ 的对角元素须是正值，即 S_{11}，S_{22}，S_{33}，S_{44}，S_{55}，$S_{66} > 0$。根据各向异性材料的弹性常数与柔度系数关系有，

$$
\begin{bmatrix}
S_{11} & S_{12} & S_{13} & 0 & 0 & 0 \\
S_{21} & S_{22} & S_{23} & 0 & 0 & 0 \\
S_{31} & S_{32} & S_{33} & 0 & 0 & 0 \\
0 & 0 & 0 & S_{44} & 0 & 0 \\
0 & 0 & 0 & 0 & S_{55} & 0 \\
0 & 0 & 0 & 0 & 0 & S_{66}
\end{bmatrix}
=
\begin{bmatrix}
\dfrac{1}{E_1} & \dfrac{-v_{12}}{E_1} & \dfrac{-v_{13}}{E_1} & 0 & 0 & 0 \\
\dfrac{-v_{21}}{E_2} & \dfrac{1}{E_2} & \dfrac{-v_{23}}{E_2} & 0 & 0 & 0 \\
\dfrac{-v_{31}}{E_3} & \dfrac{-v_{32}}{E_3} & \dfrac{1}{E_3} & 0 & 0 & 0 \\
0 & 0 & 0 & \dfrac{1}{G_{23}} & 0 & 0 \\
0 & 0 & 0 & 0 & \dfrac{1}{G_{31}} & 0 \\
0 & 0 & 0 & 0 & 0 & \dfrac{1}{G_{12}}
\end{bmatrix}
$$

得

$$S_{11} = \frac{1}{E_1}, \quad S_{22} = \frac{1}{E_2}, \quad S_{33} = \frac{1}{E_3}, \quad S_{44} = \frac{1}{G_{23}}, \quad S_{55} = \frac{1}{G_{31}}, \quad S_{66} = \frac{1}{G_{12}}$$

因此

$$E_1 、 E_2 、 E_3 、 G_{23} 、 G_{31} 、 G_{12} > 0$$

【例 3.3】 某实验人员通过实验，得到硼/环氧复合材料的工程弹性常数为：$E_1 = 81.8\text{GPa}$，$E_2 = 9.17\text{GPa}$，$\nu_{12} = 1.97$，$\nu_{21} = 0.22$，请判断实验数据是否合理。

解：

由

$$1 - \nu_{ij}\nu_{ji} > 0, \quad \frac{\nu_{ij}}{E_i} = \frac{\nu_{ji}}{E_j}$$

得正交各向异性材料弹性常数限制条件

$$|\nu_{ij}| < \left(\frac{E_i}{E_j}\right)^{\frac{1}{2}}$$

带入具体数值：$\nu_{12} = 1.97 < \left(\dfrac{E_1}{E_2}\right)^{\frac{1}{2}} = 2.99$，$\nu_{21} = 0.22 < \left(\dfrac{E_2}{E_1}\right)^{\frac{1}{2}} = 0.33$

且，

$$\frac{\nu_{12}}{E_1} = 0.02408$$

$$\frac{\nu_{21}}{E_2} = 0.02399$$

$$\frac{\nu_{12}}{E_1} \approx \frac{\nu_{21}}{E_2}$$

满足限制条件，故合理。

【例 3.4】 已知正交各向异性材料的工程弹性常数，$E_1 = 140\text{GPa}$，$E_2 = 20\text{GPa}$，$E_3 = 10\text{GPa}$，$G_{23} = 4\text{GPa}$，$G_{31} = 8\text{GPa}$，$G_{12} = 10\text{GPa}$，$\nu_{12} = 0.25$，$\nu_{13} = 0.28$，$\nu_{23} = 0.32$，求刚度矩阵和柔度矩阵，并验证刚度矩阵和柔度矩阵的可逆性。

解：计算柔度矩阵

$$S = \begin{bmatrix} S_{11} & S_{12} & S_{13} & 0 & 0 & 0 \\ S_{12} & S_{22} & S_{23} & 0 & 0 & 0 \\ S_{13} & S_{23} & S_{33} & 0 & 0 & 0 \\ 0 & 0 & 0 & S_{44} & 0 & 0 \\ 0 & 0 & 0 & 0 & S_{55} & 0 \\ 0 & 0 & 0 & 0 & 0 & S_{66} \end{bmatrix} = \begin{bmatrix} \dfrac{1}{E_1} & -\dfrac{v_{12}}{E_1} & -\dfrac{v_{13}}{E_1} & 0 & 0 & 0 \\ -\dfrac{v_{12}}{E_1} & \dfrac{1}{E_2} & -\dfrac{v_{23}}{E_2} & 0 & 0 & 0 \\ -\dfrac{v_{13}}{E_1} & -\dfrac{v_{23}}{E_2} & \dfrac{1}{E_3} & 0 & 0 & 0 \\ 0 & 0 & 0 & \dfrac{1}{G_{23}} & 0 & 0 \\ 0 & 0 & 0 & 0 & \dfrac{1}{G_{31}} & 0 \\ 0 & 0 & 0 & 0 & 0 & \dfrac{1}{G_{12}} \end{bmatrix}$$

带入具体数值，得：

$$S = \begin{bmatrix} 7.14 & -1.79 & -2 & 0 & 0 & 0 \\ -1.79 & 50 & -16 & 0 & 0 & 0 \\ -2 & -16 & 100 & 0 & 0 & 0 \\ 0 & 0 & 0 & 250 & 0 & 0 \\ 0 & 0 & 0 & 0 & 125 & 0 \\ 0 & 0 & 0 & 0 & 0 & 100 \end{bmatrix} \times 10^{-3} (\text{GPa})^{-1}$$

求解刚度矩阵，由 $v_{ji} = \dfrac{v_{ij}}{E_i} E_j (i, j = 1, 2, 3 \text{ 但 } i \neq j)$ 解出

$$v_{32} = 0.16, \quad v_{31} = 0.02, \quad v_{21} = 0.04$$

$$\Delta = \begin{vmatrix} \dfrac{1}{E_1} & -\dfrac{v_{12}}{E_1} & -\dfrac{v_{13}}{E_1} \\ -\dfrac{v_{12}}{E_1} & \dfrac{1}{E_2} & -\dfrac{v_{23}}{E_2} \\ -\dfrac{v_{13}}{E_1} & -\dfrac{v_{23}}{E_2} & \dfrac{1}{E_3} \end{vmatrix} = 3.32 \times 10^{-5}$$

故由公式可求得 C_{11} 为

$$C_{11} = \frac{1 - v_{23}v_{32}}{E_2 E_3 \Delta} = 142.73 \text{GPa}$$

同理可得其他 C 值，故刚度矩阵为

$$C = \begin{bmatrix} 142.73 & 6.35 & 3.87 & 0 & 0 & 0 \\ 6.35 & 21.36 & 3.54 & 0 & 0 & 0 \\ 3.87 & 3.54 & 10.65 & 0 & 0 & 0 \\ 0 & 0 & 0 & 4 & 0 & 0 \\ 0 & 0 & 0 & 0 & 8 & 0 \\ 0 & 0 & 0 & 0 & 0 & 10 \end{bmatrix} \text{GPa}$$

对刚度矩阵求逆：

$$S = C^{-1} = \begin{bmatrix} 7.14 & -1.79 & -2 & 0 & 0 & 0 \\ -1.79 & 50 & -16 & 0 & 0 & 0 \\ -2 & -16 & 100 & 0 & 0 & 0 \\ 0 & 0 & 0 & 250 & 0 & 0 \\ 0 & 0 & 0 & 0 & 125 & 0 \\ 0 & 0 & 0 & 0 & 0 & 100 \end{bmatrix} \times 10^{-3} (\text{GPa})^{-1}$$

故两矩阵具有可逆性。

【例3.5】 实验测定某玻璃钢单层薄板的工程弹性常数，$E_1 = 19.45\text{GPa}$，$E_2 = 4.16\text{GPa}$，$v_{21} = 0.05$，$v_{12} = 0.236$。请检验数据是否合理。

解：根据正交各向异性材料泊松比限制条件，得

$$v_{12} = 0.236 < \left(\frac{E_1}{E_2}\right)^{\frac{1}{2}} = 2.16$$

$$v_{21} = 0.05 < \left(\frac{E_2}{E_1}\right)^{\frac{1}{2}} = 0.46$$

且

$$\frac{v_{12}}{E_1} = 0.1213 \times 10^{-4} (\text{GPa})^{-1}$$

$$\frac{v_{21}}{E_2} = 0.1202 \times 10^{-4} (\text{GPa})^{-1}$$

数据经检验，合理。

【例3.6】 试证正交各向异性材料工程弹性常数的互等定律

$$\frac{v_{12}}{E_1} = \frac{v_{21}}{E_2}, \quad \frac{v_{13}}{E_1} = \frac{v_{31}}{E_3}, \quad \frac{v_{23}}{E_2} = \frac{v_{32}}{E_3}$$

证明：$S_{ij} = \begin{bmatrix} \dfrac{1}{E_1} & -\dfrac{v_{21}}{E_2} & -\dfrac{v_{31}}{E_3} & 0 & 0 & 0 \\[2mm] -\dfrac{v_{12}}{E_1} & \dfrac{1}{E_2} & -\dfrac{v_{32}}{E_3} & 0 & 0 & 0 \\[2mm] -\dfrac{v_{13}}{E_1} & -\dfrac{v_{23}}{E_2} & \dfrac{1}{E_3} & 0 & 0 & 0 \\[2mm] 0 & 0 & 0 & \dfrac{1}{G_{23}} & 0 & 0 \\[2mm] 0 & 0 & 0 & 0 & \dfrac{1}{G_{31}} & 0 \\[2mm] 0 & 0 & 0 & 0 & 0 & \dfrac{1}{G_{12}} \end{bmatrix}$

S_{ij} 为对称矩阵，则：$\dfrac{v_{12}}{E_1} = \dfrac{v_{21}}{E_2}$，$\dfrac{v_{31}}{E_3} = \dfrac{v_{13}}{E_1}$，$\dfrac{v_{23}}{E_2} = \dfrac{v_{32}}{E_3}$。

3.3 单向纤维单层板的偏轴本构理论

根据正轴与偏轴的概念，单层板的正轴应力 - 应变关系，柔度与刚度的定义，柔度、刚度与工程弹性常数的关系，考虑应力偏轴转轴理论，如图 3.7a 所示。

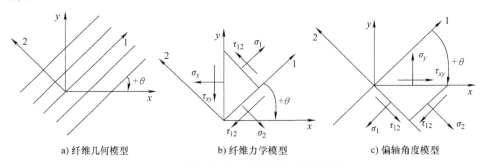

a) 纤维几何模型　　　b) 纤维力学模型　　　c) 偏轴角度模型

图 3.7　单层板应力偏轴结构分析模型

将图 3.7b 中的应力乘以作用面积投影到 x 轴上，令 σ_x 作用面积为 δ_A，得到平衡方程：

$$\sigma_x \delta_A = \sigma_1 (\delta_A \cos\theta)\cos\theta - \tau_{12}(\delta_A \cos\theta)\sin\theta + \sigma_2(\delta_A \sin\theta)\sin\theta - \tau_{12}(\delta_A \sin\theta)\cos\theta$$

化简得：
$$\sigma_x = \sigma_1 \cos^2\theta + \sigma_2 \sin^2\theta - 2\tau_{12}\sin\theta\cos\theta \tag{3.41}$$

同理投影到 y 轴上，得：

$$\tau_{xy} = \sigma_1 \sin\theta\cos\theta - \sigma_2 \sin\theta\cos\theta + \tau_{12}\left(\cos^2\theta - \sin^2\theta\right) \tag{3.42}$$

将图 3.7c 中的应力乘以作用面积投影到 y 轴上，令 σ_y 作用面积为 δ_A，得到平衡方程：

$$\sigma_y \delta_A = \sigma_1 \left(\delta_A \sin\theta\right)\sin\theta + \tau_{12}\left(\delta_A \cos\theta\right)\sin\theta + \sigma_2 \left(\delta_A \cos\theta\right)\cos\theta + \tau_{12}\left(\delta_A \sin\theta\right)\cos\theta$$

化简得：

$$\sigma_y = \sigma_1 \sin^2\theta + \sigma_2 \cos^2\theta + 2\tau_{12}\sin\theta\cos\theta \tag{3.43}$$

将式（3.41）~式（3.43）写成矩阵形式：

$$\begin{Bmatrix} \sigma_x \\ \sigma_y \\ \tau_{xy} \end{Bmatrix} = \begin{bmatrix} \cos^2\theta & \sin^2\theta & -2\sin\theta\cos\theta \\ \sin^2\theta & \cos^2\theta & 2\sin\theta\cos\theta \\ \sin\theta\cos\theta & -\sin\theta\cos\theta & \cos^2\theta - \sin^2\theta \end{bmatrix} \begin{Bmatrix} \sigma_1 \\ \sigma_2 \\ \tau_{12} \end{Bmatrix} \tag{3.44}$$

$$\begin{Bmatrix} \sigma_x \\ \sigma_y \\ \tau_{xy} \end{Bmatrix} = \boldsymbol{T}^{-1} \begin{Bmatrix} \sigma_1 \\ \sigma_2 \\ \tau_{12} \end{Bmatrix}$$

即

$$\begin{Bmatrix} \sigma_1 \\ \sigma_2 \\ \tau_{12} \end{Bmatrix} = \boldsymbol{T} \begin{Bmatrix} \sigma_x \\ \sigma_y \\ \tau_{xy} \end{Bmatrix} \tag{3.45}$$

考虑应变转轴理论，将图 3.7b、c 中的应力分量变为应变分量：

若取单层板 1 轴方向长度 $\mathrm{d}l$，由应变结果可得其增量为

$$\varepsilon_1 \mathrm{d}l = \varepsilon_x \left(\mathrm{d}l\cos\theta\right)\cos\theta + \varepsilon_y \left(\mathrm{d}l\sin\theta\right)\sin\theta + \gamma_{xy}\left(\mathrm{d}l\sin\theta\right)\cos\theta \tag{3.46}$$

化简得到：

$$\varepsilon_1 = \varepsilon_x \cos^2\theta + \varepsilon_y \sin^2\theta + \gamma_{xy}\sin\theta\cos\theta \tag{3.47}$$

同理得到：

$$\varepsilon_2 = \varepsilon_x \sin^2\theta + \varepsilon_y \cos^2\theta - \gamma_{xy}\sin\theta\cos\theta \tag{3.48}$$

$$\gamma_{12} = -2\varepsilon_x \sin\theta\cos\theta + 2\varepsilon_y \sin\theta\cos\theta + \gamma_{xy}\left(\cos^2\theta - \sin^2\theta\right) \tag{3.49}$$

将上述三式写成矩阵形式

$$\begin{Bmatrix} \varepsilon_1 \\ \varepsilon_2 \\ \gamma_{12} \end{Bmatrix} = \begin{bmatrix} \cos^2\theta & \sin^2\theta & \sin\theta\cos\theta \\ \sin^2\theta & \cos^2\theta & -\sin\theta\cos\theta \\ -2\sin\theta\cos\theta & 2\sin\theta\cos\theta & \cos^2\theta - \sin^2\theta \end{bmatrix} \begin{Bmatrix} \varepsilon_x \\ \varepsilon_y \\ \gamma_{xy} \end{Bmatrix} \tag{3.50}$$

同理，得到

$$\begin{Bmatrix} \varepsilon_x \\ \varepsilon_y \\ \gamma_{xy} \end{Bmatrix} = \begin{bmatrix} \cos^2\theta & \sin^2\theta & -\sin\theta\cos\theta \\ \sin^2\theta & \cos^2\theta & \sin\theta\cos\theta \\ 2\sin\theta\cos\theta & -2\sin\theta\cos\theta & \cos^2\theta - \sin^2\theta \end{bmatrix} \begin{Bmatrix} \varepsilon_1 \\ \varepsilon_2 \\ \gamma_{12} \end{Bmatrix} \qquad (3.51)$$

【讨论】该理论推广后，请考虑，图 3.8 所示的结构模型，是否为单向板拉剪耦合效应的复合材料结构模型？

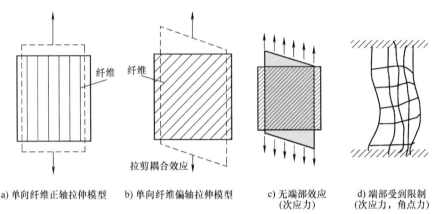

a) 单向纤维正轴拉伸模型   b) 单向纤维偏轴拉伸模型   c) 无端部效应（次应力）   d) 端部受到限制（次应力，角点力）

图 3.8   单向板拉剪耦合效应的复合材料结构分析模型

【例 3.7】 已知 $E_1 = 140\text{GPa}$，$E_2 = 10\text{GPa}$，$G_{12} = 5\text{GPa}$，$v_{12} = 0.3$，纤维与坐标轴呈 45°，求变换刚度矩阵 $\bar{Q}_{ij}$ 和柔度矩阵 $\bar{S}_{ij}$。

解：$S_{11} = \dfrac{1}{E_1} = 7.14(\text{TPa})^{-1}$，$S_{12} = -\dfrac{v_{12}}{E_1} = -2.14(\text{TPa})^{-1}$，$S_{22} = \dfrac{1}{E_2} = 100(\text{TPa})^{-1}$，

$v_{21} = \dfrac{E_2}{E_1} v_{12} = 0.0214$，$\quad Q_{11} = \dfrac{E_1}{1 - v_{12}v_{21}} = 140.90\text{GPa}$，$\quad Q_{22} = \dfrac{E_2}{1 - v_{12}v_{21}} = 10.06\text{GPa}$，

$Q_{12} = \dfrac{v_{21}E_1}{1 - v_{12}v_{21}} = 3.02\text{GPa}$，$Q_{66} = G_{12} = 5\text{GPa}$。

得到：$\boldsymbol{S} = \begin{bmatrix} 7.14 & -2.14 & 0 \\ -2.14 & 100 & 0 \\ 0 & 0 & 200 \end{bmatrix}(\text{TPa})^{-1}$，$\boldsymbol{Q} = \begin{bmatrix} 140.90 & 3.02 & 0 \\ 3.02 & 10.06 & 0 \\ 0 & 0 & 5 \end{bmatrix}\text{GPa}$

则 $\boldsymbol{T}^{-1} = \begin{bmatrix} \cos^2\theta & \sin^2\theta & -2\sin\theta\cos\theta \\ \sin^2\theta & \cos^2\theta & 2\sin\theta\cos\theta \\ \sin\theta\cos\theta & -\sin\theta\cos\theta & \cos^2\theta - \sin^2\theta \end{bmatrix} = \begin{bmatrix} 0.5 & 0.5 & -1 \\ 0.5 & 0.5 & 1 \\ 0.5 & -0.5 & 0 \end{bmatrix}$

$\boldsymbol{T} = \begin{bmatrix} \cos^2\theta & \sin^2\theta & 2\sin\theta\cos\theta \\ \sin^2\theta & \cos^2\theta & -2\sin\theta\cos\theta \\ -\sin\theta\cos\theta & \sin\theta\cos\theta & \cos^2\theta - \sin^2\theta \end{bmatrix} = \begin{bmatrix} 0.5 & 0.5 & 1 \\ 0.5 & 0.5 & -1 \\ -0.5 & 0.5 & 0 \end{bmatrix}$

与应力转轴公式对比，得到：

$$\begin{bmatrix} \varepsilon_1 \\ \varepsilon_2 \\ \gamma_{12} \end{bmatrix} = (\boldsymbol{T}^{-1})^{\mathrm{T}} \begin{bmatrix} \varepsilon_x \\ \varepsilon_y \\ \gamma_{xy} \end{bmatrix} \quad \text{和} \quad \begin{bmatrix} \varepsilon_x \\ \varepsilon_y \\ \gamma_{xy} \end{bmatrix} = \boldsymbol{T}^{\mathrm{T}} \begin{bmatrix} \varepsilon_1 \\ \varepsilon_2 \\ \gamma_{12} \end{bmatrix}$$

$$(\boldsymbol{T}^{-1})^{\mathrm{T}} = \begin{bmatrix} 0.5 & 0.5 & 0.5 \\ 0.5 & 0.5 & -0.5 \\ -1 & 1 & 0 \end{bmatrix}, \quad \boldsymbol{T}^{\mathrm{T}} = \begin{bmatrix} 0.5 & 0.5 & -0.5 \\ 0.5 & 0.5 & 0.5 \\ 1 & -1 & 0 \end{bmatrix}$$

由应力应变关系和应力转轴、应变转轴关系得到：

$$\begin{bmatrix} \sigma_x \\ \sigma_y \\ \tau_{xy} \end{bmatrix} = \boldsymbol{T}^{-1} \begin{bmatrix} \sigma_1 \\ \sigma_2 \\ \tau_{12} \end{bmatrix} = \boldsymbol{T}^{-1}\boldsymbol{Q} \begin{bmatrix} \varepsilon_1 \\ \varepsilon_2 \\ \gamma_{12} \end{bmatrix} = \boldsymbol{T}^{-1}\boldsymbol{Q}(\boldsymbol{T}^{-1})^{\mathrm{T}} \begin{bmatrix} \varepsilon_x \\ \varepsilon_y \\ \gamma_{xy} \end{bmatrix} = \bar{\boldsymbol{Q}} \begin{bmatrix} \varepsilon_x \\ \varepsilon_y \\ \gamma_{xy} \end{bmatrix}$$

可知：

$$\bar{\boldsymbol{Q}} = \boldsymbol{T}^{-1}\boldsymbol{Q}(\boldsymbol{T}^{-1})^{\mathrm{T}} = \begin{bmatrix} 0.5 & 0.5 & -1 \\ 0.5 & 0.5 & 1 \\ 0.5 & -0.5 & 0 \end{bmatrix} \times \begin{bmatrix} 140.90 & 3.02 & 0 \\ 3.02 & 10.06 & 0 \\ 0 & 0 & 5 \end{bmatrix} \times \begin{bmatrix} 0.5 & 0.5 & 0.5 \\ 0.5 & 0.5 & -0.5 \\ -1 & 1 & 0 \end{bmatrix} =$$

$$\begin{bmatrix} 44.25 & 34.25 & 32.71 \\ 34.25 & 44.25 & 32.71 \\ 32.71 & 32.71 & 36.23 \end{bmatrix} \mathrm{GPa}$$

$$\begin{bmatrix} \varepsilon_x \\ \varepsilon_y \\ \gamma_{xy} \end{bmatrix} = \boldsymbol{T}^{\mathrm{T}} \begin{bmatrix} \varepsilon_1 \\ \varepsilon_2 \\ \gamma_{12} \end{bmatrix} = \boldsymbol{T}^{\mathrm{T}}\boldsymbol{S} \begin{bmatrix} \sigma_1 \\ \sigma_2 \\ \tau_{12} \end{bmatrix} = \boldsymbol{T}^{\mathrm{T}}\boldsymbol{S}\boldsymbol{T} \begin{bmatrix} \sigma_x \\ \sigma_y \\ \tau_{xy} \end{bmatrix} = \bar{\boldsymbol{S}} \begin{bmatrix} \sigma_x \\ \sigma_y \\ \tau_{xy} \end{bmatrix}$$

得：

$$\bar{\boldsymbol{S}} = \boldsymbol{T}^{\mathrm{T}}\boldsymbol{S}\boldsymbol{T} = \begin{bmatrix} 0.5 & 0.5 & -0.5 \\ 0.5 & 0.5 & 0.5 \\ 1 & -1 & 0 \end{bmatrix} \times \begin{bmatrix} 7.14 & -2.14 & 0 \\ -2.14 & 100 & 0 \\ 0 & 0 & 200 \end{bmatrix} \times \begin{bmatrix} 0.5 & 0.5 & 1 \\ 0.5 & 0.5 & -1 \\ -0.5 & 0.5 & 0 \end{bmatrix} =$$

$$\begin{bmatrix} 75.12 & -24.29 & -46.43 \\ -24.29 & 75.12 & -46.43 \\ -46.43 & -46.43 & 111.42 \end{bmatrix} (\mathrm{TPa})^{-1}, \quad \bar{\boldsymbol{Q}} = \begin{bmatrix} 44.25 & 34.25 & 32.71 \\ 34.25 & 44.25 & 32.71 \\ 32.71 & 32.71 & 36.23 \end{bmatrix} \mathrm{GPa}$$

【例 3.8】 试证复合材料单层的弹性特性：$Q_{11} + Q_{22} + 2Q_{12}$ 为坐标转换不变量，即 $\bar{Q}_{11} + \bar{Q}_{22} + 2\bar{Q}_{12} = Q_{11} + Q_{22} + 2Q_{12}$。

证明：在任意方向上的应力 - 应变关系：

$$\begin{Bmatrix} \sigma_x \\ \sigma_y \\ \tau_{xy} \end{Bmatrix} = \begin{bmatrix} \bar{Q}_{11} & \bar{Q}_{12} & \bar{Q}_{16} \\ \bar{Q}_{12} & \bar{Q}_{22} & \bar{Q}_{26} \\ \bar{Q}_{16} & \bar{Q}_{26} & \bar{Q}_{66} \end{bmatrix} \begin{Bmatrix} \varepsilon_x \\ \varepsilon_y \\ \gamma_{xy} \end{Bmatrix}$$

式中，$\bar{Q} = T^{-1} Q (Q^{-1})^T$，其中三项写成分量形式为

$$\bar{Q}_{11} = Q_{11} \cos^4 \theta + 2(Q_{12} + 2Q_{66}) \sin^2 \theta \cos^2 \theta + Q_{22} \sin^4 \theta \bar{Q}_{22}$$

$$= Q_{11} \sin^4 \theta + 2(Q_{12} + 2Q_{66}) \sin^2 \theta \cos^2 \theta + Q_{22} \cos^4 \theta$$

$$\bar{Q}_{12} = (Q_{11} + Q_{22} - 4Q_{66}) \sin^2 \theta \cos^2 \theta + Q_{12} (\sin^4 \theta + \cos^4 \theta)$$

以上三式相加得

$$\bar{Q}_{11} + \bar{Q}_{22} + 2\bar{Q}_{12}$$

$$= (Q_{11} + Q_{22} + 2Q_{12})(\cos^4 \theta + \sin^4 \theta) + (4Q_{12} + 2Q_{11} + 2Q_{22}) \sin^2 \theta \cos^2 \theta$$

$$= (Q_{11} + Q_{22} + 2Q_{12})(\cos^4 \theta + \sin^4 \theta + 2\sin^2 \theta \cos^2 \theta)$$

$$= (Q_{11} + Q_{22} + 2Q_{12})(\sin^2 \theta + \cos^2 \theta)^2$$

$$= Q_{11} + Q_{22} + 2Q_{12}$$

即

$Q_{11} + Q_{22} + 2Q_{12}$ 为坐标转换不变量。

【例 3.9】 碳纤维 / 环氧 HT3/5224 单向板在材料主方向的应变为 $\varepsilon_L = 0.005$，$\varepsilon_T = -0.01$，$\gamma_{LT} = 0.02$，试求：（1）材料主方向应力；（2）参考坐标下的应力和应变（取 $\theta = 45°$）。已知：$Q_{11} = 141.9\text{GPa}$，$Q_{22} = 8.66\text{GPa}$，$Q_{12} = 3.06\text{GPa}$，$Q_{66} = 5.0\text{GPa}$。

解：材料主方向应力为

$$\begin{bmatrix} \sigma_L \\ \sigma_T \\ \tau_{LT} \end{bmatrix} = \begin{bmatrix} Q_{11} & Q_{12} & 0 \\ Q_{12} & Q_{22} & 0 \\ 0 & 0 & Q_{66} \end{bmatrix} \begin{bmatrix} \varepsilon_L \\ \varepsilon_T \\ \gamma_{LT} \end{bmatrix} = \begin{bmatrix} 141.9 & 3.06 & 0 \\ 3.06 & 8.66 & 0 \\ 0 & 0 & 5.0 \end{bmatrix} \begin{bmatrix} 0.005 \\ -0.01 \\ 0.02 \end{bmatrix} \text{GPa} = \begin{bmatrix} 678.9 \\ -17.3 \\ 100 \end{bmatrix} \text{MPa}$$

$$\theta = 45° \text{ 时，} T = \begin{bmatrix} 0.5 & 0.5 & 1 \\ 0.5 & 0.5 & -1 \\ -0.5 & 0.5 & 0 \end{bmatrix}, \quad T^{-1} = \begin{bmatrix} 0.5 & 0.5 & -1 \\ 0.5 & 0.5 & 1 \\ 0.5 & -0.5 & 0 \end{bmatrix}$$

$$\sigma_{x,y} = T^{-1} \sigma_{L,T} \Rightarrow \begin{bmatrix} \sigma_x \\ \sigma_y \\ \tau_{xy} \end{bmatrix} = T^{-1} \begin{bmatrix} \sigma_L \\ \sigma_T \\ \tau_{LT} \end{bmatrix} = \begin{bmatrix} 0.5 & 0.5 & -1 \\ 0.5 & 0.5 & 1 \\ 0.5 & -0.5 & 0 \end{bmatrix} \begin{bmatrix} 678.9 \\ -17.3 \\ 100 \end{bmatrix} \text{MPa} = \begin{bmatrix} 204 \\ 404 \\ 375 \end{bmatrix} \text{MPa}$$

$$\varepsilon_{x,y} = \boldsymbol{T}^{-1}\varepsilon_{\mathrm{L,T}} \Rightarrow \begin{bmatrix} \varepsilon_x \\ \varepsilon_y \\ \dfrac{1}{2}\gamma_{xy} \end{bmatrix} = \boldsymbol{T}^{-1}\begin{bmatrix} \varepsilon_{\mathrm{L}} \\ \varepsilon_{\mathrm{T}} \\ \dfrac{1}{2}\gamma_{\mathrm{LT}} \end{bmatrix} = \begin{bmatrix} 0.5 & 0.5 & -1 \\ 0.5 & 0.5 & 1 \\ 0.5 & -0.5 & 0 \end{bmatrix}\begin{bmatrix} 0.005 \\ -0.01 \\ 0.01 \end{bmatrix} = \begin{bmatrix} -0.0125 \\ 0.0075 \\ 0.0075 \end{bmatrix}$$

【例 3.10】 碳纤维/环氧 HT3/5224 单向板在偏轴方向（$\theta = 45°$）的应力状态为 $\sigma_x = -25\mathrm{MPa}$，$\sigma_y = -40\mathrm{MPa}$，$\tau_{xy} = 10\mathrm{MPa}$。计算偏轴应变和材料主方向应变。已知：$S_{11} = 7.1\,(\mathrm{TPa})^{-1}$，$S_{22} = 116\,(\mathrm{TPa})^{-1}$，$S_{12} = -2.5\,(\mathrm{TPa})^{-1}$，$S_{66} = 200\,(\mathrm{TPa})^{-1}$。

解：

$$\boldsymbol{S} = \begin{bmatrix} 7.1 & -2.5 & 0 \\ -2.5 & 116 & 0 \\ 0 & 0 & 200 \end{bmatrix}, \quad \theta = 45° \text{时}, \quad \boldsymbol{T} = \begin{bmatrix} 0.5 & 0.5 & 1 \\ 0.5 & 0.5 & -1 \\ -0.5 & 0.5 & 0 \end{bmatrix},$$

$$\bar{\boldsymbol{S}} = \boldsymbol{T}^{\mathrm{T}}\boldsymbol{S}\boldsymbol{T} = \begin{bmatrix} 0.5 & 0.5 & -0.5 \\ 0.5 & 0.5 & 0.5 \\ 1 & -1 & 0 \end{bmatrix}\begin{bmatrix} 7.1 & -2.5 & 0 \\ -2.5 & 116 & 0 \\ 0 & 0 & 200 \end{bmatrix}\begin{bmatrix} 0.5 & 0.5 & 1 \\ 0.5 & 0.5 & -1 \\ -0.5 & 0.5 & 0 \end{bmatrix} =$$

$$\begin{bmatrix} 79.5 & -20.5 & -54.5 \\ -20.5 & 79.5 & -54.5 \\ -54.5 & -54.5 & 128.1 \end{bmatrix}(\mathrm{TPa})^{-1}$$

偏轴应变为

$$\begin{bmatrix} \varepsilon_x \\ \varepsilon_y \\ \gamma_{xy} \end{bmatrix} = \bar{\boldsymbol{S}}\begin{bmatrix} \sigma_x \\ \sigma_y \\ \tau_{xy} \end{bmatrix} = \begin{bmatrix} 79.5 & -20.5 & -54.5 \\ -20.5 & 79.5 & -54.5 \\ -54.5 & -54.5 & 128.1 \end{bmatrix}\begin{bmatrix} -25 \\ -40 \\ 10 \end{bmatrix}\times 10^{-6} = \begin{bmatrix} -1713 \\ -3213 \\ -4824 \end{bmatrix}\times 10^{-6}$$

材料主方向应变为

$$\begin{bmatrix} \varepsilon_{\mathrm{L}} \\ \varepsilon_{\mathrm{T}} \\ \dfrac{1}{2}\gamma_{\mathrm{LT}} \end{bmatrix} = \boldsymbol{T}\begin{bmatrix} \varepsilon_x \\ \varepsilon_y \\ \dfrac{1}{2}\gamma_{xy} \end{bmatrix} = \begin{bmatrix} 0.5 & 0.5 & 1 \\ 0.5 & 0.5 & -1 \\ -0.5 & 0.5 & 0 \end{bmatrix}\begin{bmatrix} -1713 \\ -3213 \\ -2412 \end{bmatrix}\times 10^{-6} = \begin{bmatrix} -51 \\ -4875 \\ -750 \end{bmatrix}\times 10^{-6}$$

【例 3.11】 已知 HT3/5224 碳纤维增强复合材料单层，如表 3.1 所示。同样，面内受力下的面内应力分量。试比较哪种复合材料的综合力学性能更优异，比如，比较一下受纯剪切或拉压情况，可简单编程，然后画图，考虑泊松比、拉压弹性模量与剪切弹性模量等要素。

表 3.1 典型国产碳纤维增强复合材料单层弹性性能

弹性性能	材料	
	HT3/5224（碳纤维 / 环氧）	HT3/QY8911（碳纤维 / 双马来酰亚胺）
E_L/GPa	140	135
E_T/GPa	8.6	8.8
ν_{LT}	0.35	0.33
G_{LT}/GPa	5	4.47
Q_{11}/GPa	141.9	136
Q_{22}/GPa	8.66	8.86
Q_{12}/GPa	3.06	2.92
Q_{66}/GPa	5	4.47
S_{11}/（GPa）$^{-1}$	7.1×10^{-3}	7.41×10^{-3}
S_{22}/（GPa）$^{-1}$	116×10^{-3}	114×10^{-3}
S_{12}/（GPa）$^{-1}$	-2.5×10^{-3}	-2.44×10^{-3}
S_{66}/（GPa）$^{-1}$	200×10^{-3}	224×10^{-3}

解：①对于 HT3/5224（碳纤维 / 环氧）复合材料：

由应变与应力的关系

$$\begin{bmatrix} \varepsilon_L \\ \varepsilon_T \\ \gamma_{LT} \end{bmatrix} = \begin{bmatrix} S_{11} & S_{12} & 0 \\ S_{12} & S_{22} & 0 \\ 0 & 0 & S_{66} \end{bmatrix} \begin{bmatrix} \sigma_L \\ \sigma_T \\ \tau_{LT} \end{bmatrix}$$

代入数据得

$$S_1 = \begin{bmatrix} 7.1 & -2.5 & 0 \\ -2.5 & 116 & 0 \\ 0 & 0 & 200 \end{bmatrix} 10^{-3} (\text{GPa})^{-1}$$

$$\sigma = \begin{bmatrix} 500 \\ 100 \\ 10 \end{bmatrix} \text{MPa}$$

则有

$$\begin{bmatrix} \varepsilon_L \\ \varepsilon_T \\ \gamma_{LT} \end{bmatrix} = \begin{bmatrix} 7.1 & -2.5 & 0 \\ -2.5 & 116 & 0 \\ 0 & 0 & 200 \end{bmatrix} 10^{-3} (\text{GPa})^{-1} \begin{bmatrix} 500 \\ 100 \\ 10 \end{bmatrix} \text{MPa} = \begin{bmatrix} 3.3 \\ 10.35 \\ 2 \end{bmatrix} 10^{-3}$$

② 对于 HT3/QY8911（碳纤维／双马来酰亚胺）材料，仍有应变应力关系

$$\begin{bmatrix} \varepsilon_{L} \\ \varepsilon_{T} \\ \gamma_{LT} \end{bmatrix} = \begin{bmatrix} S_{11} & S_{12} & 0 \\ S_{12} & S_{22} & 0 \\ 0 & 0 & S_{66} \end{bmatrix} \begin{bmatrix} \sigma_{L} \\ \sigma_{T} \\ \tau_{LT} \end{bmatrix}$$

代入数据得

$$S_2 = \begin{bmatrix} 7.41 & -2.44 & 0 \\ -2.44 & 114 & 0 \\ 0 & 0 & 224 \end{bmatrix} 10^{-3} (GPa)^{-1}$$

$$\sigma = \begin{bmatrix} 500 \\ 100 \\ 10 \end{bmatrix} MPa$$

则有

$$\begin{bmatrix} \varepsilon_{L} \\ \varepsilon_{T} \\ \gamma_{LT} \end{bmatrix} = \begin{bmatrix} 7.41 & -2.44 & 0 \\ -2.44 & 114 & 0 \\ 0 & 0 & 224 \end{bmatrix} 10^{-3} (GPa)^{-1} \begin{bmatrix} 500 \\ 100 \\ 10 \end{bmatrix} MPa = \begin{bmatrix} 3.461 \\ 10.18 \\ 2.24 \end{bmatrix} 10^{-3}$$

比较综合性能① 1 方向受拉伸情况：

此时

$$\sigma = \begin{bmatrix} \sigma \\ 0 \\ 0 \end{bmatrix}, \quad \begin{bmatrix} \varepsilon_{L} \\ \varepsilon_{T} \\ \gamma_{LT} \end{bmatrix} = \begin{bmatrix} S_{11} & S_{12} & 0 \\ S_{12} & S_{22} & 0 \\ 0 & 0 & S_{66} \end{bmatrix} \begin{bmatrix} \sigma \\ 0 \\ 0 \end{bmatrix}$$

代入数据得

$$\begin{bmatrix} \varepsilon_{L1} \\ \varepsilon_{T1} \\ \gamma_{LT1} \end{bmatrix} = \begin{bmatrix} 7.1 & -2.5 & 0 \\ -2.5 & 116 & 0 \\ 0 & 0 & 200 \end{bmatrix} 10^{-3} (GPa)^{-1} \begin{bmatrix} \sigma \\ 0 \\ 0 \end{bmatrix} = \begin{bmatrix} 7.1\sigma \\ -2.5\sigma \\ 0 \end{bmatrix} (TPa)^{-1}$$

和 $$\begin{bmatrix} \varepsilon_{L2} \\ \varepsilon_{T2} \\ \gamma_{LT2} \end{bmatrix} = \begin{bmatrix} 7.41 & -2.44 & 0 \\ -2.44 & 114 & 0 \\ 0 & 0 & 224 \end{bmatrix} 10^{-3} (GPa)^{-1} \begin{bmatrix} \sigma \\ 0 \\ 0 \end{bmatrix} = \begin{bmatrix} 7.41\sigma \\ -2.44\sigma \\ 0 \end{bmatrix} (TPa)^{-1}$$

利用 MATLAB 画图得到：

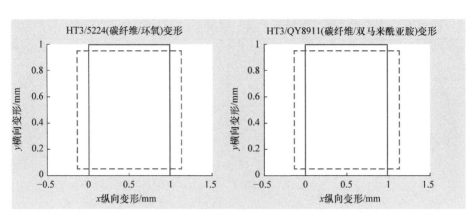

图 3.9　1 方向拉伸变形结果比较

可以看出两者在承受 1 方向的拉伸应力时，产生的变形相差无几。

③ 2 方向受拉伸情况：

此时 $\sigma = \begin{bmatrix} 0 \\ \sigma \\ 0 \end{bmatrix}$，$\begin{bmatrix} \varepsilon_{\mathrm{L}} \\ \varepsilon_{\mathrm{T}} \\ \gamma_{\mathrm{LT}} \end{bmatrix} = \begin{bmatrix} S_{11} & S_{12} & 0 \\ S_{12} & S_{22} & 0 \\ 0 & 0 & S_{66} \end{bmatrix} \begin{bmatrix} 0 \\ \sigma \\ 0 \end{bmatrix}$

代入数据得 $\begin{bmatrix} \varepsilon_{\mathrm{L1}} \\ \varepsilon_{\mathrm{T1}} \\ \gamma_{\mathrm{LT1}} \end{bmatrix} = \begin{bmatrix} 7.1 & -2.5 & 0 \\ -2.5 & 116 & 0 \\ 0 & 0 & 200 \end{bmatrix} 10^{-3}(\mathrm{GPa})^{-1} \begin{bmatrix} 0 \\ \sigma \\ 0 \end{bmatrix} = \begin{bmatrix} -2.5\sigma \\ 116\sigma \\ 0 \end{bmatrix} (\mathrm{TPa})^{-1}$

和 $\begin{bmatrix} \varepsilon_{\mathrm{L2}} \\ \varepsilon_{\mathrm{T2}} \\ \gamma_{\mathrm{LT2}} \end{bmatrix} = \begin{bmatrix} 7.41 & -2.44 & 0 \\ -2.44 & 114 & 0 \\ 0 & 0 & 224 \end{bmatrix} 10^{-3}(\mathrm{GPa})^{-1} \begin{bmatrix} 0 \\ \sigma \\ 0 \end{bmatrix} = \begin{bmatrix} -2.44\sigma \\ 114\sigma \\ 0 \end{bmatrix} (\mathrm{TPa})^{-1}$

利用 MATLAB 画图得到：

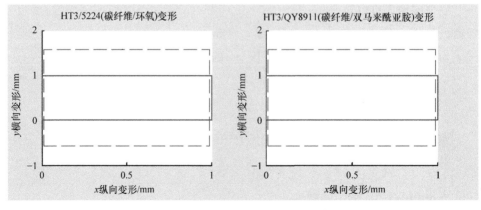

图 3.10　2 方向拉伸变形结果比较

可以看出两者在承受 2 方向的拉伸应力时，产生的变形也几乎相同。

④ 纯剪切情况：$\sigma = \begin{bmatrix} 0 \\ 0 \\ \tau \end{bmatrix}$，$\begin{bmatrix} \varepsilon_{\mathrm{L}} \\ \varepsilon_{\mathrm{T}} \\ \gamma_{\mathrm{LT}} \end{bmatrix} = \begin{bmatrix} S_{11} & S_{12} & 0 \\ S_{12} & S_{22} & 0 \\ 0 & 0 & S_{66} \end{bmatrix} \begin{bmatrix} 0 \\ 0 \\ \tau \end{bmatrix}$

代入数据得 $\begin{bmatrix} \varepsilon_{\mathrm{L1}} \\ \varepsilon_{\mathrm{T1}} \\ \gamma_{\mathrm{LT1}} \end{bmatrix} = \begin{bmatrix} 7.1 & -2.5 & 0 \\ -2.5 & 116 & 0 \\ 0 & 0 & 200 \end{bmatrix} 10^{-3} (\mathrm{GPa})^{-1} \begin{bmatrix} 0 \\ 0 \\ \tau \end{bmatrix} = \begin{bmatrix} 0 \\ 0 \\ 200\tau \end{bmatrix} (\mathrm{TPa})^{-1}$

和 $\begin{bmatrix} \varepsilon_{\mathrm{L2}} \\ \varepsilon_{\mathrm{T2}} \\ \gamma_{\mathrm{LT2}} \end{bmatrix} = \begin{bmatrix} 7.41 & -2.44 & 0 \\ -2.44 & 114 & 0 \\ 0 & 0 & 224 \end{bmatrix} 10^{-3} (\mathrm{GPa})^{-1} \begin{bmatrix} 0 \\ 0 \\ \tau \end{bmatrix} = \begin{bmatrix} 0 \\ 0 \\ 224\tau \end{bmatrix} (\mathrm{TPa})^{-1}$

利用 MATLAB 画图得到：

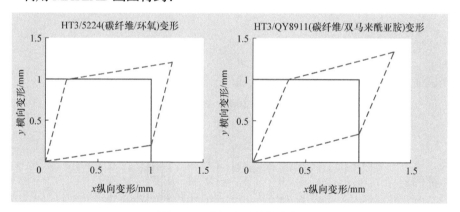

图 3.11　剪切变形结果比较

综上所述，可以看出两者在承受纯剪切应力时，HT3/5224（碳纤维 / 环氧）材料产生的剪切变形较 HT3/QY8911（碳纤维 / 双马来酰亚胺）材料小。由于 HT3/5224 材料和 HT3/QY8911 材料的弹性模量和泊松比大小相近。因此，其在 1、2 方向受拉时产生的变形相差不大，但在纯剪切变形时，HT3/5224 材料的剪切模量较大产生的剪切变形更小，因此，HT3/5224 材料的综合力学性能更优异。

【辨析与讨论】请分析，以上由图 3.9 ～ 图 3.11 计算得出的变形比较结果是否准确？

【例 3.12】 已知 γ_{12} 和 γ_{xy} 是工程剪应变，若将它们换成应变张量的分量

$\dfrac{1}{2}\gamma_{12}$ 和 $\dfrac{1}{2}\gamma_{xy}$，则应变坐标变换规律与应力相同，即 $\begin{bmatrix} \varepsilon_1 \\ \varepsilon_2 \\ \dfrac{1}{2}\gamma_{12} \end{bmatrix} = T \begin{bmatrix} \varepsilon_x \\ \varepsilon_y \\ \dfrac{1}{2}\gamma_{xy} \end{bmatrix}$，用上式

和下面已知关系，$T_e = T^{-T}$；$m = \cos\theta$，$n = \sin\theta$。

$$\begin{bmatrix} \varepsilon_1 \\ \varepsilon_2 \\ \gamma_{12} \end{bmatrix} = \begin{bmatrix} 1 & 0 & 0 \\ 0 & 1 & 0 \\ 0 & 0 & 2 \end{bmatrix} \begin{bmatrix} \varepsilon_x \\ \varepsilon_y \\ \dfrac{1}{2}\gamma_{xy} \end{bmatrix} ; \quad \begin{bmatrix} \varepsilon_x \\ \varepsilon_y \\ \dfrac{1}{2}\gamma_{xy} \end{bmatrix} = \begin{bmatrix} 1 & 0 & 0 \\ 0 & 1 & 0 \\ 0 & 0 & \dfrac{1}{2} \end{bmatrix} \begin{bmatrix} \varepsilon_x \\ \varepsilon_y \\ \gamma_{xy} \end{bmatrix} ;$$

$$T = \begin{bmatrix} m^2 & n^2 & 2mn \\ n^2 & m^2 & -2mn \\ mn & -mn & m^2-n^2 \end{bmatrix} ; \quad T^{-1} = \begin{bmatrix} m^2 & n^2 & -2mn \\ n^2 & m^2 & 2mn \\ -mn & mn & m^2-n^2 \end{bmatrix}$$

试证：$\begin{bmatrix} \varepsilon_1 \\ \varepsilon_2 \\ \gamma_{12} \end{bmatrix} = T_e \begin{bmatrix} \varepsilon_x \\ \varepsilon_y \\ \gamma_{xy} \end{bmatrix} = \begin{bmatrix} m^2 & n^2 & mn \\ n^2 & m^2 & -mn \\ -2mn & 2mn & m^2-n^2 \end{bmatrix} \begin{bmatrix} \varepsilon_x \\ \varepsilon_y \\ \gamma_{xy} \end{bmatrix}$ 。

证明：$\begin{bmatrix} \varepsilon_1 \\ \varepsilon_2 \\ \gamma_{12} \end{bmatrix} = \begin{bmatrix} 1 & 0 & 0 \\ 0 & 1 & 0 \\ 0 & 0 & 2 \end{bmatrix} \begin{bmatrix} \varepsilon_1 \\ \varepsilon_2 \\ \dfrac{1}{2}\gamma_{12} \end{bmatrix} = \begin{bmatrix} 1 & 0 & 0 \\ 0 & 1 & 0 \\ 0 & 0 & 2 \end{bmatrix} T \begin{bmatrix} \varepsilon_x \\ \varepsilon_y \\ \dfrac{1}{2}\gamma_{xy} \end{bmatrix}$

$\begin{bmatrix} \varepsilon_x \\ \varepsilon_y \\ \gamma_{xy} \end{bmatrix} = \begin{bmatrix} 1 & 0 & 0 \\ 0 & 1 & 0 \\ 0 & 0 & 2 \end{bmatrix} \begin{bmatrix} \varepsilon_x \\ \varepsilon_y \\ \dfrac{1}{2}\gamma_{xy} \end{bmatrix} \Rightarrow \begin{bmatrix} \varepsilon_x \\ \varepsilon_y \\ \dfrac{1}{2}\gamma_{xy} \end{bmatrix} = \begin{bmatrix} 1 & 0 & 0 \\ 0 & 1 & 0 \\ 0 & 0 & \dfrac{1}{2} \end{bmatrix} \begin{bmatrix} \varepsilon_x \\ \varepsilon_y \\ \gamma_{xy} \end{bmatrix} \Rightarrow$

$\begin{bmatrix} \varepsilon_1 \\ \varepsilon_2 \\ \gamma_{12} \end{bmatrix} = \begin{bmatrix} 1 & 0 & 0 \\ 0 & 1 & 0 \\ 0 & 0 & 2 \end{bmatrix} T \begin{bmatrix} \varepsilon_x \\ \varepsilon_y \\ \dfrac{1}{2}\gamma_{xy} \end{bmatrix} = \begin{bmatrix} 1 & 0 & 0 \\ 0 & 1 & 0 \\ 0 & 0 & 2 \end{bmatrix} T \begin{bmatrix} 1 & 0 & 0 \\ 0 & 1 & 0 \\ 0 & 0 & \dfrac{1}{2} \end{bmatrix} \begin{bmatrix} \varepsilon_x \\ \varepsilon_y \\ \gamma_{xy} \end{bmatrix}$

$$= \begin{bmatrix} 1 & 0 & 0 \\ 0 & 1 & 0 \\ 0 & 0 & 2 \end{bmatrix} \begin{bmatrix} m^2 & n^2 & 2mn \\ n^2 & m^2 & -2mn \\ -mn & mn & m^2-n^2 \end{bmatrix} \begin{bmatrix} 1 & 0 & 0 \\ 0 & 1 & 0 \\ 0 & 0 & \dfrac{1}{2} \end{bmatrix} \begin{bmatrix} \varepsilon_x \\ \varepsilon_y \\ \gamma_{xy} \end{bmatrix}$$

$$= \begin{bmatrix} m^2 & n^2 & 2mn \\ n^2 & m^2 & -2mn \\ -2mn & 2mn & 2m^2-2n^2 \end{bmatrix} \begin{bmatrix} 1 & 0 & 0 \\ 0 & 1 & 0 \\ 0 & 0 & \dfrac{1}{2} \end{bmatrix} \begin{bmatrix} \varepsilon_x \\ \varepsilon_y \\ \gamma_{xy} \end{bmatrix}$$

$$= \begin{bmatrix} m^2 & n^2 & mn \\ n^2 & m^2 & -mn \\ -2mn & 2mn & m^2-n^2 \end{bmatrix} \begin{bmatrix} \varepsilon_x \\ \varepsilon_y \\ \gamma_{xy} \end{bmatrix} = \boldsymbol{T}^{-T} \begin{bmatrix} \varepsilon_x \\ \varepsilon_y \\ \gamma_{xy} \end{bmatrix} = \boldsymbol{T}_e \begin{bmatrix} \varepsilon_x \\ \varepsilon_y \\ \gamma_{xy} \end{bmatrix}$$

【例 3.13】 复合材料层合结构，以主轴与偏轴的 α 夹角为自变量，试分析刚度系数和柔度系数的奇偶性。试证：$\bar{Q}_{11}(\alpha+90°) = \bar{Q}_{22}(\alpha)$；$\bar{Q}_{16}(\alpha) = \bar{Q}_{26}(90°-\alpha)$。

解：（1）柔度系数公式如下

$$\bar{S}_{11} = S_{11}\cos^4\theta + (2S_{12}+S_{66})\sin^2\theta\cos^2\theta + S_{22}\sin^4\theta$$

$$\bar{S}_{12} = S_{12}(\sin^4\theta+\cos^4\theta) + (S_{11}+S_{22}-S_{66})\sin^2\theta\cos^2\theta$$

$$\bar{S}_{22} = S_{11}\sin^4\theta + (2S_{12}+S_{66})\sin^2\theta\cos^2\theta + S_{22}\cos^4\theta$$

$$\bar{S}_{16} = (2S_{11}-2S_{12}-S_{66})\sin\theta\cos^3\theta - (2S_{22}-2S_{12}-S_{66})\sin^3\theta\cos\theta$$

$$\bar{S}_{26} = (2S_{11}-2S_{12}-S_{66})\sin^3\theta\cos\theta - (2S_{22}-2S_{12}-S_{66})\sin\theta\cos^3\theta$$

$$\bar{S}_{66} = 4\left(S_{11}+S_{22}-2S_{12}-\dfrac{1}{2}S_{66}\right)\sin^2\theta\cos^2\theta + S_{66}(\sin^4\theta+\cos^4\theta)$$

对于 $\bar{S}_{11}$：$\cos^4\theta$、$\sin^2\theta\cos^2\theta$、$\sin^4\theta$ 均为偶函数，可得 $\bar{S}_{11}$ 为偶函数。同理可得 $\bar{S}_{12}$、$\bar{S}_{22}$、$\bar{S}_{66}$ 均为偶函数；$\bar{S}_{26}$、$\bar{S}_{16}$ 均为奇函数。

（2）刚度系数公式如下

$$\bar{Q}_{11} = Q_{11}\cos^4\theta + 2(Q_{12}+2Q_{66})\sin^2\theta\cos^2\theta + Q_{22}\sin^4\theta$$

$$\bar{Q}_{12} = (Q_{11}+Q_{22}-4Q_{66})\sin^2\theta\cos^2\theta + Q_{12}(\cos^4\theta+\sin^4\theta)$$

$$\bar{Q}_{22} = Q_{11}\sin^4\theta + 2(Q_{12}+2Q_{66})\sin^2\theta\cos^2\theta + Q_{22}\cos^4\theta$$

$$\bar{Q}_{16} = (Q_{11}-Q_{12}-2Q_{66})\sin\theta\cos^3\theta + (Q_{12}-Q_{22}+2Q_{66})\sin^3\theta\cos\theta$$

$$\bar{Q}_{26} = (Q_{11}-Q_{12}-2Q_{66})\sin^3\theta\cos\theta + (Q_{12}-Q_{22}+2Q_{66})\sin\theta\cos^3\theta$$

$$\bar{Q}_{66} = (Q_{11}+Q_{22}-2Q_{12}-2Q_{66})\sin^2\theta\cos^2\theta + Q_{66}(\cos^4\theta+\sin^4\theta)$$

对于 $\bar{Q}_{11}$：$\cos^4\theta$、$\sin^2\theta\cos^2\theta$、$\sin^4\theta$ 均为偶函数，可得 $\bar{Q}_{11}$ 为偶函数。

同理可得 $\bar{Q}_{12}$、$\bar{Q}_{22}$、$\bar{Q}_{66}$ 均为偶函数；$\bar{Q}_{16}$、$\bar{Q}_{26}$ 均为奇函数。

（3）证明：① $\cos(\alpha+90°)=-\sin\alpha$，$\sin(\alpha+90°)=\cos\alpha \Rightarrow \bar{Q}_{11}(\alpha+90°)$

$= Q_{11}\cos^4(\alpha+90°) + 2(Q_{12}+2Q_{66})\sin^2(\alpha+90°)\cos^2(\alpha+90°) + Q_{22}\sin^4(\alpha+90°)$

$= Q_{11}\sin^4\alpha + 2(Q_{12}+2Q_{66})\sin^2\alpha\cos^2\alpha + Q_{22}\cos^4\alpha$

$= \bar{Q}_{22}(\alpha)$

② $\cos(90°-\alpha)=\sin\alpha$，$\sin(90°-\alpha)=\cos\alpha$

$\Rightarrow \bar{Q}_{26}(90°-\alpha) = (Q_{11}-Q_{12}-2Q_{66})\sin^3(90°-\alpha)\cos(90°-\alpha)$

$-(Q_{12}-Q_{22}+2Q_{66})\sin(90°-\alpha)\cos^3(90°-\alpha)$

$= (Q_{11}-Q_{12}-2Q_{66})\cos^3\alpha\sin\alpha + (Q_{12}-Q_{22}+2Q_{66})\cos\alpha\sin^3\alpha$

$= \bar{Q}_{16}(\alpha)$

Chapter 04

第 4 章
复合材料单层板的强度准则
（二维一次结构）

　　本章主要讲述最大应力准则、最大应变准则、蔡 - 希尔（Tasi-Hill）强度准则、霍夫曼（Hoffman）准则和蔡 - 吴（Tsai-Wu）张量准则等，单层板强度准则用于计算各种复杂情况下的应力 - 应变关系，校核强度理论，以及设计单层复合材料的各种强度与结构细节校核技术。纤维增强复合材料破坏准则建立在单向纤维增强复合材料的简单破坏实验的基础上，是估算复杂应力或复杂应变状态下单向复合材料强度以及进行复合材料设计的依据。由于纤维增强复合材料目前多为层板，所以，复合材料破坏准则是复合材料层板强度计算的基础。在纤维增强复合材料中，纤维的拉伸强度大于基体的拉伸强度。在垂直于纤维方向承受拉伸或在纤维方向和垂直于纤维方向承受剪切的情况下，比较小的应力也会引起复合材料中纤维与基体的脱离或基体自身的拉伸破坏或剪切破坏。在平面应力状态下，单向复合材料有三种基本的破坏形式：纤维拉伸（或压缩）破坏、基体拉伸（或压缩）破坏和剪切破坏。层板的破坏是一个逐层破坏过程：当外加载荷增大到层板中某一层的破坏值时，这一层先破坏，载荷重新分配到其余诸层中，并依次使第二层、第三层……直到最后一层破坏。因此，单向复合材料层板是研究层板破坏的基础。

　　由于复合材料是具有复杂综合性能的结构，所以其破坏过程较为复杂。对于正交各向异性单层，其纵向强度与横向强度往往不一样，许多材料的拉伸强度与压缩强度也不相同，剪切强度与单轴强度之间也没有关系。因此，与一般的各向同性材料只考虑强度极限不同，在平面应力状态下单层板的基本强度指标增加到了 5 个：①纵向拉伸强度（X_t）；②纵向压缩强度（X_c）；③横向拉伸强度（Y_t）；④横向压缩强度（Y_c）；⑤面内剪切强度（S）。

复合材料的失效理论是人们关注的问题。自 20 世纪 60 年代以来，科学家针对不同材料对象和应用对象提出了各种强度准则，总数有数十多种，但均无法应用于所有复合材料。到目前为止，还没有一个理论能成功地预测所能观察到的全部复合材料失效行为。每一种理论在提出时都有其前提条件和适用范围，但有些理论适用之广、求解精度之高已超当初理论提出者自己的想象。经典复合材料失效理论针对工程上应用较多的宏观唯象理论，暂不涉及细观理论及跨尺度理论。这里介绍几个应用较广的强度准则。

单个铺层一般的应力状态有以下某种或者是几种的组合，如图 4.1 所示：

1）沿纤维方向的拉伸应力，对应纤维拉断或者纤维拔出失效模式。

2）沿纤维方向的压缩应力，对应纤维的局部失稳、纤维扭结等失效。

3）沿垂直于纤维方向的拉伸应力，对应基体拉断。

4）沿垂直于纤维方向的压缩应力，对应基体剪切失效。

5）剪切应力，对应宏观剪切失效。

在进行失效评估分析时，上述几种单一应力状态都有相对应的材料强度数值，这些与材料的弹性常数都是有限元分析的输入条件，如图 4.2 所示，即为层压板面内的强度数值 X_t、X_c、Y_t、Y_c、S。

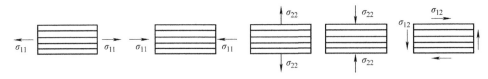

图 4.1 单个铺层一般的应力状态

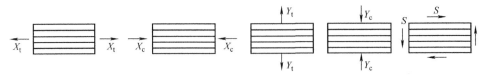

图 4.2 单层的面内强度参数

1. 最大应力准则

最大应力准则是最早的失效理论之一。该理论认为，材料主方向上的应力必须小于各自方向上对应的强度，否则即发生破坏。这里的主方向指沿纤维方向和垂直纤维方向。其特点是表达简单，可直观判断失效模式，缺点是无法考虑多种失效模式的耦合效应，如式（4.1）所示。

$$\begin{cases} \sigma_1 < X_t \\ \sigma_2 < Y_t \\ |\tau_{12}| < S \end{cases} \tag{4.1}$$

2. 最大应变准则

最大应变准则与最大应力准则类似，以应变替代应力，用材料应变强度作为强度指标。最大应力准则和最大应变准则中，失效包络面平行于坐标轴，在三维应力状态下，其失效包络面为空间平行六面体，在二维应力状态下，其失效包络线为矩形。

3. Tsai-Hill（蔡 - 希尔）强度准则

Tsai-Hill 强度准则是各向同性材料的米塞斯屈服准则在正交各向异性材料中的推广。Tsai-Hill 强度准则在平面应力下的公式为：

$$\frac{\sigma_1^2}{X^2} + \frac{\sigma_2^2}{Y^2} + \frac{\tau_{12}^2}{S^2} - \frac{\sigma_1\sigma_2}{X^2} = 1 \tag{4.2}$$

进一步提高各向应力关系之间的阶数，就得到了二阶近似模型，其中，Tsai-Hill 理论是代表之一。它是由蔡为伦（Stephon W.Tsai）在 Hill 理论基础上改进而来的，Tsai-Hill 理论仅有一个表征失效的变量，无法区分具体的失效模式，另外该理论没有区分拉压强度的不同。Tsai-Hill 强度准则认为，参照上式，可假设正交各向异性复合材料强度条件。可以看出，Tsai-Hill 强度准则只适用于在弹性主方向上材料拉伸强度和压缩强度相同的复合材料单层。

4. Tsai-Wu（蔡 - 吴）强度准则

鉴于 Tsai-Hill 理论和 Hoffman 理论中缺乏整体失效项的影响，蔡为伦和 Edward M.Wu 提出 Tsai-Wu 张量准则。该准则假定在应力空间内，破坏表面可以表示为一个二次张量多项式形式，根据蔡 - 吴准则，临界破坏应力应满足条件为：

$$F_1\sigma_1 + F_2\sigma_2 + F_{11}\sigma_1^2 + F_{22}\sigma_2^2 + F_{66}\tau_{12}^2 + 2F_{12}\sigma_1\sigma_2 = 1 \tag{4.3}$$

式中，$\begin{cases} F_1 = \dfrac{1}{X_t} - \dfrac{1}{X_c}, F_{11} = \dfrac{1}{X_t X_c} \\ F_2 = \dfrac{1}{Y_t} - \dfrac{1}{Y_c}, F_{22} = \dfrac{1}{Y_t Y_c} \\ F_{66} = \dfrac{1}{S^2} \\ F_{12} = -\dfrac{1}{2}\sqrt{F_{11}F_{22}} \end{cases}$

应力为材料内一点的应力分量；

F_i、F_{ij}……是表征材料强度性能的一阶、二阶……张量，被称为强度张量，它们的分量可通过双轴拉伸实验测得确定。重复下标表示约定求和。从理论上说，式（4.3）取的项数越多，在反映材料强度性能方面精度越高。对于单向层板，分析式（4.3），当等式左端各项的实际计算值小于 1 时，材料不被破坏；当等式左端各项的实际计算值大于 1 时，材料就会被破坏。蔡 - 吴破坏准则的优点在于，判别式中包含应力的一次项，因此适用于抗拉、抗压性能不同的材料。

5. Hoffman 强度准则

Hoffman 准则在 Tsai-Hill 准则的基础上，考虑了材料在同一方向上的拉伸和压缩强度的不同。针对 Tsai-Hill 准则没考虑单层拉压强度不同对材料破坏的影响。Hoffman 对其做了修正，增加了 σ_1 和 σ_2 奇函数项，Hoffman 强度准则公式如下：

$$R = \frac{\sigma_l^2 - \sigma_L \sigma_T}{X_t X_c} + \frac{\sigma_T^2}{Y_t Y_c} + \frac{X_c - X_t}{X_t X_c}\sigma_L + \frac{Y_c - Y_t}{Y_t Y_c}\sigma_T + \frac{\tau_{LT}^2}{S^2} \tag{4.4}$$

式中，σ_1 和 σ_2 的一次项体现了单层拉压强度不对等对材料破坏的影响。

该公式适用于弹性主方向上材料拉伸强度和压缩强度不同的复合材料单层。可看出，当 $X_c = X_t$、$Y_c = Y_t$ 时，式（4.4）即为 Tsai-Hill 强度准则。

Tsai-Hill 强度准则与 Hoffman 强度准则考虑了复合材料整体失效的状况，适用于计算精度要求适当、不考虑材料不同损伤模式对材料性能影响的静载荷分析中（比如一般复材结构件的强度校核，只考虑强刚度是否满足要求，不考虑损伤）。但有时，比如复合材料撞击等动载荷、瞬态载荷的计算中，以上失效模式在设计与仿真的时候都要分别考虑。而 Tsai-Hill 强度准则与 Hoffman 强度准则没有考虑这些。

6. Hashin 强度准则

对于要考虑不同失效模式的情况，目前应用较广的是 Hashin 强度准则，它对不同失效模式有对应的不同的失效判据。应力应变分量没有交互使用，应力应变分量分别具有各自相对应的临界值，不同的应力应变分量达到临界值时对应不同的破坏模式。Hashin 准则为二阶近似模型，由于复合材料实验数据具有较大的分散性，继续增加近似阶数没有太大意义，因此，目前三阶或更高阶的失效判据尚没有加入预测。Hashin 提出了一种三维的复合材料失效判据，在工程界与学术界得到了广泛应用，目前其简化形式的二维失效判据已被集成在了 Abaqus、MSC.Dytran 等分析软件中。Hashin 三维失效判据可预测四种失效模式：纤维拉伸失效、纤维压缩失效、基体拉伸失效及集体压缩失效等。在纤维拉伸失效中，考虑了剪切效应影响。

7. Chang-Chang 失效准则

前面的准则中都没有考虑材料的非线性特征，层压板在 G_{12} 和 G_{13} 两个剪切方向存在显著的剪切非线性特征。考虑到材料的剪切非线性行为，Chang 等把 Tsai-Hahn 的剪切非线性模型（一种表征层压板剪切非线性本构的力学模型）引入到失效准则中，提出了 Chang-Chang 失效准则。Chang-Chang 失效判据可应用于复合材料碰撞冲击等问题。目前，三维 Chang-Chang 失效判据被集成于商业软件 LS-DYNA 及 MSC.Dytran 中。

【例 4.1】　绘制随 α 角从 0°~ 90° 变化时不同准则下的许用应力的变化图，可用 MATLAB 通过最大应力理论和蔡 - 希尔准则确定许用应力，已知：$F_L = 10000\text{kg/cm}^2$，$F_{LT} = F_T = 400\text{kg/cm}^2$，$\alpha = 0°$，$\alpha = 5°$，$\alpha = 15°$，$\alpha = 20°$，$\alpha = 30°$，$\alpha = 60°$，$\alpha = 90°$。

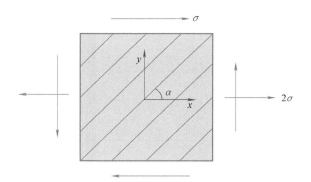

图 4.3　平面应力状况

$$\left. \begin{array}{l} X_t = X_c = F_L g = 1000\text{MPa} \\ Y_t = Y_c = F_T g = 40\text{MPa} \\ S = F_{LT} g = 40\text{MPa} \end{array} \right\}, \quad \begin{bmatrix} \sigma_x \\ \sigma_y \\ \tau_{xy} \end{bmatrix} = \begin{bmatrix} 2\sigma \\ 0 \\ \sigma \end{bmatrix},$$

解：由题意，由应力转轴公式

得：$\begin{bmatrix} \sigma_1 \\ \sigma_2 \\ \tau_{12} \end{bmatrix} = \boldsymbol{T} \begin{bmatrix} \sigma_x \\ \sigma_y \\ \tau_{xy} \end{bmatrix}$，其中 $\boldsymbol{T} = \begin{bmatrix} m^2 & n^2 & 2mn \\ n^2 & m^2 & -2mn \\ -mn & mn & m^2 - n^2 \end{bmatrix}$，$m = \cos\alpha$，$n = \sin\alpha$，得

$$\begin{bmatrix} \sigma_1 \\ \sigma_2 \\ \tau_{12} \end{bmatrix} = \boldsymbol{T} \begin{bmatrix} \sigma_x \\ \sigma_y \\ \tau_{xy} \end{bmatrix} = \begin{bmatrix} m^2 & n^2 & 2mn \\ n^2 & m^2 & -2mn \\ -mn & mn & m^2 - n^2 \end{bmatrix} \begin{bmatrix} 2\sigma \\ 0 \\ \sigma \end{bmatrix} = \begin{bmatrix} 2m^2\sigma + 2mn\sigma \\ 2n^2\sigma - 2mn\sigma \\ -2mn\sigma + \left(m^2 - n^2\right)\sigma \end{bmatrix}$$

① 由最大应力准则 $\left.\begin{array}{c}\sigma_1 < X_t \\ \sigma_2 < Y_t \\ |\tau_{12}| < S\end{array}\right\}$，得

$$\begin{cases}\sigma_1 = 2m^2\sigma + 2mn\sigma < X_t = 1000\text{MPa} \\ \sigma_2 = 2n^2\sigma - 2mn\sigma < Y_t = 40\text{MPa} \\ |\tau_{12}| = |-2mn\sigma + (m^2 - n^2)\sigma| < S = 40\text{MPa}\end{cases}$$

代入角度：$\alpha = 0°$、$\alpha = 5°$、$\alpha = 15°$、$\alpha = 20°$、$\alpha = 30°$、$\alpha = 60°$、$\alpha = 90°$，利用 MATLAB 计算可得许用应力见表 4.1。

表 4-1　最大应力准则下不同夹角对应的许用应力

角度 α/ (°)	0	5	15	20	30	60	90
许用应力 [σ]/MPa	40	49.31	109.28	97.84	109.28	29.28	20

② 蔡 - 希尔准则：

$$\frac{\sigma_1^2}{X^2} + \frac{\sigma_2^2}{Y^2} + \frac{\tau_{12}^2}{S^2} - \frac{\sigma_1\sigma_2}{X^2} = 1$$

当 $F_0 I_0 = \dfrac{\sigma_1^2}{X^2} + \dfrac{\sigma_2^2}{Y^2} + \dfrac{\tau_{12}^2}{S^2} - \dfrac{\sigma_1\sigma_2}{X^2} = 1$ 时，可得许用应力。

当角度 $\alpha = 0°$、$\alpha = 5°$、$\alpha = 15°$、$\alpha = 20°$、$\alpha = 30°$、$\alpha = 60°$、$\alpha = 90°$ 时，将

$$\begin{cases}\sigma_1 = 2m^2\sigma + 2mn\sigma \\ \sigma_2 = 2n^2\sigma - 2mn\sigma \\ \tau_{12} = -2mn\sigma + (m^2 - n^2)\sigma\end{cases}$$

经 MATLAB 计算可得许用应力，见表 4.2。

表 4.2　蔡 - 希尔准则下不同夹角对应的许用应力

角度 α/ (°)	0	5	15	20	30	60	90
许用应力 [σ]/MPa	39.87	48.12	75.82	91.00	75.82	26.55	17.89

③ 利用 MATLAB 将得到的结果作图，得到的许用应力变换趋势，如图 4.4

所示。

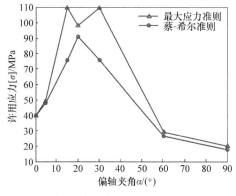

a) α角从0°到90°变化时不同准则下的许用应力变化图

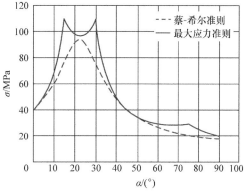

b) 两种准则对比图

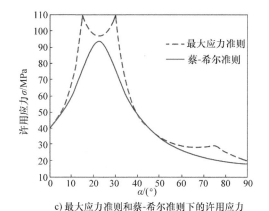

c) 最大应力准则和蔡-希尔准则下的许用应力

图 4.4　许用应力变换趋势

【辨析讨论】请分析，以上图 4.4a、图 4.4b、图 4.4c 的对比结果是否准确。

【例 4.2】　某单层板偏轴受二向应力作用，其强度参数 $S = 40$MPa，$X_t = X_c = 1000$MPa，$Y_t = 100$MPa，$Y_c = 200$MPa，$\sigma_x = 160$MPa，$\sigma_y = 60$MPa，$\tau_{xy} = 20$MPa，$\theta = 30°$。用 Tsai-Hill 理论判断其是否安全。

解：$\begin{bmatrix} \sigma_1 \\ \sigma_2 \\ \tau_{12} \end{bmatrix} = \boldsymbol{T} \begin{bmatrix} \sigma_x \\ \sigma_y \\ \tau_{xy} \end{bmatrix}$，$\quad \boldsymbol{T} = \begin{bmatrix} \dfrac{3}{4} & \dfrac{1}{4} & \dfrac{\sqrt{3}}{2} \\ \dfrac{1}{4} & \dfrac{3}{4} & -\dfrac{\sqrt{3}}{2} \\ -\dfrac{\sqrt{3}}{4} & \dfrac{\sqrt{3}}{4} & \dfrac{\sqrt{3}-1}{2} \end{bmatrix}$，代入已知数据得

$$\begin{bmatrix} \sigma_1 \\ \sigma_2 \\ \tau_{12} \end{bmatrix} = \boldsymbol{T} \begin{bmatrix} \sigma_x \\ \sigma_y \\ \tau_{xy} \end{bmatrix} = \begin{bmatrix} \dfrac{3}{4} & \dfrac{1}{4} & \dfrac{\sqrt{3}}{2} \\ \dfrac{1}{4} & \dfrac{3}{4} & -\dfrac{\sqrt{3}}{2} \\ -\dfrac{\sqrt{3}}{4} & \dfrac{\sqrt{3}}{4} & \dfrac{1}{2} \end{bmatrix} \begin{bmatrix} 160 \\ 60 \\ 20 \end{bmatrix} = \begin{bmatrix} 152.3205 \\ 67.6795 \\ -33.3013 \end{bmatrix} \text{MPa}$$

$$\begin{bmatrix} \sigma_1 \\ \sigma_2 \\ \tau_{12} \end{bmatrix} = \boldsymbol{T} \begin{bmatrix} \sigma_x \\ \sigma_y \\ \tau_{xy} \end{bmatrix} = \frac{1}{4} \begin{pmatrix} 3 & 1 & 2\sqrt{3} \\ 1 & 3 & -2\sqrt{3} \\ -\sqrt{3} & \sqrt{3} & 2 \end{pmatrix} \begin{bmatrix} 160 \\ 60 \\ 20 \end{bmatrix} = \begin{bmatrix} 152.32 \\ 67.68 \\ -33.30 \end{bmatrix} \text{MPa}$$

由于 $\sigma_1 > 0$、$\sigma_2 > 0$，根据 Tsai-Hill 理论，破坏指标 F.I. 为

$$\text{F.I.} = \frac{\sigma_1^2}{X_t^2} - \frac{\sigma_1 \sigma_2}{X_t^2} + \frac{\sigma_2^2}{Y_t^2} + \frac{\tau_{12}^2}{S^2} = \frac{152.3205^2}{1000^2} - \frac{152.3205 \times 67.6795}{1000^2} + \frac{67.6795^2}{100^2} + \frac{33.3013^2}{40^2}$$

$$= 1.1641 > 1$$

因此可得结论，单层板不安全，会发生剪切方向的破坏。

【例 4.3】 单层板的强度参数同上题。$\theta = 45°$，受 x 方向拉应力作用。用 Tsai-Wu 理论，求拉伸极限应力。

解：由题意得：$\begin{bmatrix} \sigma_x \\ \sigma_y \\ \tau_{xy} \end{bmatrix} = \begin{bmatrix} \sigma_x \\ 0 \\ 0 \end{bmatrix}$，由应力转轴公式：$\begin{bmatrix} \sigma_1 \\ \sigma_2 \\ \tau_{12} \end{bmatrix} = \boldsymbol{T} \begin{bmatrix} \sigma_x \\ \sigma_y \\ \tau_{xy} \end{bmatrix}$

式中，$\boldsymbol{T} = \begin{bmatrix} m^2 & n^2 & 2mn \\ n^2 & m^2 & -2mn \\ -mn & mn & m^2 - n^2 \end{bmatrix}$，$m = \cos\alpha$，$n = \sin\alpha$

当 $\theta = 45°$ 时，有：

$$\begin{bmatrix} \sigma_1 \\ \sigma_2 \\ \tau_{12} \end{bmatrix} = \boldsymbol{T} \begin{bmatrix} \sigma_x \\ \sigma_y \\ \tau_{xy} \end{bmatrix} = \begin{bmatrix} \dfrac{1}{2} & \dfrac{1}{2} & 1 \\ \dfrac{1}{2} & \dfrac{1}{2} & -1 \\ -\dfrac{1}{2} & \dfrac{1}{2} & 0 \end{bmatrix} \begin{bmatrix} \sigma_x \\ 0 \\ 0 \end{bmatrix} = \begin{bmatrix} \dfrac{\sigma_x}{2} \\ \dfrac{\sigma_x}{2} \\ -\dfrac{\sigma_x}{2} \end{bmatrix}$$

由蔡 - 吴理论可知：$F_1 \sigma_1 + F_2 \sigma_2 + F_{11} \sigma_1^2 + F_{22} \sigma_2^2 + F_{66} \tau_{12}^2 + 2F_{12} \sigma_1 \sigma_2 = 1$

式中，
$$
\begin{cases}
F_1 = \dfrac{1}{X_t} - \dfrac{1}{X_c},\ F_{11} = \dfrac{1}{X_t X_c} \\[2mm]
F_2 = \dfrac{1}{Y_t} - \dfrac{1}{Y_c},\ F_{22} = \dfrac{1}{Y_t Y_c} \\[2mm]
F_{66} = \dfrac{1}{S^2} \\[2mm]
F_{12} = -\dfrac{1}{2}\sqrt{F_{11} F_{22}}
\end{cases}
$$

代入数据，得到

$$
\begin{cases}
F_1 = 0 \\[1mm]
F_{11} = 10^{-6}\,(\mathrm{MPa})^{-2} \\[1mm]
F_2 = \dfrac{1}{200}\,(\mathrm{MPa})^{-1} \\[2mm]
F_{22} = \dfrac{1}{20000}\,(\mathrm{MPa})^{-2} \\[2mm]
F_{66} = \dfrac{1}{1600}\,(\mathrm{MPa})^{-2} \\[2mm]
F_{12} = -\dfrac{1}{2\sqrt{2}}\times 10^{-5}\,(\mathrm{MPa})^{-2}
\end{cases}
$$

求解得到拉伸极限应力：$\sigma_t = 70.2148\mathrm{MPa}$。

【例 4.4】 已知 HT3/QY8911 复合材料 45° 单层的应力状态，如图 4.5 所示，其参数如表 4.3 所示，参考坐标下的应力分量为 $\sigma_x = 144\mathrm{MPa}$，$\sigma_y = 50\mathrm{MPa}$，$\tau_{xy} = 50\mathrm{MPa}$，参考坐标轴 x 和材料主方向 L 轴的夹角为 $\theta = 45°$。单层的基本强度在表中给出，使用强度失效判据校核该单层的强度（试用最大应力、蔡 - 希尔、蔡 - 吴判据分别判断）。

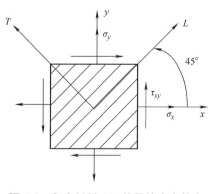

图 4.5　复合材料 45° 单层的应力状态

表 4.3　HT3/QY8911 复合材料参数

材料		HT3/5224（碳纤维／环氧）	HT3/QY8911（碳纤维／双马来酰亚胺）
基本强度	X_t/MPa	1400	1548
	X_c/MPa	1100	1426
	Y_t/MPa	50	55.5
	Y_c/MPa	180	218.0
	S/MPa	99	89.9

解：由应力转轴公式：$\begin{bmatrix} \sigma_1 \\ \sigma_2 \\ \tau_{12} \end{bmatrix} = T \begin{bmatrix} \sigma_x \\ \sigma_y \\ \tau_{xy} \end{bmatrix}$，其中，$T = \begin{bmatrix} m^2 & n^2 & 2mn \\ n^2 & m^2 & -2mn \\ -mn & mn & m^2-n^2 \end{bmatrix}$，

$m = \cos\alpha$，$n = \sin\alpha$，$\theta = 45°$ 时，有

$$\begin{bmatrix} \sigma_1 \\ \sigma_2 \\ \tau_{12} \end{bmatrix} = T \begin{bmatrix} \sigma_x \\ \sigma_y \\ \tau_{xy} \end{bmatrix} = \begin{bmatrix} \dfrac{1}{2} & \dfrac{1}{2} & 1 \\ \dfrac{1}{2} & \dfrac{1}{2} & -1 \\ -\dfrac{1}{2} & \dfrac{1}{2} & 0 \end{bmatrix} \begin{bmatrix} 144 \\ 50 \\ 50 \end{bmatrix} = \begin{bmatrix} 147 \\ 47 \\ -47 \end{bmatrix} \text{MPa}$$

（1）由最大应力强度理论：$\begin{cases} \sigma_1 < X_t \\ \sigma_2 < Y_t \\ |\tau_{12}| < S \end{cases}$

将数据代入得

$$\left. \begin{aligned} \sigma_1 &= 147\text{MPa} < X_t = 1548\text{MPa} \\ \sigma_2 &= 47\text{MPa} < Y_t = 55.5\text{MPa} \\ |\tau_{12}| &= 47\text{MPa} < S = 89.9\text{MPa} \end{aligned} \right\}$$

故由最大应力强度理论得知，该单层材料不发生破坏。

（2）由蔡 - 希尔强度理论得

$$\frac{\sigma_1^2}{X^2} + \frac{\sigma_2^2}{Y^2} + \frac{\tau_{12}^2}{S^2} - \frac{\sigma_1\sigma_2}{X^2} = 1$$

将数据代入得

$$F_0 I_0 = \frac{\sigma_1^2}{X^2} + \frac{\sigma_2^2}{Y^2} + \frac{\tau_{12}^2}{S^2} - \frac{\sigma_1\sigma_2}{X^2} = \frac{147^2}{1548^2} + \frac{47^2}{55.5^2} + \frac{47^2}{89.9^2} - \frac{147 \times 47}{1548^2}$$
$$= 0.0090 + 0.7171 + 0.2733 - 0.0029 = 0.9965 < 1$$

故由蔡 - 希尔强度理论得知，该单层材料不发生破坏。

（3）由蔡 - 吴强度理论可知

$$F_1\sigma_1 + F_2\sigma_2 + F_{11}\sigma_1^2 + F_{22}\sigma_2^2 + F_{66}\tau_{12}^2 + 2F_{12}\sigma_1\sigma_2 = 1$$

其中，
$$\begin{cases} F_1 = \dfrac{1}{X_t} - \dfrac{1}{X_c}, F_{11} = \dfrac{1}{X_t X_c} \\ F_2 = \dfrac{1}{Y_t} - \dfrac{1}{Y_c}, F_{22} = \dfrac{1}{Y_t Y_c} \\ F_{66} = \dfrac{1}{S^2} \\ F_{12} = -\dfrac{1}{2}\sqrt{F_{11}F_{22}} \end{cases}$$

$$\begin{cases} F_1 = \dfrac{-122}{2207448}(\text{MPa})^{-1} \\ F_{11} = \dfrac{1}{2207448}(\text{MPa})^{-2} \\ F_2 = \dfrac{162.5}{12099}(\text{MPa})^{-1} \\ F_{22} = \dfrac{1}{12099}(\text{MPa})^{-2} \\ F_{66} = \dfrac{1}{8082.01}(\text{MPa})^{-2} \\ F_{12} = -\dfrac{1}{\sqrt{106831653408}}(\text{MPa})^{-2} \end{cases}$$

将数据代入得

$$F_1\sigma_1 + F_2\sigma_2 + F_{11}\sigma_1^2 + F_{22}\sigma_2^2 + F_{66}\tau_{12}^2 + 2F_{12}\sigma_1\sigma_2$$

$$= \frac{-122}{2207448}\times147 + \frac{162.5}{12099}\times47 + \frac{1}{2207448}\times147^2 + \frac{1}{12099}\times47^2 + \frac{1}{8082.01}\times(-47)^2 +$$

$$2\left(-\frac{1}{\sqrt{106831653408}}\right)\times147\times47$$

$$= -0.0081 + 0.6313 + 0.0098 + 0.1826 + 0.2733 - 0.0423 = 1.0466 > 1$$

故由蔡 - 吴强度理论得知，该单层材料发生了破坏。

【例 4.5】 一碳纤维 / 环氧单层板受面内载荷作用，如图 4.6 所示，利用 Tsai-Hill 准则判断该板是否发生破坏，如果发生破坏，会是什么破坏模式。已知 $E_1 = 140\text{GPa}$，$E_2 = 10\text{GPa}$，$G_{12} = 5\text{GPa}$，$\mu_{12} = 0.3$，$X_t = 1500\text{MPa}$，$X_c = 1200\text{MPa}$，$Y_t = 50\text{MPa}$，$Y_c = 250\text{MPa}$，$S = 70\text{MPa}$。

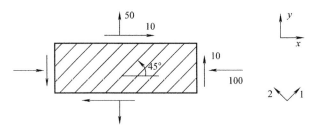

图 4.6　单层板受面内载荷作用（单位：MPa）

解：求材料主轴方向的应力分量：$\theta = 45° \Rightarrow m^2 = n^2 = mn = \dfrac{1}{2}$，则

$$T = \begin{bmatrix} 0.5 & 0.5 & 1 \\ 0.5 & 0.5 & -1 \\ -0.5 & 0.5 & 0 \end{bmatrix},$$

$$\begin{bmatrix} \sigma_1 \\ \sigma_2 \\ \tau_{12} \end{bmatrix} = T \begin{bmatrix} \sigma_x \\ \sigma_y \\ \tau_{xy} \end{bmatrix} = \begin{bmatrix} 0.5 & 0.5 & 1 \\ 0.5 & 0.5 & -1 \\ -0.5 & 0.5 & 0 \end{bmatrix} \begin{bmatrix} -100 \\ 50 \\ 10 \end{bmatrix} = \begin{bmatrix} -15 \\ -35 \\ 75 \end{bmatrix} \text{MPa}$$

（1）由 Tsai-Hill 准则，求得破坏指标：

$$\begin{aligned} F.I. &= \left(\frac{\sigma_1}{X_c}\right)^2 + \left(\frac{\sigma_2}{Y_c}\right)^2 + \left(\frac{\tau_{12}}{S}\right)^2 - \frac{\sigma_1 \sigma_2}{X_c^2} \\ &= \left(\frac{-15}{1200}\right)^2 + \left(\frac{-35}{250}\right)^2 + \left(\frac{75}{70}\right)^2 - \left[\frac{(-15)(-35)}{1200^2}\right] \\ &= 1.17 \end{aligned}$$

$F.I. = 1.17 > 1$，所以发生破坏。

（2）判断破坏模式，由最大应力准则计算破坏指标

$$F.I.(1) = \frac{15}{200} = 0.075 < 1$$

$$F.I.(2) = \frac{35}{250} = 0.14 < 1$$

$$F.I.(12) = \frac{75}{70} \approx 1.07 > 1$$

所以破坏模式为面内剪切破坏。

【例 4.6】　对正、负剪切应力状态，由 Tsai-Hill 准则分别确定临界剪切应力 τ_{xy}。单层板性能与【例 4.5】相同。

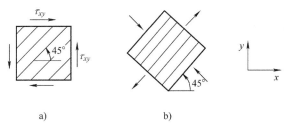

图 4.7　单层板受正剪切力作用

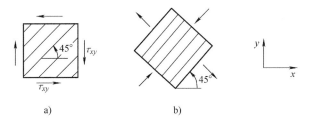

图 4.8　单层板受负剪切力作用

解：（1）正剪切。求主轴方向的应力分量 $\theta = 45° \Rightarrow m^2 = n^2 = mn = \dfrac{1}{2}$，则

$$\boldsymbol{T} = \begin{bmatrix} 0.5 & 0.5 & 1 \\ 0.5 & 0.5 & -1 \\ -0.5 & 0.5 & 0 \end{bmatrix},$$

$$\begin{bmatrix} \sigma_1 \\ \sigma_2 \\ \tau_{12} \end{bmatrix} = \boldsymbol{T} \begin{bmatrix} \sigma_x \\ \sigma_y \\ \tau_{xy} \end{bmatrix} = \begin{bmatrix} 0.5 & 0.5 & 1 \\ 0.5 & 0.5 & -1 \\ -0.5 & 0.5 & 0 \end{bmatrix} \begin{bmatrix} 0 \\ 0 \\ \tau_{xy} \end{bmatrix} = \begin{bmatrix} \tau_{xy} \\ -\tau_{xy} \\ 0 \end{bmatrix}$$

由 Tsai-Hill 准则，求解临界剪切应力：

$$F.I. = \left(\frac{\sigma_1}{X_t}\right)^2 + \left(\frac{\sigma_2}{Y_c}\right)^2 + \left(\frac{\tau_{12}}{S}\right)^2 - \frac{\sigma_1\sigma_2}{X_t^2} = 1$$

即

$$\left(\frac{\tau_{xy}}{1500}\right)^2 + \left(\frac{-\tau_{xy}}{250}\right)^2 + 0 - \left(\frac{-\tau_{xy}\tau_{xy}}{1500^2}\right) = 1 \Rightarrow \tau_{xy} = 243.3 \text{MPa}$$

（2）负剪切。求主轴方向的应力分量 $\theta = 45° \Rightarrow m^2 = n^2 = mn = \dfrac{1}{2}$，则

$$\boldsymbol{T} = \begin{bmatrix} 0.5 & 0.5 & 1 \\ 0.5 & 0.5 & -1 \\ -0.5 & 0.5 & 0 \end{bmatrix}$$

$$\begin{bmatrix} \sigma_1 \\ \sigma_2 \\ \tau_{12} \end{bmatrix} = \boldsymbol{T} \begin{bmatrix} \sigma_x \\ \sigma_y \\ \tau_{xy} \end{bmatrix} = \begin{bmatrix} 0.5 & 0.5 & 1 \\ 0.5 & 0.5 & -1 \\ -0.5 & 0.5 & 0 \end{bmatrix} \begin{bmatrix} 0 \\ 0 \\ -\tau_{xy} \end{bmatrix} = \begin{bmatrix} -\tau_{xy} \\ \tau_{xy} \\ 0 \end{bmatrix}$$

由 Tsai-Hill 准则，求解临界剪切应力

$$F.I. = \left(\frac{\sigma_1}{X_c} \right)^2 + \left(\frac{\sigma_2}{Y_t} \right)^2 + \left(\frac{\tau_{12}}{S} \right)^2 - \frac{\sigma_1 \sigma_2}{X_c^2} = 1$$

即

$$\left(\frac{-\tau_{xy}}{1200} \right)^2 + \left(\frac{\tau_{xy}}{50} \right)^2 + 0 - \left(\frac{-\tau_{xy} \tau_{xy}}{1200^2} \right) = 1 \Rightarrow \tau_{xy} = 49.9 \text{MPa}$$

根据最大应力准则，正负剪切分别是 250MPa 和 50MPa，与蔡 - 希尔准则预测结果比较接近。

【讨论】如图 4.9 所示模型，负剪切作用下的强度大大低于正剪切的强度，该模型是否为单层板正负剪切的不同应力状态分析模型?

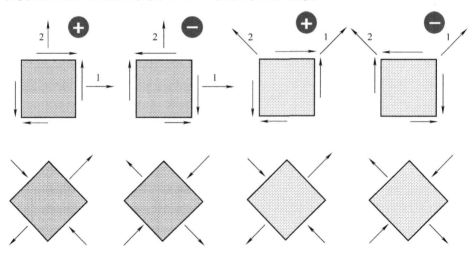

材料主方向上的剪应力　　　　　　　　　与材料主方向上成45°角的剪应力

图 4.9　单层板正负剪切不同应力状态分析模型

Chapter 05

第 5 章
复合材料层合板的刚度理论
（三维二次层合结构）

　　本章论述复合材料层合板（图 5.1）的刚度弹性理论基础，内容包含：一般层合板的弹性特性，变形分析，层合板内力的一般表达式，一般层合板的弹性特性，层合板的弹性特性，变形分析，层合板内力的一般表达式，一般层合板的弹性特性；参考轴与主轴不一致的正交异性板刚度；层合板刚度的平性移轴定理。

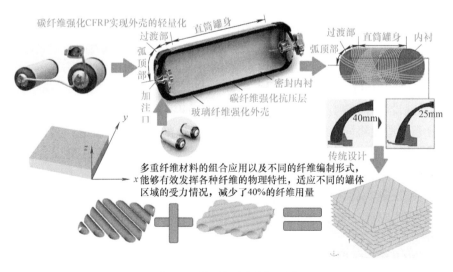

图 5.1　典型复合材料层合板

计算标准刚度和柔性矩阵，各刚度矩阵为：拉伸刚度矩阵 A，弯曲拉伸刚度矩阵 B，抗弯刚度矩阵 D。矩阵 A、B 和 D 又分别称为面内刚度矩阵、耦合刚度矩阵和弯曲刚度矩阵，都是 3×3 对称矩阵。B 矩阵代表层合板在弯曲和拉伸之间的相互耦合，拉力不仅引起层合板的拉伸变形，还会引起层合板的弯曲或扭转，同样层合板在承受纯力矩作用时，也引起中面的拉伸变形。特殊地，当层合板为对称铺层时，B 矩阵为 O，即层合板不存在拉伸与弯扭的耦合。商业软件中大多都集成了经典层合板理论，如 Abaqus、Nastran 等，在建模过程中只需要将 A、B、D 矩阵赋予相应的单元特征或几何结构等即可。商用软件的层合板 A、B、D 矩阵计算程序，输入单层材料的力学性能及铺层顺序等，可获得 A、B、D 矩阵。

5.1 经典层合板理论

经典层合板理论基于基尔霍夫（Kirchhoff）假设，即假设直法线和法线长度保持不变，z 向应力可以忽略假设，而建立的薄层合板分析理论。无论是经典层合板理论还是剪切变形理论，都需要从层合板的变形描述开始讲起。以图 5.2a、b 所示的层合板为例，当其受到外部载荷作用时，层合板将发生面内伸缩或者弯曲变形。作用在层合板上的载荷可以分为力和力矩两类，如图 5.2c 所示，N_i 代表的是作用在层合板单位宽度上的力，M_i 代表的是作用在层合板单位宽度上的力矩，$i = x, y, xy$。层合板轻量化设计的一般程序及思路如下：

1）均衡对称铺设原则：除了特殊需要外，结构一般均设计成均衡对称层合板形式，以避免拉-剪、拉-弯耦合而引起固化后的翘曲变形。

2）铺层定向原则：在满足受力的情况下，铺层方向数应尽量少，以简化设计和施工的工作量。一般多选择 0°、90° 和 ±45° 这 4 种铺层方向。

3）铺层取向按承载选取原则：铺层的纤维轴向应与内力的拉压方向一致，以最大限度利用纤维轴向的高性能。

4）铺设顺序原则：主要从三方面考虑，使各定向单层尽量沿层合板厚度均匀分布，避免将同一铺层角的铺层集中放置。如果不得不使用，则一般不超过 4 层，以减少两种定向层的开裂和边缘分层。另外，铺设顺序对层合板稳定性承载能力影响很大，这一因素也应考虑。

5）铺层最小比例原则：为使复合材料的基体沿各个方向均不受载，对于由方向为 0°、90°、±45° 铺层组成的层合板，其任一方向的最小铺层占比应≥6%~10%。

6）冲击载荷区设计原则：对于承受面内集中力冲击的层合板，要进行局部加强。另外，还需采取局部增强措施，以确保足够的强度。

7）连接区设计原则：使与钉载方向成 ±45° 的铺层占比 ≥ 40%，与钉载方向一致的铺层占比大于 25%，以保证连接区有足够的剪切强度和挤压强度，同时也有利于扩散载荷和减少孔的应力集中。

8）变厚度设计原则：在结构变厚度区域，铺层数递增或递减应形成台阶逐渐变化，因为厚度的突变会引起应力集中。要求每个台阶宽度相近且 ≥ 60°，台阶高度不超过宽度的 1/10。然后在表面铺设连续覆盖层，以防止台阶外发生剥离破坏。

9）开口区铺层原则：在结构开口区应使相邻铺层的夹角 ≤ 60°，以减少层间应力。开口形状应尽可能采用圆孔，以避免应力集中。若必须采用矩形孔，则拐角处要采用半径较大的圆角。另外在开口时，切断的纤维应尽可能少。后续的软件计算分析，如图 5.2d 所示。

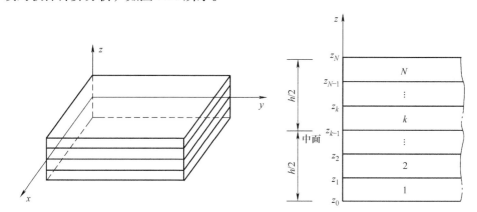

a) 复合材料层合板三维二次结构

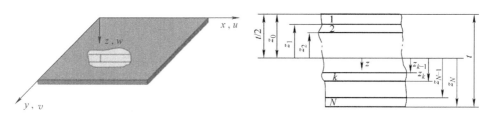

b) 复合材料产品三维三次结构

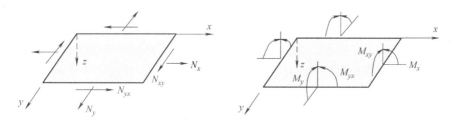

c) 层合板轻量化设计的力学模型

图 5.2 基于复合材料经典层合板理论的轻量化设计思路

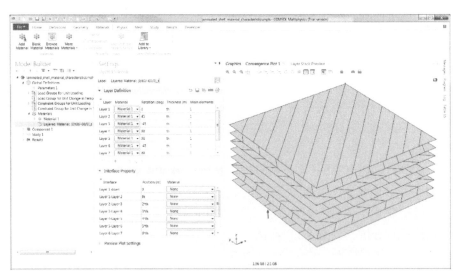

d) 层合板刚度弹性特性软件分析与计算

图 5.2　基于复合材料经典层合板理论的轻量化设计思路（续）

由经典层合板理论：
$$\boldsymbol{\varepsilon}_x = \boldsymbol{\varepsilon}^\circ + z\boldsymbol{\kappa}$$
（5.1）

式中，$\boldsymbol{\varepsilon}^\circ$、$\boldsymbol{\kappa}$ 分别为中面面内应变列阵和中面弯曲应变列阵。作用于层合板的合力 N_x、N_y、N_z 及合力矩 M_x、M_y、M_z 定义为

$$\begin{bmatrix} N_x \\ N_y \\ N_{xy} \end{bmatrix} = \int_{-\frac{t}{2}}^{\frac{t}{2}} \begin{bmatrix} \sigma_x \\ \sigma_y \\ \tau_{xy} \end{bmatrix} \mathrm{d}z = \sum_{k=1}^{N} \int_{z_{k-1}}^{z_k} \begin{bmatrix} \sigma_x^{(k)} \\ \sigma_y^{(k)} \\ \tau_{xy}^{(k)} \end{bmatrix} \mathrm{d}z$$
（5.2）

5.2　对称层合板弹性特性理论

　　复合材料的基本单元是铺层，其刚度与强度分析是层合板刚度与强度分析的基础。铺层很薄，因此可认为它处于平面应力状态。而层合板由于其厚度相对于板的其他尺寸较小，因此在复合材料力学经典理论中将它与铺层一样处理，按平面应力状态进行分析。层合板刚度是基于经典层合板理论给出的，即假设层合板的各铺层是紧密粘接的，变形符合直法线假设，各铺层按平面应力状态计算，由此给出层合板的刚度特性。通常在复合材料设计中这样处理是合适的。例如，新能源汽车燃料电池复合材料对称层合板铺设，如图 5.3 所示。

5.2.1　正交对称铺设层合板的弹性特性理论

　　本节主要介绍包括正交对称铺设层合板的弹性特性，面内刚度系数、耦合刚度系数与弯曲刚度系数，面内轴向应力、面内剪切变形、面内剪切内力与轴向应变等；层合板弯矩、扭转变形、扭矩与弯曲变形等；层合板在参考坐标系下的正交各向异性特性。

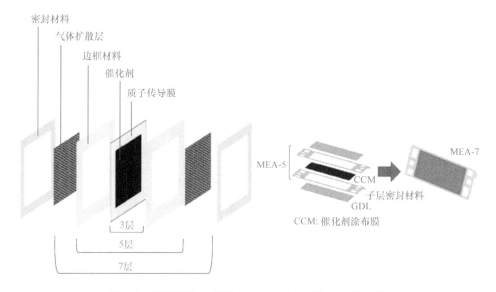

图 5.3　新能源汽车燃料电池复合材料对称层合板铺设

知识点包含：正交对称铺设层合板的弹性特性，面内刚度系数、耦合刚度系数与弯曲刚度系数；面内轴向应力、面内剪切变形、面内剪切内力与轴向应变等；层合板弯矩、扭转变形、扭矩与弯曲变形等；层合板在参考坐标系下的正交各向异性特性。

理论重点：正交对称铺设层合板的弹性特性，面内刚度系数、耦合刚度系数与弯曲刚度系数。

层合板耦合效应：

1）对称层合板没有拉 - 弯，拉 - 扭、剪 - 弯、剪 - 扭等耦合效应。

2）对于准各向同性板而言，当各层的方向平衡时，制成准各向同性层压板，其轻量化设计如图 5.4 所示。由于层压板在每个平面内方向的拉伸刚度相同，且面内各方向的刚度一样，即说工程上常用的层合板为均衡对称层合板，因此具有正交各向异性。在少数情况下，为了得到某种特殊的刚度特性，希望复合材料构件具有某些特定的耦合效应，就可能把它设计成非正交各向异性的多向层合板。准各向同性板单层定向为 0°、90°、+45° 和 −45°，在这四个方向中的每个方向至少占 12.5%。定向为 0°、60° 和 −60° 的单向层也可以达到准各向同性的特性。在典型的准各向同性板中，各层包含相同的刚度和厚度，纤维取向平衡且对称。除了共同提供准各向同性的特性外，不同方向的纤维还具有特定的强度。0°层：提供轴向强度和刚度，非常适合必须承受轴向载荷的梁和柱。±45°层：提供抗剪和抗扭强度和刚度，非常适合扭力轴和抗剪腹板，例如工字梁。90°层：提供横向强度和刚度，适合巩固层，将层板稳定，并提供强度。

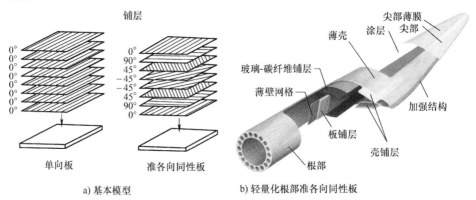

a) 基本模型 　　　　　　　　　b) 轻量化根部准各向同性板

图 5.4　准各向同性板的轻量化设计

【例 5.1】　GFRP 交织纤维板 $E_G = 23\text{GPa}$，$\mu_G = 0.17$，GFRP 交织纤维板 $E_C = 50\text{GPa}$，$\mu_C = 0.1$。比较层合板（GFRP/CFRP）$_S$ 和（CFRP/GFRP）$_S$ 的弯曲刚度系数 D_{11}。

解：两种层合板，如图 5.5 所示：

对于 GFRP，有刚度矩阵

$$\boldsymbol{Q}_G = \frac{E_G}{1-\mu_G^2}\begin{bmatrix} 1 & \mu_G & 0 \\ \mu_G & 1 & 0 \\ 0 & 0 & \dfrac{1-\mu_G}{2} \end{bmatrix} = 23.68\begin{bmatrix} 1 & 0.17 & 0 \\ 0.17 & 1 & 0 \\ 0 & 0 & 0.415 \end{bmatrix}\text{GPa}$$

对于 CFRP，有刚度矩阵

$$\boldsymbol{Q}_C = \frac{E_C}{1-\mu_C^2}\begin{bmatrix} 1 & \mu_C & 0 \\ \mu_C & 1 & 0 \\ 0 & 0 & \dfrac{1-\mu_C}{2} \end{bmatrix} = 50.50\begin{bmatrix} 1 & 0.1 & 0 \\ 0.1 & 1 & 0 \\ 0 & 0 & 0.45 \end{bmatrix}\text{GPa}$$

对于图 5.5a 情况，有弯曲刚度系数

$$D_{11a} = \frac{1}{3}\sum_1^4 Q_{11k}\left(z_k^3 - z_{k-1}^3\right) = \frac{2}{3}\left\{23.68\left[(2t)^3 - t^3\right] + 50.50\left[t^3 - 0\right]\right\}$$
$$= 216.26t^3 \, (\text{kN} \cdot \text{mm})$$

对于图 5.5b 情况，有弯曲刚度系数

$$D_{11b} = \frac{1}{3}\sum_{1}^{4} Q_{11k}\left(z_k^3 - z_{k-1}^3\right) = \frac{2}{3}\left\{50.50[(2t)^3 - t^3] + 23.68[t^3 - 0]\right\} = 377.18t^3 \text{(kN·mm)} ,$$

因此，可得：$D_{11b}/D_{11a} = 1.74$

层合板（GFRP/CFRP）$_\text{S}$ 和（CFRP/GFRP）$_\text{S}$ 的弯曲刚度系数由于其中的单层板的叠层顺序不同而不同，且（CFRP/GFRP）$_\text{S}$ 的弯曲刚度系数比（GFRP/CFRP）$_\text{S}$ 的弯曲刚度系数更大。

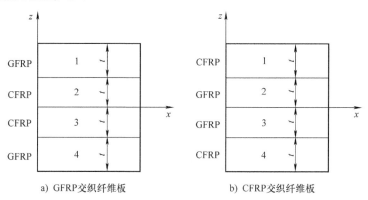

a) GFRP交织纤维板　　　　　　　b) CFRP交织纤维板

图 5.5　两种交织板的结构分析

5.2.2　斜交对称铺设层合板的弹性特性理论

　　本节主要内容包括：斜交对称铺设层合板的弹性特性，面内刚度系数、耦合刚度系数与弯曲刚度系数；层合板的面内轴向应力、面内剪切变形、面内剪切内力与轴向应变等；层合板弯矩、扭转变形、扭矩与弯曲变形等；层合板的均衡性、剪切刚度和扭转刚度。知识点包含：斜交对称铺设层合板的弹性特性，面内刚度系数、耦合刚度系数与弯曲刚度系数；层合板的面内轴向应力、面内剪切变形、面内剪切内力与轴向应变等；层合板弯矩、扭转变形、扭矩与弯曲变形等；层合板的均衡性、剪切刚度和扭转刚度；斜交对称铺设层合板的弹性特性，面内刚度系数、耦合刚度系数与弯曲刚度系数；层合板的面内轴向应力、面内剪切变形、面内剪切内力与轴向应变等。

　　【例 5.2】　试证：图 5.6a 和图 5.6b 所示的两种层合板都是准各向同性板。比较图 5.6a 和图 5.6b 所示的两种板沿 x 方向的弯曲刚度 D_{11}。已知，6 层等厚，总厚为 t，单层板厚 $t/6$，试求图 5.6a 的 1、2、3 子层对 D_{11} 的贡献比为多少？试分析图 5.6a、b 两种准各向同性板的弯曲刚度 D_{11} 谁大？为什么？试分析设计图 5.6a、b 的工程应用场景。最后，请辨析结果是否正确。

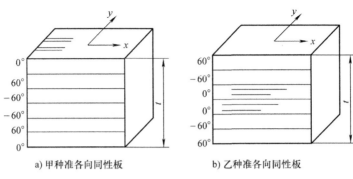

a) 甲种准各向同性板　　　　　b) 乙种准各向同性板

图 5.6　两种准各向同性板结构分析

证明甲、乙两种层合板是准各向同性板。

因为准各向同性板的面内刚度系数满足以下关系 $\begin{cases} A_{11} = A_{22} \\ A_{66} = (A_{11} - A_{12})/2 \\ A_{16} = A_{26} = 0 \end{cases}$

现验证甲、乙板满足上述关系，各单层的偏轴刚度系数可由其折减刚度系数计算得到

$$\bar{\boldsymbol{Q}} = \begin{bmatrix} \bar{Q}_{11} \\ \bar{Q}_{12} \\ \bar{Q}_{22} \\ \bar{Q}_{16} \\ \bar{Q}_{26} \\ \bar{Q}_{66} \end{bmatrix} = \begin{bmatrix} m^4 & 2m^2n^2 & n^4 & 4m^2n^2 \\ m^2n^2 & m^4+n^4 & m^2n^2 & -4m^2n^2 \\ n^4 & 2m^2n^2 & m^4 & 4m^2n^2 \\ m^3n & mn^3-m^3n & -mn^3 & 2(mn^3-m^3n) \\ mn^3 & m^3n-mn^3 & -m^3n & 2(m^3n-mn^3) \\ m^2n^2 & -2m^2n^2 & m^2n^2 & (m^2-n^2)^2 \end{bmatrix} \begin{bmatrix} Q_{11} \\ Q_{12} \\ Q_{22} \\ Q_{66} \end{bmatrix}$$

计算层合板的拉伸刚度系数：$A_{ij} = \sum_{k=1}^{n} (\bar{Q}_{ij})_k (z_k - z_{k-1})$，计算结果如下

$$\begin{cases} A_{11} = A_{22} = \dfrac{t}{8} \times (3Q_{11} + 2Q_{12} + 3Q_{22} + 4Q_{66}) \\[2mm] A_{12} = \dfrac{t}{8} \times (Q_{11} + 6Q_{12} + Q_{22} - 4Q_{66}) \\[2mm] A_{66} = \dfrac{t}{8} \times (Q_{11} - 2Q_{12} + Q_{22} + 4Q_{66}) = [(A_{11} - A_{12})/2] \end{cases}$$

以上为乙板结果。对于等厚层合板，铺层顺序不影响其拉伸刚度系数，所以可以证明甲、乙板均为准各向同性板。可以给出不是一般性的结论：对于对称均衡层合板，其中的 m 层单层铺设角度若满足 $\theta = \pi/m$，则该种层合板为准各

向同性层合板。

解：比较甲、乙板沿 x 方向的弯曲刚度系数 D_{11} 的大小，以及 1、2、3 子层对 D_{11} 的贡献比，并分析两种板的应用场景。计算两种板的弯曲刚度系数 D_{11}：$D_{ij} = \dfrac{1}{3} \sum\limits_{k=1}^{n} (\bar{Q}_{ij})_k (z_k^3 - z_{k-1}^3)$，对于甲板有

$$
\begin{cases}
D_{11}^1 = \dfrac{t^3}{324} \times 19 Q_{11} \\[2mm]
D_{11}^2 = \dfrac{7t^3}{324} \times \left(\dfrac{Q_{11}}{16} + \dfrac{3Q_{12}}{8} + \dfrac{9Q_{22}}{16} + \dfrac{3Q_{66}}{4} \right) \\[2mm]
D_{11}^3 = \dfrac{t^3}{324} \times \left(\dfrac{Q_{11}}{16} + \dfrac{3Q_{12}}{8} + \dfrac{9Q_{22}}{16} + \dfrac{3Q_{66}}{4} \right) \\[2mm]
D = \dfrac{t^3}{216} \times (13Q_{11} + 2Q_{12} + 3Q_{22} + 4Q_{66})
\end{cases}
$$

偏轴下的刚度矩阵系数公式为

$$
(\bar{Q}_{11})_\theta = Q_{11} \cos^4 \theta + 2(Q_{12} + 2Q_{66}) \sin^2 \theta \cos^2 \theta + Q_{11} \sin^4 \theta
$$

在 $\theta = 0°$、$60°$、$-60°$ 时，有：

$$
\begin{cases}
(\bar{Q}_{11})_{0°} = Q_{11} \\[2mm]
(\bar{Q}_{11})_{60°} = \dfrac{1}{16} Q_{11} + \dfrac{3}{8} Q_{12} + \dfrac{9}{16} Q_{22} + \dfrac{3}{4} Q_{66} = (\bar{Q}_{11})_{-60°}
\end{cases}
$$

对称层合板的弯曲刚度为

$$
D_{11} = \frac{1}{3} \sum_{k=1}^{6} (\bar{Q}_{11})_k (z_k^3 - z_{k-1}^3) = \frac{2}{3} \sum_{k=1}^{3} (\bar{Q}_{11})_k (z_k^3 - z_{k-1}^3)
$$

对于图 5.6a 所示情况，有：

$$
\begin{aligned}
D_{11} &= \frac{2}{3} \left\{ (\bar{Q}_{11})_{0°} \left[\left(\frac{t}{2} \right)^3 - \left(\frac{t}{3} \right)^3 \right] + (\bar{Q}_{11})_{60°} \left[\left(\frac{t}{3} \right)^3 - \left(\frac{t}{6} \right)^3 \right] + (\bar{Q}_{11})_{-60°} \left[\left(\frac{t}{6} \right)^3 - 0 \right] \right\} \\[2mm]
&= t^3 \left(\frac{2809}{47304} Q_{11} + \frac{1}{108} Q_{12} + \frac{1}{72} Q_{22} + \frac{1}{54} Q_{66} \right)
\end{aligned}
$$

查阅复合材料手册可知，因为 Q_{11} 远大于 Q_{12}、Q_{22}、Q_{66}，所以比较贡献比时可只比较 Q_{11}，其余小量可以忽略。所以简化后的贡献比为：$D_{11}^1 : D_{11}^2 : D_{11}^3 = 304:7:1$。

【辨析讨论】 请分析，以上贡献比结果是否准确？

对于图 5.6b 所示情况，有：

$$D_{11} = \frac{2}{3}\left\{ (\bar{Q}_{11})_{60°}\left[\left(\frac{t}{2}\right)^3 - \left(\frac{t}{3}\right)^3\right] + (\bar{Q}_{11})_{-60°}\left[\left(\frac{t}{3}\right)^3 - \left(\frac{t}{6}\right)^3\right] + (\bar{Q}_{11})_{0°}\left[\left(\frac{t}{6}\right)^3 - 0\right] \right\}$$

$$= t^3\left(\frac{1}{324}Q_{11} + \frac{13}{2592}Q_{12} + \frac{13}{288}Q_{22} + \frac{13}{216}Q_{66}\right)$$

从图 5.6a、b 两种情况的弯曲刚度 D_{11} 不相同可知，对称层合板的弯曲刚度与组成其的单层板的纤维方向和排列顺序有关。

对于图 5.6b 情况有：
$$\begin{cases} D_{11}^1 = \frac{19t^3}{324}\times(\frac{Q_{11}}{16} + \frac{3Q_{12}}{8} + \frac{9Q_{22}}{16} + \frac{3Q_{66}}{4}) \\ D_{11}^2 = \frac{7t^3}{324}\times(\frac{Q_{11}}{16} + \frac{3Q_{12}}{8} + \frac{9Q_{22}}{16} + \frac{3Q_{66}}{4}) \\ D_{11}^3 = \frac{t^3}{324}Q_{11} \\ D = \frac{t^3}{864}\times(7Q_{11} + 26Q_{12} + 39Q_{22} + 52Q_{66}) \end{cases}$$

简化后各子层的贡献比为：$D_{11}^1 : D_{11}^2 : D_{11}^3 = 19:7:16$

【辨析讨论】 请分析，该贡献比结果是否准确？

因为，Q_{11} 远大于 Q_{12}、Q_{22}、Q_{66}，所以可以通过比较 Q_{11} 的系数来比较两种板的 D_{11} 大小。比较可知：甲种板的 D_{11} 远大于乙种板的 D_{11}。工程应用场景：以上的计算结果表明，若工程中需要增加某个方向的弯曲刚度，则应该将在该方向上面内刚度高的单层铺设在原理对称中心的位置，即最外层。如果需要增大 y 方向的弯曲刚度，则应选择乙种板，其弯曲刚度系数 D_{22} 远大于甲种板的 D_{22}。

5.3 反对称层合板的弹性特性理论

飞机中广泛使用的常规空气动力布局如图 5.7 所示。自从莱特兄弟发明第一架飞机以来，飞机设计师们通常将飞机的水平尾翼和垂直尾翼都放在机翼后面。

飞机中的常规空气动力布局一直沿用到现在，也是现代飞机经常采用的气动布局，因此被称为"常规布局"，如图 5.8a 所示。世界上绝大多数客机和大型飞机都采用了这种气动布局，例如波音和空客系列。常规布局是航空发展史上最早广泛使用的布局，理论研究已经非常完善，生产技术成熟而又稳定，与其他气动布局相比各项性能比较均衡。

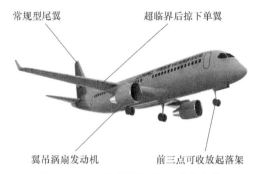

常规型尾翼　　　　　超临界后掠下单翼

翼吊涡扇发动机　　　前三点可收放起落架

图 5.7　飞机中的常规空气动力布局

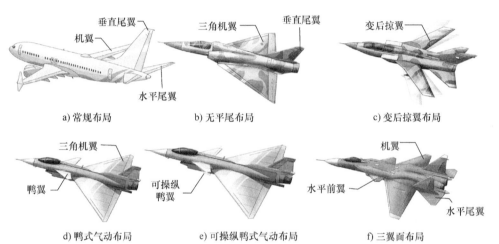

a) 常规布局　　　　　b) 无平尾布局　　　　　c) 变后掠翼布局

d) 鸭式气动布局　　　e) 可操纵鸭式气动布局　　f) 三翼面布局

图 5.8　典型复合材料飞行器的气动布局

　　无平尾布局如图 5.8b 所示，它与无垂尾或飞翼布局可以统称为广义无尾布局。其基本优点为超音速阻力小和飞机重量较轻，但其起降性能及某些其他性能不佳。在常规布局中，水平尾翼充当一个"向下压"的角色，会损失掉一部分升力。而无尾布局由于没有"尾巴"，大大减少了空气阻力，所以其特点是阻力小、结构强度大，在高速飞行时性能优异。此外，无尾布局机翼承载重量更合理，和机身连接结构更稳固，这就简化了机身结构，再加上去掉了水平尾翼和相关的操控系统，机身重量可以大大降低。

　　速度与稳定兼备的变后掠翼布局如图 5.8c 所示。机翼后掠角在飞行中可以改变的机翼被称为变后掠翼。变后掠翼布局的主翼后掠角度可以改变，有点类似于飞鸟在空中的姿态，低速飞行时张开翅膀，减小后掠角，高速飞行收起翅膀，加大后掠角。变后掠翼布局较好地兼顾了飞机在高速和低速状态下对气动外形的要求，以前曾得到广泛应用，但由于变后掠翼结构所带来的结构复杂性、结构重量的激增，再加上其他一些更为简单有效的协调飞机高低速之间矛盾措施的使用，在新研发的机型中实际上已经少采用这种布局形式了。

无尾布局加强版的鸭式气动布局如图 5.8d 所示。座舱两侧有两个较小的三角翼（鸭翼），后边是一个大的三角翼，这样的结构被称为鸭式气动布局。早在第二次世界大战前，前苏联已经发现如果将水平尾翼移到主翼前的机头两侧，就可以用较小的翼面来达到同样的操纵效能。早期的鸭式布局飞起来像一只鸭子，"鸭式布局"由此得名。鸭翼分为两种：一种是不能操纵的，即鸭翼是固定的，性能和风险都较低，其功能是当飞机处在大迎角状态时加强机翼的前缘涡流，改善飞机大迎角状态的性能，也有利于飞机的短距起降；另一种是可操纵的鸭式气动布局，即鸭翼的角度是可调整的，如图 5.8e 所示。鸭翼位于飞机重心之前，飞机起飞时，需要增大机翼迎角和升力，鸭翼调整为正偏转，产生正升力，用抬头力矩加以平衡，使全机升力增大；在降落时，鸭翼能够偏转一个很大的负角，起到减速板的作用。

兼顾机动性和操控性的三翼面布局如图 5.8f 所示。三翼面布局是在常规布局的基础上增加一个水平前翼（即前翼＋机翼＋平尾）而构成。三翼面使得飞机机动性得到提高，而且易于实现对飞行轨迹的精确控制，同时使飞机在载荷分配上也更趋合理。三翼面布局的前翼所起的作用与鸭式布局的前翼相同，使飞机跨音速和超音速飞行时的机动性较好。但由于在飞机上增加了鸭翼，阻力和重量自然也增大，电传操纵系统也会复杂一些。不过这种布局对改进常规布局战机的机动性有较好效果。

机翼升力产生的原因比较复杂，很少有一种气动布局能够满足并适应所有飞行需求。但有一点可以确定，飞机升力主要来源于机翼上下表面气流的速度差产生的气压差，升力的大小与气流运动的速度、空气密度、机翼面积和机翼角度有关。同时，飞机飞行时还会遇到摩擦力、压差阻力、波阻力、诱导阻力、干扰阻力等多种类型的阻力。因此，不管何种气动布局，增加升力、推力和安全性，减少各种阻力是所有飞机气动布局的总体研究和发展趋势。基于气动布局的复合材料层合板反对称设计模型如图 5.9 所示。实际应用如燃料电池叠片反对称结构，如图 5.10 所示。其理论包含：反对称铺设层合板的弹性特性，面内刚度系数、耦合刚度系数与弯曲刚度系数；层合板的面内轴向应力、面内剪切变形、面内剪切内力与轴向应变等。知识点包含：层合板弯矩、扭转变形、扭矩与弯曲变形等；层合板的拉扭耦合、弯剪耦合、气动弹性剪裁设计概念和方法；反对称铺设层合板的弹性特性，面内刚度系数、耦合刚度系数与弯曲刚度系数；该层合板的面内轴向应力、面内剪切变形、面内剪切内力与轴向应变等；层合板弯矩、扭转变形、扭矩与弯曲变形等；层合板的拉扭耦合、弯剪耦合、零扭率设计，气动弹性剪裁设计概念和方法；拉扭耦合、弯剪耦合。

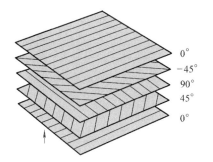

図 5.9　反対称均衡层合板堆叠序列模型

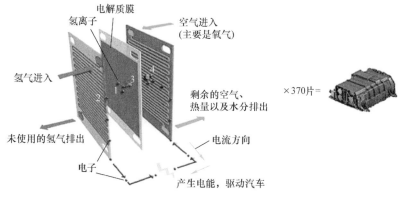

电解质膜

氢离子

空气进入
（主要是氧气）

氢气进入

剩余的空气、
热量以及水分排出

未使用的氢气排出

电流方向

电子

产生电能，驱动汽车

×370片 =

图 5.10　燃料电池反对称叠片堆砌

【例 5.3】　如图 5.11 所示，由反对称层合板理论，根据面内力、力矩与变形的关系，求航空发动机叶片气动剪裁本构关系。

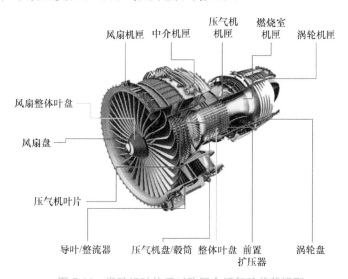

风扇机匣　中介机匣　压气机机匣　燃烧室机匣　涡轮机匣

风扇整体叶盘

风扇盘

压气机叶片

导叶/整流器　压气机盘/毂筒　整体叶盘　前置扩压器　涡轮盘

图 5.11　发动机叶片反对称层合板气动剪裁模型

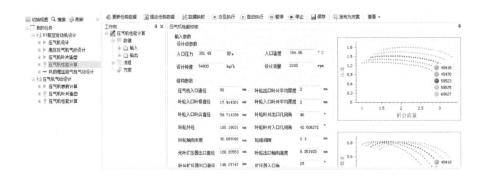

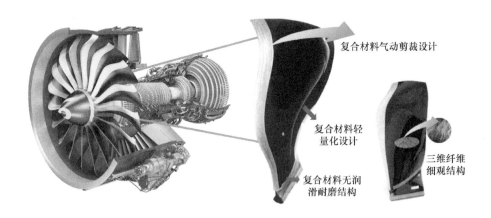

图 5.11　发动机叶片反对称层合板气动剪裁模型（续）

解：对于反对称层合板，有

$$\begin{bmatrix} N_x \\ N_y \\ N_{xy} \\ M_x \\ M_y \\ M_{xy} \end{bmatrix} = \begin{bmatrix} A_{11} & A_{12} & 0 & 0 & 0 & B_{16} \\ A_{12} & A_{22} & 0 & 0 & 0 & B_{26} \\ 0 & 0 & A_{66} & B_{16} & B_{26} & 0 \\ 0 & 0 & B_{16} & D_{11} & D_{12} & 0 \\ 0 & 0 & B_{26} & D_{12} & D_{22} & 0 \\ B_{16} & B_{26} & 0 & 0 & 0 & D_{66} \end{bmatrix} \begin{bmatrix} \varepsilon_x \\ \varepsilon_y \\ \gamma_{xy} \\ \kappa_x \\ \kappa_y \\ \kappa_{xy} \end{bmatrix}$$

对上述刚度矩阵求逆可得到柔度矩阵。用柔度矩阵表示的变形与面内力、力矩关系为

$$
\begin{bmatrix} \varepsilon_x \\ \varepsilon_y \\ \gamma_{xy} \\ \kappa_x \\ \kappa_y \\ \kappa_{xy} \end{bmatrix} = \begin{bmatrix} a_{11} & a_{12} & 0 & 0 & 0 & b_{16} \\ a_{12} & a_{22} & 0 & 0 & 0 & b_{26} \\ 0 & 0 & a_{66} & b_{16} & b_{26} & 0 \\ 0 & 0 & b_{16} & d_{11} & d_{12} & 0 \\ 0 & 0 & b_{26} & d_{12} & d_{22} & 0 \\ b_{16} & b_{26} & 0 & 0 & 0 & d_{66} \end{bmatrix} \begin{bmatrix} N_x \\ N_y \\ N_{xy} \\ M_x \\ M_y \\ M_{xy} \end{bmatrix}
$$

对于一般情形有：剪应变 $\gamma_{xy} = a_{66}N_{xy} + b_{16}M_x + b_{26}M_y$，对于题目中只有 N_{xy}、M_x 作用的情形，有 $\gamma_{xy} = a_{66}N_{xy} + b_{16}M_x$。要使剪应变为零，须有 $\dfrac{a_{66}}{b_{16}} = -\dfrac{M_x}{N_{xy}}$，可通过设计层合板的单层材料，铺层顺序和铺层方向以控制 $\dfrac{a_{66}}{b_{16}}$ 的值来达到目的。

通过柔度矩阵可以看出 N_x 单独作用时，$\varepsilon_x = a_{11}N_x$，$\varepsilon_y = a_{12}N_x$，$\kappa_{xy} = b_{16}N_x$；当 M_{xy} 单独作用时，$\varepsilon_x = b_{16}M_{xy}$，$\varepsilon_y = b_{26}M_{xy}$，$\kappa_{xy} = d_{66}M_{xy}$。

故 N_x 与 M_{xy} 共同作用时，若使扭率为零，应有

$$
\frac{d_{66}}{b_{16}} = -\frac{N_x}{M_{xy}}
$$

可以通过设计层合板的单层材料、铺层顺序和铺层方向以控制 $\dfrac{d_{66}}{b_{16}}$ 的值来达到目的。

【例 5.4】 如图 5.12 所示，求证反对称层合板（$\theta / -\theta / \theta / -\theta$）的刚度系数 $D_{16} = D_{26} = 0$。已知各单层厚度相同。

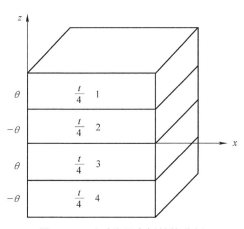

图 5.12 反对称层合板结构分析

证明：由反对称层合板基本理论，得

由于 $\bar{Q}_{16}, \bar{Q}_{26}$ 是关于 θ 的奇函数，有

$$\begin{cases} -(\bar{Q}_{16})_\theta = (\bar{Q}_{16})_{-\theta} \\ -(\bar{Q}_{26})_\theta = (\bar{Q}_{26})_{-\theta} \end{cases}$$

得

$$D_{16} = \frac{1}{3}\sum_{k=1}^{4}(\bar{Q}_{16})_k\left(z_k^3 - z_{k-1}^3\right) = \frac{1}{3}\left\{(\bar{Q}_{16})_\theta\left[\left(\frac{t}{2}\right)^3 - \left(\frac{t}{4}\right)^3\right] + (\bar{Q}_{16})_{-\theta}\left[\left(\frac{t}{4}\right)^3 - 0\right] + (\bar{Q}_{16})_\theta\left[0 - \left(-\frac{t}{4}\right)^3\right] + (\bar{Q}_{16})_{-\theta}\left[\left(-\frac{t}{4}\right)^3 - \left(-\frac{t}{2}\right)^3\right]\right\}$$

得

$$D_{16} = \frac{1}{3}\left\{(\bar{Q}_{16})_\theta\left[\left(\frac{t}{2}\right)^3 - \left(\frac{t}{4}\right)^3\right] - (\bar{Q}_{16})_\theta\left[\left(\frac{t}{4}\right)^3 - 0\right] + (\bar{Q}_{16})_\theta\left[0 - \left(-\frac{t}{4}\right)^3\right] - (\bar{Q}_{16})_\theta\left[\left(-\frac{t}{4}\right)^3 - \left(-\frac{t}{2}\right)^3\right]\right\} = \frac{1}{3}(\bar{Q}_{16})_\theta\left[\left(\frac{t}{2}\right)^3 - \left(\frac{t}{4}\right)^3 - \left(\frac{t}{4}\right)^3 + \left(\frac{t}{4}\right)^3 + \left(\frac{t}{4}\right)^3 - \left(\frac{t}{2}\right)^3\right] = 0$$

同理可得

$$D_{26} = \frac{1}{3}\sum_{k=1}^{4}(\bar{Q}_{26})_k\left(z_k^3 - z_{k-1}^3\right) = 0$$

因此

$$D_{16} = D_{26} = 0$$

5.4 层合板刚度特性分析理论的专题研究

【例 5.5】 如图 5.13 所示，分析推导对称正交-斜交铺设的弹性特性系数 A_{ij}、D_{ij}，然后组装成内力应变关系式。并分析当层数 N 很大时，各刚度系数的变化，即是否可近似为零。还可以证明分析规则对称正交，斜交的 A_{ij}、D_{ij}；均衡对称正交，斜交的 A_{ij}、D_{ij}。θ 为多少度时，斜交的剪切或扭转刚度最大？为何斜交对称结构的剪切刚度、扭转刚度高于正交对称结构？

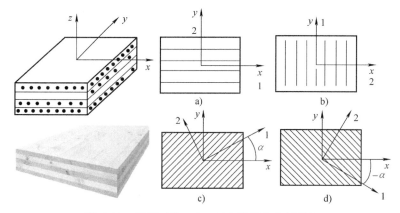

图 5.13　规则对称正交 - 斜交铺设层合板结构

解：（1）对称正交板弹性特性，设：$m = \cos\theta$，$n = \sin\theta$，单层板转换折算刚度矩阵为

$$
\bar{\boldsymbol{Q}} = \begin{bmatrix} \bar{Q}_{11} \\ \bar{Q}_{12} \\ \bar{Q}_{22} \\ \bar{Q}_{16} \\ \bar{Q}_{26} \\ \bar{Q}_{66} \end{bmatrix} = \begin{bmatrix} m^4 & 2m^2n^2 & n^4 & 4m^2n^2 \\ m^2n^2 & m^4+n^4 & m^2n^2 & -4m^2n^2 \\ n^4 & 2m^2n^2 & m^4 & 4m^2n^2 \\ m^3n & mn^3-m^3n & mn^3 & 2(mn^3-m^3n) \\ mn^3 & m^3n-mn^3 & -m^3n & 2(m^3n-mn^3) \\ m^2n^2 & -2m^2n^2 & m^2n^2 & (m^2-n^2)^2 \end{bmatrix} \begin{bmatrix} Q_{11} \\ Q_{12} \\ Q_{22} \\ Q_{66} \end{bmatrix}
$$

对于 0° 单层和 90° 单层，其偏轴方向折减刚度系数与材料主方向上的折减刚度矩阵有以下关系：$\bar{Q}_{11}^0 = Q_{11}$，$\bar{Q}_{12}^0 = \bar{Q}_{12}^{90} = Q_{12}$，$\bar{Q}_{22}^0 = Q_{22}$，$\bar{Q}_{66}^0 = \bar{Q}_{66}^{90} = Q_{66}$，$\bar{Q}_{11}^{90} = Q_{22}$，$\bar{Q}_{16}^0 = \bar{Q}_{16}^{90} = Q_{16} = 0$，$\bar{Q}_{22}^{90} = Q_{11}$，$\bar{Q}_{26}^0 = \bar{Q}_{26}^{90} = Q_{26} = 0$ 且 $A_{ij} = \sum\limits_{k=1}^{n}$ $(\bar{Q}_{ij})_k (z_k - z_{k-1})$，对于 x 层 0° 单层板和 y 层 90° 单层板构成的对称层合板，其拉伸刚度系数

$$
A_{11} = t[xQ_{11} + yQ_{22}] \quad A_{22} = t[yQ_{11} + xQ_{22}]
$$
$$
A_{12} = hQ_{12} \quad A_{66} = hQ_{66} \quad A_{16} = A_{26} = 0
$$

对于弯曲刚度系数的计算，因为每层对刚度系数的权重比不同，所以需要通过下式计算：

$$
D_{ij} = \frac{1}{3}\sum_{k=1}^{n}(\bar{Q}_{ij})_k(z_k^3 - z_{k-1}^3) = \frac{2}{3}t^3\sum_{k=1}^{n/2}(\bar{Q}_{ij})_k\left[k^3 - (k-1)^3\right]
$$

特殊的有：$D_{16} = D_{26} = 0$。得到结论：层合板面内轴向力和面内剪切变形以及面

内剪切内力和轴向应变之间没有耦合关系，并且弯矩和扭转变形以及扭转和弯曲变形间没有耦合关系，则正交各向异性本构关系为

$$
\begin{bmatrix} N_x \\ N_y \\ N_{xy} \end{bmatrix} = \begin{bmatrix} A_{11} & A_{12} & 0 \\ A_{12} & A_{22} & 0 \\ 0 & 0 & A_{66} \end{bmatrix} \begin{bmatrix} \gamma_x^0 \\ \gamma_y^0 \\ \gamma_{xy}^0 \end{bmatrix}, \quad \begin{bmatrix} M_x \\ M_y \\ M_{xy} \end{bmatrix} = \begin{bmatrix} D_{11} & D_{12} & 0 \\ D_{12} & D_{22} & 0 \\ 0 & 0 & D_{66} \end{bmatrix} \begin{bmatrix} \kappa_x^0 \\ \kappa_y^0 \\ \kappa_{xy}^0 \end{bmatrix}
$$

规则对称正交铺设和均衡对称正交的拉伸刚度系数是否和上式相同，欢迎读者继续讨论。

（2）斜交对称层合板弹性：对于由 x 层 $+\theta$ 和 y 层 $-\theta$ 层任意铺层的 N 层层合板，$+\theta$ 和 $-\theta$ 层的刚度系数关系为 $\bar{Q}_{11}^\theta = \bar{Q}_{11}^{-\theta}$，$\bar{Q}_{12}^\theta = \bar{Q}_{22}^{-\theta}$，$\bar{Q}_{22}^\theta = \bar{Q}_{22}^{-\theta}$，$\bar{Q}_{66}^\theta = \bar{Q}_{66}^{-\theta}$，$\bar{Q}_{16}^\theta = -\bar{Q}_{16}^{-\theta}$，$\bar{Q}_{26}^\theta = -\bar{Q}_{26}^{-\theta}$

根据拉伸刚度系数和弯曲刚度系数计算公式，得：

$$
\begin{cases} A_{11} = h\bar{Q}_{11} \quad A_{22} = h\bar{Q}_{22} \quad A_{12} = h\bar{Q}_{12} \quad A_{66} = h\bar{Q}_{66} \\ A_{16} = h\dfrac{(x-y)}{N}\bar{Q}_{16} \quad A_{26} = h\dfrac{(x-y)}{N}\bar{Q}_{26} \end{cases}
$$

$$
\begin{bmatrix} N_x \\ N_y \\ N_{xy} \end{bmatrix} = \begin{bmatrix} A_{11} & A_{12} & A_{16} \\ A_{12} & A_{22} & A_{26} \\ A_{16} & A_{26} & A_{66} \end{bmatrix} \begin{bmatrix} \gamma_x^0 \\ \gamma_y^0 \\ \gamma_{xy}^0 \end{bmatrix}, \quad \begin{bmatrix} M_x \\ M_y \\ M_{xy} \end{bmatrix} = \begin{bmatrix} D_{11} & D_{12} & D_{16} \\ D_{12} & D_{22} & D_{26} \\ D_{16} & D_{26} & D_{66} \end{bmatrix} \begin{bmatrix} \kappa_x^0 \\ \kappa_y^0 \\ \kappa_{xy}^0 \end{bmatrix}
$$

（3）规则对称斜交层合板的弹性特性：当 $+\theta$ 层和 $-\theta$ 层层数相差一层时，即层合板为奇数层层合板，斜交对称层合板的拉伸刚度系数和弯曲刚度系数均进一步得

$$
A_{16} = \frac{h}{N}\bar{Q}_{16}, \quad A_{26} = \frac{h}{N}\bar{Q}_{26}, \quad D_{11} = \frac{h^3}{12}\bar{Q}_{11}, \quad D_{22} = \frac{h^3}{12}\bar{Q}_{22}, \quad D_{12} = \frac{h^3}{12}\bar{Q}_{12}, \quad D_{66} = \frac{h^3}{12}\bar{Q}_{66}
$$

当层合板厚度不变，但是层数增大到一定程度时，可认为

$$
A_{16} = A_{26} = D_{16} = D_{26} = 0
$$

当规则对称斜交层板层数足够多时，其本构关系具有在参考坐标下正交各向异性特征：

$$
\begin{bmatrix} N_x \\ N_y \\ N_{xy} \end{bmatrix} = \begin{bmatrix} A_{11} & A_{12} & 0 \\ A_{12} & A_{22} & 0 \\ 0 & 0 & A_{66} \end{bmatrix} \begin{bmatrix} \gamma_x^0 \\ \gamma_y^0 \\ \gamma_{xy}^0 \end{bmatrix}, \quad \begin{bmatrix} M_x \\ M_y \\ M_{xy} \end{bmatrix} = \begin{bmatrix} D_{11} & D_{12} & 0 \\ D_{12} & D_{22} & 0 \\ 0 & 0 & D_{66} \end{bmatrix} \begin{bmatrix} \kappa_x^0 \\ \kappa_y^0 \\ \kappa_{xy}^0 \end{bmatrix}
$$

【例 5.6】 如图 5.15 所示，试证：四层 $[45°/-45°]_s$ 层合板的 $A_{11} = A_{22}$，$D_{11} = D_{22}$。

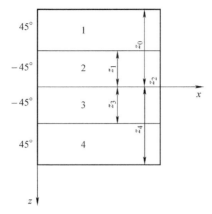

图 5.14　四层 $[45°/-45°]_s$ 层合板结构分析

证明：四层 $[45°/-45°]_s$ 层合板，如图 5.14 所示，由偏轴坐标系下的刚度系数公式，得

$$\begin{cases} \left(\bar{Q}_{11}\right) = Q_{11}m^4 + 2\left(Q_{12}+2Q_{66}\right)m^2n^2 + Q_{22}n^4 \\ \left(\bar{Q}_{22}\right) = Q_{11}n^4 + 2\left(Q_{12}+2Q_{66}\right)m^2n^2 + Q_{22}m^4 \end{cases}$$

式中，$m = \cos\theta$，$n = \sin\theta$

当 $\theta = 45°$ 时，有

$$\begin{cases} \left(\bar{Q}_{11}\right)_{45°} = \dfrac{1}{4}Q_{11} + \dfrac{1}{2}\left(Q_{12}+2Q_{66}\right) + \dfrac{1}{4}Q_{22} \\ \left(\bar{Q}_{22}\right)_{45°} = \dfrac{1}{4}Q_{11} + \dfrac{1}{2}\left(Q_{12}+2Q_{66}\right) + \dfrac{1}{4}Q_{22} \end{cases}$$

因此 $\left(\bar{Q}_{11}\right)_{45°} = \left(\bar{Q}_{22}\right)_{45°}$

由于 $\bar{Q}_{11}$，$\bar{Q}_{22}$ 是关于 θ 的偶函数，则有

$$\left(\bar{Q}_{11}\right)_{-45°} = \left(\bar{Q}_{11}\right)_{45°} = \left(\bar{Q}_{22}\right)_{45°} = \left(\bar{Q}_{22}\right)_{-45°}$$

由层合板的刚度系数公式

$$A_{11} = \sum_{k=1}^{4}\left(\bar{Q}_{11}\right)_k\left(z_k - z_{k-1}\right) = \left[\left(\bar{Q}_{11}\right)_{45°}\left(z_1 - z_0\right) + \left(\bar{Q}_{11}\right)_{-45°}\left(z_2 - z_1\right) + \left(\bar{Q}_{11}\right)_{-45°}\left(z_3 - z_2\right) + \left(\bar{Q}_{11}\right)_{45°}\left(z_4 - z_3\right)\right]$$

$$A_{22} = \sum_{k=1}^{4}\left(\bar{Q}_{22}\right)_k\left(z_k - z_{k-1}\right) = \left[\left(\bar{Q}_{22}\right)_{45°}\left(z_1 - z_0\right) + \left(\bar{Q}_{22}\right)_{-45°}\left(z_2 - z_1\right) + \left(\bar{Q}_{22}\right)_{-45°}\left(z_3 - z_2\right) + \left(\bar{Q}_{22}\right)_{45°}\left(z_4 - z_3\right)\right]$$

继续得

$$A_{11} = A_{22} = \left(\bar{Q}_{11}\right)_{45°}\left(z_4 - z_0\right) = t\left(\bar{Q}_{11}\right)_{45°}$$

式中，t 为层合板的厚度。

同理，由：
$$\left.\begin{array}{l} D_{11} = \dfrac{1}{3}\sum_{k=1}^{4}\left(\bar{Q}_{11}\right)_k\left(z_k^3 - z_{k-1}^3\right) \\ D_{22} = \dfrac{1}{3}\sum_{k=1}^{4}\left(\bar{Q}_{22}\right)_k\left(z_k^3 - z_{k-1}^3\right) \end{array}\right\}, \left(\bar{Q}_{11}\right)_{-45^\circ} = \left(\bar{Q}_{11}\right)_{45^\circ} = \left(\bar{Q}_{22}\right)_{45^\circ} = \left(\bar{Q}_{22}\right)_{-45^\circ},$$

$D_{11} = D_{22}$

【例 5.7】 如图 5.15 所示，试证：层合板 $[\theta/-\theta]$，当 $\theta = 45^\circ$ 时，$A_{11} = A_{22}$，$D_{11} = D_{22}$，$B_{16} = B_{26}$。

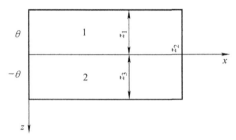

图 5.15 层合板 $[\theta/-\theta]$ 结构分析

证明：（1）偏轴坐标系下的刚度系数
$$\begin{cases} \left(\bar{Q}_{11}\right) = Q_{11}m^4 + 2\left(Q_{12} + 2Q_{66}\right)m^2n^2 + Q_{22}n^4 \\ \left(\bar{Q}_{22}\right) = Q_{11}n^4 + 2\left(Q_{12} + 2Q_{66}\right)m^2n^2 + Q_{22}m^4 \end{cases}$$

当 $\theta = 45^\circ$，有：
$$\left(\bar{Q}_{11}\right)_{45^\circ} = \left(\bar{Q}_{22}\right)_{45^\circ} = \frac{1}{4}Q_{11} + \frac{1}{2}\left(Q_{12} + 2Q_{66}\right) + \frac{1}{4}Q_{22}$$

且由 $\bar{Q}_{11}$、$\bar{Q}_{22}$ 是关于 θ 的偶函数的性质，可得
$$\left(\bar{Q}_{11}\right)_{-45^\circ} = \left(\bar{Q}_{11}\right)_{45^\circ} = \left(\bar{Q}_{22}\right)_{45^\circ} = \left(\bar{Q}_{22}\right)_{-45^\circ}$$

拉伸刚度：
$$\begin{cases} A_{11} = \sum_{k=1}^{2}\left(\bar{Q}_{11}\right)_k\left(z_k - z_{k-1}\right) = \left[\left(\bar{Q}_{11}\right)_{45^\circ}\left(z_1 - z_0\right) + \left(\bar{Q}_{11}\right)_{-45^\circ}\left(z_2 - z_1\right)\right] \\ A_{22} = \sum_{k=1}^{2}\left(\bar{Q}_{22}\right)_k\left(z_k - z_{k-1}\right) = \left[\left(\bar{Q}_{22}\right)_{45^\circ}\left(z_1 - z_0\right) + \left(\bar{Q}_{22}\right)_{-45^\circ}\left(z_2 - z_1\right)\right] \end{cases}$$

可得 $A_{11} = A_{22} = \left(\bar{Q}_{11}\right)_{45^\circ}\left(z_2 - z_0\right) = t\left(\bar{Q}_{11}\right)_{45^\circ}$，其中 t 为层合板厚度。弯曲刚度为

$$\begin{cases} D_{11} = \dfrac{1}{3}\sum_{k=1}^{2}\left(\bar{Q}_{11}\right)_k\left(z_k^3 - z_{k-1}^3\right) = \dfrac{1}{3}\left[\left(\bar{Q}_{11}\right)_{45°}\left(z_1^3 - z_0^3\right) + \left(\bar{Q}_{11}\right)_{-45°}\left(z_2^3 - z_1^3\right)\right] \\ D_{22} = \dfrac{1}{3}\sum_{k=1}^{2}\left(\bar{Q}_{22}\right)_k\left(z_k^3 - z_{k-1}^3\right) = \dfrac{1}{3}\left[\left(\bar{Q}_{22}\right)_{45°}\left(z_1^3 - z_0^3\right) + \left(\bar{Q}_{22}\right)_{-45°}\left(z_2^3 - z_1^3\right)\right] \end{cases}$$

与 $\left(\bar{Q}_{11}\right)_{-45°} = \left(\bar{Q}_{11}\right)_{45°} = \left(\bar{Q}_{22}\right)_{45°} = \left(\bar{Q}_{22}\right)_{-45°}$

得

$$D_{11} = D_{22} = \frac{1}{3}\left(\bar{Q}_{22}\right)_{45°}\left(z_2^3 - z_0^3\right)$$

（2）偏轴坐标系下的刚度系数：

$$\begin{cases} \left(\bar{Q}_{16}\right) = \left(Q_{11} - Q_{12} - 2Q_{66}\right)m^3 n + \left(Q_{12} - Q_{22} + 2Q_{66}\right)mn^3 \\ \left(\bar{Q}_{26}\right) = \left(Q_{11} - Q_{12} - 2Q_{66}\right)mn^3 + \left(Q_{12} - Q_{22} + 2Q_{66}\right)m^3 n \end{cases}$$

当 $\theta = 45°$，有：

$$\left(\bar{Q}_{16}\right) = \left(\bar{Q}_{26}\right) = \frac{1}{4}\left(Q_{11} - Q_{12} - 2Q_{66}\right) + \frac{1}{4}\left(Q_{12} - Q_{22} + 2Q_{66}\right)$$

又由于 $\bar{Q}_{16}$，$\bar{Q}_{26}$ 是关于 θ 的奇函数，则有 $\left(\bar{Q}_{16}\right)_{-45°} = -\left(\bar{Q}_{16}\right)_{45°} = -\left(\bar{Q}_{26}\right)_{45°} = -\left(\bar{Q}_{26}\right)_{-45°}$

层合板刚度：

$$\begin{cases} B_{16} = \dfrac{1}{2}\sum_{k=1}^{2}\left(\bar{Q}_{16}\right)_k\left(z_k^2 - z_{k-1}^2\right) = \dfrac{1}{2}\left[\left(\bar{Q}_{16}\right)_{45°}\left(z_1^2 - z_0^2\right) + \left(\bar{Q}_{16}\right)_{-45°}\left(z_2^2 - z_1^2\right)\right] \\ B_{26} = \dfrac{1}{2}\sum_{k=1}^{2}\left(\bar{Q}_{26}\right)_k\left(z_k^2 - z_{k-1}^2\right) = \dfrac{1}{2}\left[\left(\bar{Q}_{26}\right)_{45°}\left(z_1^2 - z_0^2\right) + \left(\bar{Q}_{26}\right)_{-45°}\left(z_2^2 - z_1^2\right)\right] \end{cases}$$

可得

$$B_{16} = B_{26} = \frac{1}{2}\sum_{k=1}^{2}\left(\bar{Q}_{26}\right)_k\left(z_k^2 - z_{k-1}^2\right) = \frac{1}{2}\left[\left(\bar{Q}_{16}\right)_{45°}\left(z_1^2 - z_0^2\right) - \left(\bar{Q}_{16}\right)_{45°}\left(z_2^2 - z_1^2\right)\right]$$

又由反对称性，得：

$$\left(z_2^2 - z_1^2\right) = -\left(z_1^2 - z_0^2\right)$$

则有：

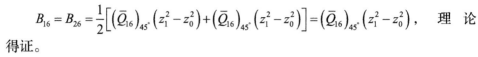

$$B_{16} = B_{26} = \frac{1}{2}\left[\left(\bar{Q}_{16}\right)_{45°}\left(z_1^2 - z_0^2\right) + \left(\bar{Q}_{16}\right)_{45°}\left(z_1^2 - z_0^2\right)\right] = \left(\bar{Q}_{16}\right)_{45°}\left(z_1^2 - z_0^2\right),$$ 理论得证。

除了对称层合板与反对称层合板，还有非对称铺设层合板结构，例如非对称铺设叶片结构，如图 5.16 所示。

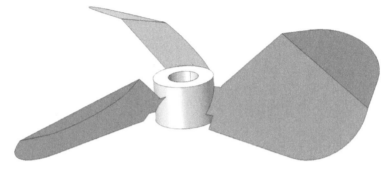

图 5.16　非对称铺设叶片结构

Chapter 06

第 6 章
复合材料层合板产品强度理论
（三维三次结构）

本章包含复合材料基本设计理论和它们之间的内在联系，复合材料的结构层次，单层板，层合板，各向异性和非均质性，可设计性、比强度、比模量，层间性能，正轴与偏轴，柔度与刚度；霍夫曼（Hoffman）准则强度条件，蔡-吴（Tsai-Wu）张量准则等，单层板强度的计算方法，复合材料层合板的内力-应变关系，复合材料轻量化设计理论，复合材料的结构分析，复合材料比强度、比模量等；最大应力准则和最大应变准则，蔡-希尔（Tasi-Hill）强度准则，各向异性和非均质性理论。层合板各层的应力-应变分析方法、层合板的破坏形态、安全裕度与强度指标等；层合板初始层破坏强度、层合板的最终层破坏强度、层合板的强度预测方法。知识点为：应力转换和应变转换公式，单层板偏轴应力-应变关系，偏轴工程弹性与正轴弹性的转换关系，复合材料弹性常数的预测与设计方法；预测复合材料弹性常数，复合材料产品设计、分析与校核。层合板各层的应力-应变分析方法，层合板的破坏形态、安全裕度与强度指标等；初始层破坏强度，层合板的最终层破坏强度、层合板的强度预测方法；层合板各层的应力-应变分析方法。

【例 6.1】 新能源汽车燃料电池氢能储气瓶采用单向某复合材料的薄壁圆管，如图 6.1 所示，平均直径 $D = 50$mm，壁厚 $t = 2$mm，管端作用轴向拉力 $P = 20$kN，外力偶矩 $M = 0.5$kN·m，材料工程弹性参数已知，求保证圆管不发生轴向变形应满足的条件。

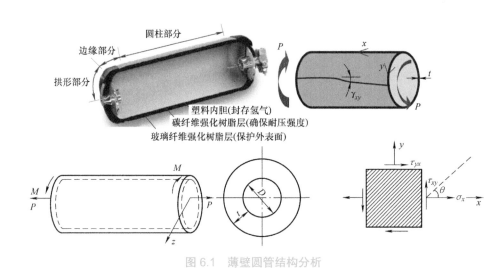

图 6.1　薄壁圆管结构分析

解：在薄壁圆管上取出任一正方形单元体，其应力分量为

$$\sigma_x = \frac{P}{\pi Dt}, \sigma_y = 0, \tau_{xy} = \tau_{yx} = \frac{2M}{\pi D^2 t}；$$ 单元在 x 方向的应变： $\varepsilon_x = \bar{S}_{11}\sigma_x + \bar{S}_{12}\sigma_y +$

$\bar{S}_{16}\tau_{xy}$ ，若不发生轴向变形，则应有

$$\varepsilon_x = \bar{S}_{11}\sigma_x + \bar{S}_{12}\sigma_y + \bar{S}_{16}\tau_{xy} = 0 ，$$

即 $\bar{S}_{11}\sigma_x + \bar{S}_{16}\tau_{xy} = \sigma_x\left(\bar{S}_{11} + \bar{S}_{16}\frac{\tau_{xy}}{\sigma_x}\right) = \sigma_x\left(\bar{S}_{11} + \bar{S}_{16}\frac{2M}{PD}\right) = \sigma_x\left(\bar{S}_{11} + \bar{S}_{16}\frac{2 \times 0.5}{20 \times 0.05}\right) = \sigma_x$

$\left(\bar{S}_{11} + \bar{S}_{16}\right) = 0$ ， $\Rightarrow \bar{S}_{11} + \bar{S}_{16} = 0$，

柔度系数表示为

$$S_{11}\cos^4\theta + \left(2S_{12} + S_{66}\right)\sin^2\theta\cos^2\theta + S_{22}\sin^4\theta + \left(2S_{11} - 2S_{12} - S_{66}\right)\sin^3\theta\cos\theta - \left(2S_{22} - 2S_{12} - S_{66}\right)\sin\theta\cos^3\theta = 0$$

【例 6.2】　有一单向某复合材料的薄壁圆管，同上图 6.1 所示，平均直径 $D = 20$mm，壁厚 $t = 2$mm，管端作用轴向拉力 $P = 20$kN，外力偶矩 $M = 0.1$kN·m，材料工程弹性参数已知，为使单向板材料主方向只有正应力，试问单向板纵向和圆管倾斜角有多大？

解：在薄壁圆管上取出任一正方形单元体，其应力分量为 $\sigma_x = 0, \sigma_y = 0, \tau_{xy} = \frac{2M}{\pi D^2 t}$ ， $\tau_{12} = Q_{66}\gamma_{12}$ ，由于 $Q_{66} = G_{12}$ 一般不可能等于零，因此达到题目要求只能通过调节夹角 θ ，使 $\gamma_{12} = 0$ 。

由应力转轴公式得 $\gamma_{12} = \left(\tau_y - \tau_x\right)\sin 2\theta + \gamma_{xy}\cos 2\theta$

另有 $\varepsilon_x = \overline{S}_{16}\tau_{xy}, \varepsilon_y = \overline{S}_{26}\tau_{xy}, \gamma_{xy} = \overline{S}_{66}\tau_{xy}$，　代入上式得 $\gamma_{12} = \left(\overline{S}_{26} - \overline{S}_{16}\right)\tau_{xy}\sin 2\theta + \overline{S}_{66}\tau_{xy}\cos 2\theta$

若 $\gamma_{12} = 0$，设 $\theta = 45°$，使得 $\overline{S}_{66}\tau_{xy}\cos 2\theta = 0$，此时 $\gamma_{12} = \left(\overline{S}_{26} - \overline{S}_{16}\right)\tau_{xy}$

用柔度表示

$$\overline{S}_{26} = \left(2S_{11} - 2S_{12} - S_{66}\right)\sin^3\theta\cos\theta - \left(2S_{22} - 2S_{12} - S_{66}\right)\sin\theta\cos^3\theta$$

$$\overline{S}_{16} = \left(2S_{11} - 2S_{12} - S_{66}\right)\sin\theta\cos^3\theta - \left(2S_{22} - 2S_{12} - S_{66}\right)\sin^3\theta\cos\theta$$

得：当 $\theta = 45°$ 时，$\overline{S}_{16} = \overline{S}_{26}$

此时 $\gamma_{12} = \left(\overline{S}_{26} - \overline{S}_{16}\right)\tau_{xy} = 0$

因此，$\theta = 45°$ 时 $\tau_{12} = Q_{66}\gamma_{12} = 0$，单向板材料主方向只有正应力。

【例6.3】 考虑 $[\pm 45°]_s$ 斜交对称铺设的复合材料层合板，用于测定新能源汽车燃料电池储氢罐复合材料的面内剪切弹性模量，试件是厚度为 h 的矩形板条，如图6.2所示。做纵向拉伸实验，同时测定粘结在试件纵向和横向两个相互垂直的应变片上的应变 ε_x，ε_y。已知施加在试件上的面内力为 N_x，试求该复合材料的面内剪切弹性模量 G_{LT}。

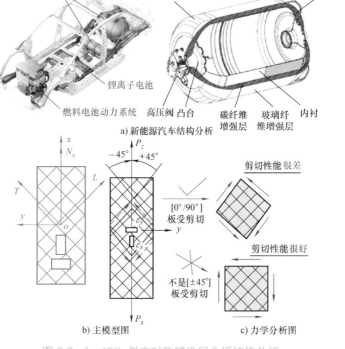

图 6.2 $[\pm 45°]_s$ 斜交对称铺设层合板结构分析

解：
$$\begin{bmatrix} \bar{Q}_{11} \\ \bar{Q}_{22} \\ \bar{Q}_{12} \\ \bar{Q}_{66} \\ \bar{Q}_{16} \\ \bar{Q}_{26} \end{bmatrix} = \begin{bmatrix} m^4 & n^4 & 2m^2n^2 & 4m^2n^2 \\ n^4 & m^4 & 2m^2n^2 & 4m^2n^2 \\ m^2n^2 & m^2n^2 & m^4+n^4 & -4m^2n^2 \\ m^2n^2 & m^2n^2 & -2m^2n^2 & \left(m^2-n^2\right)^2 \\ m^3n & -mn^3 & mn^3-m^3n & 2\left(mn^3-m^3n\right) \\ mn^3 & -m^3n & m^3n-mn^3 & 2\left(m^3n-mn^3\right) \end{bmatrix} \begin{bmatrix} Q_{11} \\ Q_{22} \\ Q_{12} \\ Q_{66} \end{bmatrix} (m=\cos\theta, n=\sin\theta)$$

$$\bar{Q}_{11}^{45} = \bar{Q}_{11}^{-45}, \bar{Q}_{22}^{45} = \bar{Q}_{22}^{-45}, \bar{Q}_{12}^{45} = \bar{Q}_{12}^{-45}, \bar{Q}_{66}^{45} = \bar{Q}_{66}^{-45}, \bar{Q}_{16}^{45} = -\bar{Q}_{16}^{-45}, \bar{Q}_{26}^{45} = -\bar{Q}_{26}^{-45}, A_{ij} = \sum_{k=1}^{n} \bar{Q}_{ij}^{k}\left(h_k - h_{k-1}\right),$$

$$A_{11} = h\bar{Q}_{11}, A_{12} = h\bar{Q}_{12}, A_{22} = h\bar{Q}_{22}, A_{66} = h\bar{Q}_{66}, A_{16} = h\frac{(n-m)}{N}\bar{Q}_{16}, A_{26} = h\frac{(n-m)}{N}\bar{Q}_{26}, \varepsilon_{x,y}^0 =$$

$$A^{-1}N, \varepsilon_{x,y}^{45} = \varepsilon_{x,y}^{-45} = \varepsilon_{x,y}^0, \sigma_{x,y} = \bar{Q}\varepsilon_{x,y}, \quad \sigma_{x,y}^{45} = \bar{Q}\varepsilon_{x,y}^{45} = \bar{Q}A^{-1}N_{x,y}$$

$$\begin{cases} A_{11} = h\bar{Q}_{11} \\ A_{22} = h\bar{Q}_{22} \\ A_{12} = h\bar{Q}_{12} \\ A_{66} = h\bar{Q}_{66} \\ A_{16} = h\frac{(n-m)}{N}\bar{Q}_{16} \\ A_{26} = h\frac{(n-m)}{N}\bar{Q}_{26} \end{cases} \quad 得 A_{16} = A_{26} = 0, A^{-1} = \frac{1}{h}\begin{bmatrix} \bar{Q}_{11} & \bar{Q}_{12} & 0 \\ \bar{Q}_{12} & \bar{Q}_{22} & 0 \\ 0 & 0 & \bar{Q}_{66} \end{bmatrix}^{-1} = \frac{1}{h}\begin{bmatrix} \bar{S}_{11} & \bar{S}_{12} & 0 \\ \bar{S}_{12} & \bar{S}_{22} & 0 \\ 0 & 0 & \bar{S}_{66} \end{bmatrix}$$

$$\sigma_x = \frac{1}{h}N_x, \sigma_y = \tau_{xy} = 0$$

45° 层在材料主方向坐标下的应力应变关系为

$$\begin{bmatrix} \sigma_L \\ \sigma_T \\ \tau_{LT} \end{bmatrix} = \begin{bmatrix} m^2 & n^2 & 2mn \\ n^2 & m^2 & -2mn \\ -mn & mn & m^2-n^2 \end{bmatrix} \begin{bmatrix} \sigma_x \\ \sigma_y \\ \tau_{xy} \end{bmatrix}$$

$$\tau_{LT} = -mn\sigma_x = -mn\frac{1}{h}N_x = -\frac{N_x}{2h}, \quad 由 \begin{bmatrix} \varepsilon_L \\ \varepsilon_T \\ \frac{1}{2}\gamma_{LT} \end{bmatrix} = \begin{bmatrix} m^2 & n^2 & 2mn \\ n^2 & m^2 & -2mn \\ -mn & mn & m^2-n^2 \end{bmatrix} \begin{bmatrix} \varepsilon_x \\ \varepsilon_y \\ \frac{1}{2}\gamma_{xy} \end{bmatrix}$$

$$\frac{1}{2}\gamma_{LT} = -mn\varepsilon_x + mn\varepsilon_y + \left(m^2 - n^2\right)\frac{1}{2}\gamma_{xy}$$

因为 $m = \cos 45° = \dfrac{\sqrt{2}}{2}, n = \sin 45° = \dfrac{\sqrt{2}}{2}$

所以 $\gamma_{LT} = -\varepsilon_x + \varepsilon_y$

$$G_{LT} = \frac{\tau_{LT}}{\gamma_{LT}} = \frac{N_x}{2h\left(\varepsilon_x - \varepsilon_y\right)}$$

首先求试件在偏轴方向上的应力，可得

$$\sigma_{x,y}^{45} = \bar{Q}\varepsilon_{x,y}^{45} = \bar{Q}A^{-1}N_{x,y}, N_y = N_{xy} = 0$$

$$\sigma_x = \frac{1}{h}N_x, \sigma_y = \tau_{xy} = 0$$

45° 单层主轴应力转换由下式得

$$\begin{bmatrix} \sigma_L \\ \sigma_T \\ \tau_{LT} \end{bmatrix} = \begin{bmatrix} m^2 & n^2 & 2mn \\ n^2 & m^2 & -2mn \\ -mn & mn & m^2 - n^2 \end{bmatrix} \begin{bmatrix} \sigma_x \\ \sigma_y \\ \tau_{xy} \end{bmatrix}$$

$$\tau_{LT} = -mn\,\sigma_x = -\frac{N_x}{2h}$$

同理，材料主方向下的应变为

$$\begin{bmatrix} \varepsilon_L \\ \varepsilon_T \\ \gamma_{LT} \end{bmatrix} = \begin{bmatrix} m^2 & n^2 & mn \\ n^2 & m^2 & -mn \\ -2mn & 2mn & m^2 - n^2 \end{bmatrix} \begin{bmatrix} \varepsilon_x \\ \varepsilon_y \\ \gamma_{xy} \end{bmatrix}$$

$$\gamma_{LT} = -\varepsilon_x + \varepsilon_y$$

根据剪切弹性模量的定义：

$$G_{LT} = \frac{\tau_{LT}}{\gamma_{LT}} = \frac{N_x}{2h(\varepsilon_x - \varepsilon_y)}$$

【例 6.4】 分析某复合材料层合板结构如图 6.3 所示。当该结构在气动剪裁时，试求飞行器反对称层合板消除扭率的轻量化设计条件。该结构设计的扭率是否为零？

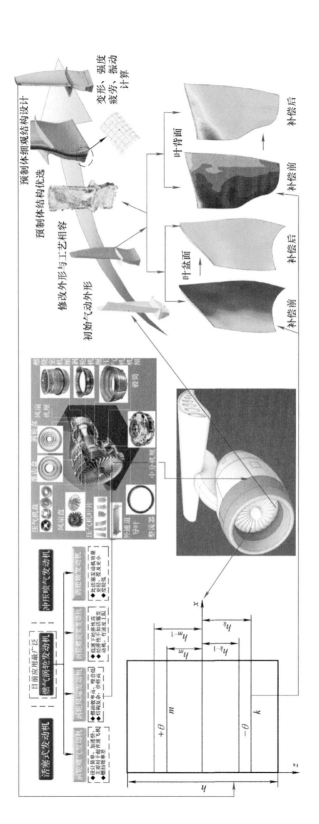

图 6.3　反对称斜交铺设层合板的轻量化设计思路

解：规则反对称斜交铺设考虑到 $\bar{Q}_{16}$ 与 $\bar{Q}_{26}$ 是 θ 的奇函数，故有

$$\bar{Q}_{16}^{\theta} = -\bar{Q}_{16}^{-\theta}, \quad \bar{Q}_{26}^{\theta} = -\bar{Q}_{26}^{-\theta}$$

根据

$$\begin{cases} A_{ij} = \sum_{k=1}^{n} (\bar{Q}_{ij})_k (z_k - z_{k-1}) \\[2mm] B_{ij} = \frac{1}{2} \sum_{k=1}^{n} (\bar{Q}_{ij})_k (z_k^2 - z_{k-1}^2) \\[2mm] D_{ij} = \frac{1}{3} \sum_{k=1}^{n} (\bar{Q}_{ij})_k (z_k^3 - z_{k-1}^3) \end{cases}$$

可得

$$A_{ij}^{km} = t \left(\bar{Q}_{ij}^{\theta} + \bar{Q}_{ij}^{-\theta} \right), \quad D_{ij}^{km} = \frac{1}{3} \left[\bar{Q}_{ij}^{\theta} \left(h_m^3 - h_{m-1}^3 \right) + \bar{Q}_{ij}^{-\theta} \left(h_k^3 - h_{k-1}^3 \right) \right]$$

又因为 $h_{m-1} = -h_k$，$h_m = -h_{k-1}$，可得反对称层合板无拉剪、弯扭耦合，即

$$\begin{cases} A_{16} = A_{26} = 0 \\ D_{16} = D_{26} = 0 \end{cases}$$

同理，由于 $B_{ij}^{km} = \frac{1}{2} \left[\bar{Q}_{ij}^{\theta} \left(h_m^2 - h_{m-1}^2 \right) + \bar{Q}_{ij}^{-\theta} \left(h_k^2 - h_{k-1}^2 \right) \right]$，$\bar{Q}_{11}, \bar{Q}_{12}, \bar{Q}_{22}, \bar{Q}_{66}$ 均为 θ 的偶函数，则有 $\bar{Q}_{11}^{\theta} = \bar{Q}_{11}^{-\theta}, \bar{Q}_{12}^{\theta} = \bar{Q}_{12}^{-\theta}, \bar{Q}_{22}^{\theta} = \bar{Q}_{22}^{-\theta}, \bar{Q}_{66}^{\theta} = \bar{Q}_{66}^{-\theta}$ 及 $B_{11} = B_{12} = B_{22} = B_{66} = 0$
反对称层合板的应变与内力及内力矩的矩阵表达形式为

$$\begin{bmatrix} N_x \\ N_y \\ N_{xy} \\ M_x \\ M_y \\ M_{xy} \end{bmatrix} = \begin{bmatrix} A_{11} & A_{12} & 0 & 0 & 0 & B_{16} \\ A_{12} & A_{22} & 0 & 0 & 0 & B_{26} \\ 0 & 0 & A_{66} & B_{16} & B_{26} & 0 \\ 0 & 0 & B_{16} & D_{11} & D_{12} & 0 \\ 0 & 0 & B_{26} & D_{12} & D_{22} & 0 \\ B_{16} & B_{26} & 0 & 0 & 0 & D_{66} \end{bmatrix} \begin{bmatrix} \varepsilon_x^0 \\ \varepsilon_y^0 \\ \gamma_{xy}^0 \\ K_x \\ K_y \\ K_{xy} \end{bmatrix}$$

$$\begin{bmatrix} \varepsilon_x^0 \\ \varepsilon_y^0 \\ \gamma_{xy}^0 \\ K_x \\ K_y \\ K_{xy} \end{bmatrix} = \begin{bmatrix} a_{11} & a_{12} & 0 & 0 & 0 & b_{16} \\ a_{12} & a_{22} & 0 & 0 & 0 & b_{26} \\ 0 & 0 & a_{66} & b_{16} & b_{26} & 0 \\ 0 & 0 & b_{16} & d_{11} & d_{12} & 0 \\ 0 & 0 & b_{26} & d_{12} & d_{22} & 0 \\ b_{16} & b_{26} & 0 & 0 & 0 & d_{66} \end{bmatrix} \begin{bmatrix} N_x \\ N_y \\ N_{xy} \\ M_x \\ M_y \\ M_{xy} \end{bmatrix}$$

1）规则反对称层合板仅受 N_{xy}、M_x 作用时，剪应变 $\gamma_{xy}^0 = a_{66} N_{xy} + b_{16} M_x$。

故当 $\gamma_{xy}^0 = 0$ 时，有 $\dfrac{b_{16}}{a_{66}} = -\dfrac{N_{xy}}{M_x}$。

2）只有 $N_x \neq 0$ 时，$\varepsilon_x^0 = a_{11}N_x, \varepsilon_y^0 = a_{12}N_x, k_{xy}^0 = b_{16}N_x$。

3）只有 $M_{xy} \neq 0$ 时，$\varepsilon_x^0 = b_{16}M_{xy}, \varepsilon_y^0 = b_{26}M_{xy}, k_{xy}^0 = d_{66}M_{xy}$。

4）规则反对称层合板仅受 N_x、M_{xy} 作用时，扭率 $k_{xy}^0 = b_{16}N_x + d_{66}M_{xy}$。

故当 $k_{xy}^0 = 0$ 时，有 $\dfrac{d_{66}}{b_{16}} = -\dfrac{N_x}{M_{xy}}$。

探讨第二种解法：

解：由面内力、力矩与变形的关系

$$\begin{bmatrix} N_x \\ N_y \\ N_{xy} \\ M_x \\ M_y \\ M_{xy} \end{bmatrix} = \begin{bmatrix} A_{11} & A_{12} & 0 & 0 & 0 & B_{16} \\ A_{12} & A_{22} & 0 & 0 & 0 & B_{26} \\ 0 & 0 & A_{66} & B_{16} & B_{26} & 0 \\ 0 & 0 & B_{16} & D_{11} & D_{12} & 0 \\ 0 & 0 & B_{26} & D_{12} & D_{22} & 0 \\ B_{16} & B_{26} & 0 & 0 & 0 & D_{66} \end{bmatrix} \begin{bmatrix} \varepsilon_x \\ \varepsilon_y \\ \gamma_{xy} \\ \kappa_x \\ \kappa_y \\ \kappa_{xy} \end{bmatrix}$$

对上述刚度矩阵求逆，可得到柔度矩阵。用柔度矩阵表示变形与面内力、力矩的关系如下：

$$\begin{bmatrix} \varepsilon_x \\ \varepsilon_y \\ \gamma_{xy} \\ \kappa_x \\ \kappa_y \\ \kappa_{xy} \end{bmatrix} = \begin{bmatrix} a_{11} & a_{12} & 0 & 0 & 0 & b_{16} \\ a_{12} & a_{22} & 0 & 0 & 0 & b_{26} \\ 0 & 0 & a_{66} & b_{16} & b_{26} & 0 \\ 0 & 0 & b_{16} & d_{11} & d_{12} & 0 \\ 0 & 0 & b_{26} & d_{12} & d_{22} & 0 \\ b_{16} & b_{26} & 0 & 0 & 0 & d_{66} \end{bmatrix} \begin{bmatrix} N_x \\ N_y \\ N_{xy} \\ M_x \\ M_y \\ M_{xy} \end{bmatrix}$$

有：剪应变 $\gamma_{xy} = a_{66}N_{xy} + b_{16}M_x + b_{26}M_y$

而对于题目中只有 N_{xy}、M_x 作用的情形，有：$\gamma_{xy} = a_{66}N_{xy} + b_{16}M_x$，要使剪应变为零，须有 $\dfrac{a_{66}}{b_{16}} = -\dfrac{M_x}{N_{xy}}$，可以通过设计层合板的单层材料，铺层顺序和铺层方向以控制 $\dfrac{a_{66}}{b_{16}}$ 的值来达到目的。通过柔度矩阵看出：N_x 单独作用时，$\varepsilon_x = a_{11}N_x$，$\varepsilon_y = a_{12}N_x$，$\kappa_{xy} = b_{16}N_x$。$M_{xy}$ 单独作用时，$\varepsilon_x = b_{16}M_{xy}$，$\varepsilon_y = b_{26}M_{xy}$，$\kappa_{xy} = d_{66}M_{xy}$，故 N_x 与 M_{xy} 共同作用时，若使扭率为零，应有

$$\dfrac{d_{66}}{b_{16}} = -\dfrac{N_x}{M_{xy}}$$

可以通过设计层合板的单层材料、铺层顺序和铺层方向以控制 $\dfrac{d_{66}}{b_{16}}$。

【例 6.5】　已知 $E_1 = 140\text{GPa}$，$E_2 = 7\text{GPa}$，$G_{12} = 4.5\text{GPa}$，$\mu_{12} = 0.32$，单层厚度为 t。求 CF/EP 复合材料等厚度 $[0° / 90°]_S$ 层合板的面内弹性常数 E_x、E_y、μ_{xy}、G_{xy}。

解：单层材料 $E_1 = 140\text{GPa}$，$E_2 = 7\text{GPa}$，$\mu_{12} = 0.32$，$G_{12} = 4.5\text{GPa}$，厚度为 t。

由 $S_{11} = \dfrac{1}{E_1}, S_{22} = \dfrac{1}{E_2}, S_{12} = -\dfrac{\mu_{12}}{E_1}, S_{66} = \dfrac{1}{G_{12}}$，可得单层主方向柔度矩阵

$$S = \begin{bmatrix} 7.1 & -2.3 & 0 \\ -2.3 & 143 & 0 \\ 0 & 0 & 222 \end{bmatrix} \times 10^{-3} \left(\text{GPa} \right)^{-1}$$

单层主方向刚度矩阵为 $Q = S^{-1} = \begin{bmatrix} 140.7 & 2.25 & 0 \\ 2.25 & 7.04 & 0 \\ 0 & 0 & 4.5 \end{bmatrix} \text{GPa}$

由 $\bar{Q}_\theta = T^{-1} \bar{Q}_{0°} \left(T^{-1} \right)^{\mathrm{T}}$，其中 $\bar{Q}_{0°} = Q$，

$$T = \begin{bmatrix} \cos^2 \theta & \sin^2 \theta & 2\sin\theta\cos\theta \\ \sin^2 \theta & \cos^2 \theta & -2\sin\theta\cos\theta \\ -\sin\theta\cos\theta & \sin\theta\cos\theta & \sin^2\theta - \cos^2\theta \end{bmatrix}$$

可得

$$\bar{Q}_{0°} = \begin{bmatrix} 140.7 & 2.25 & 0 \\ 2.25 & 7.04 & 0 \\ 0 & 0 & 4.5 \end{bmatrix} \text{GPa}$$

$$\bar{Q}_{90°} = \begin{bmatrix} 7.04 & 2.25 & 0 \\ 2.25 & 140.7 & 0 \\ 0 & 0 & 4.5 \end{bmatrix} \text{GPa}$$

$$A = 2t \left(\bar{Q}_{90°} + \bar{Q}_{0°} \right)$$

可得层合板面内刚度矩阵：

$$A = t \begin{bmatrix} 295.5 & 9.0 & 0 \\ 9.0 & 295.5 & 0 \\ 0 & 0 & 18 \end{bmatrix}$$

层合板面内柔度矩阵：

$$a = A^{-1} = \frac{1}{t}\begin{bmatrix} 33.87 & -1.03 & 0 \\ -1.03 & 33.87 & 0 \\ 0 & 0 & 555.56 \end{bmatrix} \times 10^{-4}$$

由对称层合板面内弹性常数与柔度系数关系：

$$\begin{cases} E_x = \dfrac{1}{4a_{11}} = 73.8\text{GPa} \\[2mm] E_y = \dfrac{1}{4a_{22}} = 73.8\text{GPa} \\[2mm] G_{xy} = \dfrac{1}{4a_{66}} = 4.5\text{GPa} \\[2mm] \mu_{xy} = -\dfrac{a_{21}}{a_{11}} = 0.0305 \end{cases}$$

【例 6.6】 如图 6.4 所示，GFRP 交织纤维板 $E_G = 23$GPa，$v_G = 0.12$，CFRP 交织纤维板 $E_C = 50$GPa，$v_C = 0.1$。比较等厚层合板（CFRP / GFRP）$_s$ 与（GFRP / CFRP）$_s$ 的弯曲刚度系数 D_{11}。

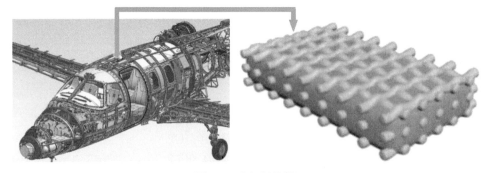

图 6.4　交织纤维板

解：假设单层板的厚度为 h。对于 GFRP 交织纤维板：$(Q_{11})_G = \dfrac{E_G}{1 - v_G^2} = $

23.336GPa，对于 CFRP 交织纤维板：$(Q_{11})_C = \dfrac{E_C}{1 - v_C^2} = 50.505$GPa

层合板（GFRP / CFRP）$_s$ 的弯曲刚度系数 D_{11} 为：

$$D_{11} = \frac{2}{3}\left\{h^3(Q_{11})_C + \left[(2h)^3 - h^3\right](Q_{11})_G\right\} = 142.571h^3\text{GPa}$$

层合板（GFRP / CFRP）$_s$ 的弯曲刚度系数 D'_{11} 为：

$$D'_{11} = \frac{2}{3}\left\{h^3(Q_{11})_G + \left[(2h)^3 - h^3\right](Q_{11})_C\right\} = 251.247h^3\text{GPa}$$

【**例** 6.7】 单层板性能参数为：$E_1 = 140\text{GPa}$，$E_2 = 10\text{GPa}$，$G_{12} = 5\text{GPa}$，$\mu_{12} = 0.3$，$X_t = 1500\text{MPa}$，$X_c = 1200\text{MPa}$，$Y_t = 50\text{MPa}$，$Y_c = 250\text{MPa}$，$S = 70\text{MPa}$。某复合材料层合板如图 6.5 所示。该层合板受 $M_x = 10\text{N}\cdot\text{mm/mm}$ 作用，向下弯规定 M_x 为正，判断各层是否破坏，并确定初始层破坏强度。若第一层破坏，与之几何对称的第四层破坏吗？画出层合板应力分布图。

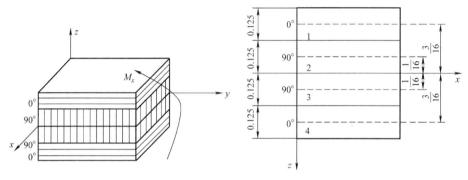

图 6.5 层合板结构弯矩分析

解： 求 0° 方向单层刚度矩阵：$\mu_{21} = \mu_{12}\dfrac{E_2}{E_1}$ $Q_{11} = \dfrac{E_1}{1-\mu_{12}\mu_{21}}$ $Q_{22} = \dfrac{E_2}{1-\mu_{12}\mu_{21}}$，

$$Q_{12} = \mu_{12}Q_{22} = \mu_{21}Q_{11} Q_{66} = G_{12}, \boldsymbol{Q} = \begin{bmatrix} 140.9 & 3.0 & 0 \\ 3.0 & 10.1 & 0 \\ 0 & 0 & 5.0 \end{bmatrix}\text{GPa}$$

因为 90° 方向单层刚度矩阵相较于 0° 方向只是交换了 Q_{11} 和 Q_{22} 的位置，因此在计算 90° 方向单层的主轴应力时，只需要用 $\boldsymbol{Q}$ 乘以将 ε_x 和 ε_y 交换后的应变矩阵即可。

根据刚度计算公式，$D_{ij} = \dfrac{1}{3}\sum_{k=1}^{n}\left(\bar{Q}_{ij}\right)_k\left(z_k^3 - z_{k-1}^3\right) = \dfrac{1}{3}t^3\left\{7\left(\bar{Q}_{ij}\right)_1 + \left(\bar{Q}_{ij}\right)_2 + \left(\bar{Q}_{ij}\right)_3 + 7\left(\bar{Q}_{ij}\right)_4\right\}$

得 $\boldsymbol{D} = \begin{bmatrix} 1.2981 & 0.313 & 0 \\ 0.313 & 0.2753 & 0 \\ 0 & 0 & 0.0521 \end{bmatrix}\text{GPa}$ 它的逆矩阵：$\boldsymbol{d} = \begin{bmatrix} 0.77 & -0.09 & 0 \\ -0.09 & 3.64 & 0 \\ 0 & 0 & 19.19 \end{bmatrix}(\text{GPa})^{-1}$

对于本题的本构关系，$\begin{bmatrix} \boldsymbol{\varepsilon}^0 \\ \boldsymbol{\kappa} \end{bmatrix} = \begin{bmatrix} \boldsymbol{a} & \boldsymbol{0} \\ \boldsymbol{0} & \boldsymbol{d} \end{bmatrix}\begin{bmatrix} \boldsymbol{0} \\ \boldsymbol{M} \end{bmatrix}$，$\boldsymbol{\varepsilon}^0 = \begin{bmatrix} \varepsilon_x^0 \\ \varepsilon_y^0 \\ \varepsilon_{xy}^0 \end{bmatrix} = \begin{bmatrix} 0 \\ 0 \\ 0 \end{bmatrix}$，$\boldsymbol{\kappa} = \begin{bmatrix} \kappa_x \\ \kappa_y \\ \kappa_{xy} \end{bmatrix} = \boldsymbol{d}$

$$\begin{bmatrix} M_x \\ M_y \\ M_{xy} \end{bmatrix} = \begin{bmatrix} 0.77 & -0.09 & 0 \\ -0.09 & 3.64 & 0 \\ 0 & 0 & 19.19 \end{bmatrix} \begin{bmatrix} 10 \\ 0 \\ 0 \end{bmatrix} = \begin{bmatrix} 7700 \\ -900 \\ 0 \end{bmatrix} \times 10^{-6}\,\mathrm{mm}^{-1}$$

层合板各层面内应变：
$$\begin{bmatrix} \varepsilon_x \\ \varepsilon_y \\ \varepsilon_{xy} \end{bmatrix} = \begin{bmatrix} \varepsilon_x^0 \\ \varepsilon_y^0 \\ \varepsilon_{xy}^0 \end{bmatrix} + z \begin{bmatrix} \kappa_x \\ \kappa_y \\ \kappa_{xy} \end{bmatrix} = z \begin{bmatrix} \kappa_x \\ \kappa_y \\ \kappa_{xy} \end{bmatrix}$$

1）对于第 1 层 0° 层，其应变和应力：
$$\begin{bmatrix} \varepsilon_x \\ \varepsilon_y \\ \varepsilon_{xy} \end{bmatrix} = z \begin{bmatrix} \kappa_x \\ \kappa_y \\ \kappa_{xy} \end{bmatrix} = -0.1875 \begin{bmatrix} \kappa_x \\ \kappa_y \\ \kappa_{xy} \end{bmatrix} =$$

$$\begin{bmatrix} -1444 \\ 169 \\ 0 \end{bmatrix} \times 10^{-6}, \quad \begin{bmatrix} \sigma_1 \\ \sigma_2 \\ \tau_{12} \end{bmatrix} = \boldsymbol{Q} \begin{bmatrix} \varepsilon_x \\ \varepsilon_y \\ \varepsilon_{xy} \end{bmatrix} = \begin{bmatrix} -202 \\ -3 \\ 0 \end{bmatrix} \mathrm{MPa} \quad \mathrm{F.I.}(1) = \frac{202}{1200} = 0.168 < 1, \quad \mathrm{F.I.}(2) =$$

$\frac{3}{250} = 0.012 < 1$, $\mathrm{F.I.}(12) = \frac{0}{70} = 0 < 1$

2）对于第 2 层 90° 层，其应变和应力：

$$\begin{bmatrix} \varepsilon_x \\ \varepsilon_y \\ \varepsilon_{xy} \end{bmatrix} = z \begin{bmatrix} \kappa_x \\ \kappa_y \\ \kappa_{xy} \end{bmatrix} = -0.0625 \begin{bmatrix} \kappa_x \\ \kappa_y \\ \kappa_{xy} \end{bmatrix} = \begin{bmatrix} -481 \\ 56 \\ 0 \end{bmatrix} \times 10^{-6}, \quad \begin{bmatrix} \sigma_1 \\ \sigma_2 \\ \tau_{12} \end{bmatrix} = \boldsymbol{Q} \begin{bmatrix} \varepsilon_y \\ \varepsilon_x \\ \varepsilon_{xy} \end{bmatrix} = \begin{bmatrix} 6 \\ -5 \\ 0 \end{bmatrix} \mathrm{MPa},$$

$\mathrm{F.I.}(1) = \frac{6}{1500} = 0.004 < 1$, $\mathrm{F.I.}(2) = \frac{5}{250} = 0.02 < 1$, $\mathrm{F.I.}(12) = \frac{0}{70} = 0 < 1$

3）对于第 3 层 90° 层，其应变和应力：

$$\begin{bmatrix} \varepsilon_x \\ \varepsilon_y \\ \varepsilon_{xy} \end{bmatrix} = z \begin{bmatrix} \kappa_x \\ \kappa_y \\ \kappa_{xy} \end{bmatrix} = 0.0625 \begin{bmatrix} \kappa_x \\ \kappa_y \\ \kappa_{xy} \end{bmatrix} = \begin{bmatrix} 481 \\ -56 \\ 0 \end{bmatrix} \times 10^{-6}, \quad \begin{bmatrix} \sigma_1 \\ \sigma_2 \\ \tau_{12} \end{bmatrix} = \boldsymbol{Q} \begin{bmatrix} \varepsilon_y \\ \varepsilon_x \\ \varepsilon_{xy} \end{bmatrix} = \begin{bmatrix} -6 \\ 5 \\ 0 \end{bmatrix} \mathrm{MPa},$$

$\mathrm{F.I.}(1) = \frac{6}{1200} = 0.005 < 1$, $\mathrm{F.I.}(2) = \frac{5}{50} = 0.1 < 1$, $\mathrm{F.I.}(12) = \frac{0}{70} = 0 < 1$

4）对于第 4 层 0° 层，其应变和应力：

$$\begin{bmatrix} \varepsilon_x \\ \varepsilon_y \\ \varepsilon_{xy} \end{bmatrix} = z \begin{bmatrix} \kappa_x \\ \kappa_y \\ \kappa_{xy} \end{bmatrix} = 0.1875 \begin{bmatrix} \kappa_x \\ \kappa_y \\ \kappa_{xy} \end{bmatrix} = \begin{bmatrix} 1444 \\ -169 \\ 0 \end{bmatrix} \times 10^{-6}, \quad \begin{bmatrix} \sigma_1 \\ \sigma_2 \\ \tau_{12} \end{bmatrix} = \boldsymbol{Q} \begin{bmatrix} \varepsilon_x \\ \varepsilon_y \\ \varepsilon_{xy} \end{bmatrix} = \begin{bmatrix} 203 \\ 3 \\ 0 \end{bmatrix} \mathrm{MPa},$$

$\mathrm{F.I.}(1) = \frac{203}{1500} = 0.135 < 1$, $\mathrm{F.I.}(2) = \frac{3}{50} = 0.06 < 1$, $\mathrm{F.I.}(12) = \frac{0}{70} = 0 < 1$，因此在当前载荷下无单层破坏。第 1 层 0° 层 F.I.（1）最大，破坏临界力矩，

$$M_{x\max} = \frac{10}{0.168} = 59.5 \text{N} \cdot \text{mm/mm}$$ 第 4 层 $0°$ 层破坏临界力矩：$M_{x\max-04} = \frac{10}{0.135} = 74 \text{N} \cdot \text{mm/mm}$，因此，当第 1 层 $0°$ 层破坏时，与它对称的第 4 层 $0°$ 层不发生破坏。

【讨论】 单独考虑各层中面并不能得出严格结论，更深入分析，利用 MATLAB 作图，做出整个层合板弹性特性分布图，如图 6.6 所示。对于单向弯矩这样的对称载荷；第一层破坏，几何对称第四层不一定破坏。各层间存在层间应力，应变和应力在层间均不连续，有突变，靠粘合剂提供应力维持稳定。

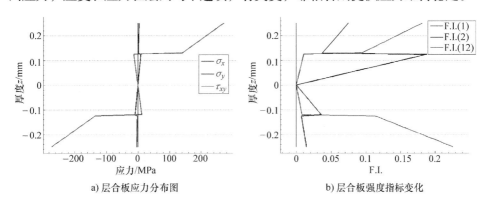

a) 层合板应力分布图　　　　　b) 层合板强度指标变化

图 6.6　层合板弹性特性分布图

【辨析讨论】 如图 6.6 所示，层合板弹性特性分布结果是否准确？

复合材料层合板计算分析的增量法如图 6.7 所示。

复合材料层合板计算分析的全量法，如图 6.8 所示。

【例 6.8】 如图 6.9 所示，考虑 8 层 CF / EP 层合板 $[0° / 45° / -45° / 90°]_s$（准各向同性），受 N_x 作用，应用最大应力准则和完全破坏假定，已知单层板参数为 $E_1 = 140$GPa，$E_2 = 10$GPa，$G_{12} = 5$GPa，$\mu_{12} = 0.3$，$X_t = 1500$MPa，$X_c = 1200$MPa，$Y_t = 50$MPa，$Y_c = 250$MPa，$S = 70$MPa。层合板总厚度为 1mm。试求层合板极限载荷，并画出直到破坏的应力 - 应变曲线。

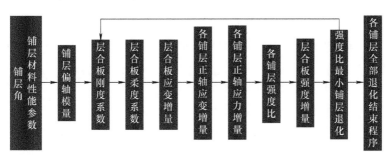

图 6.7　复合材料层合板分析的增量法

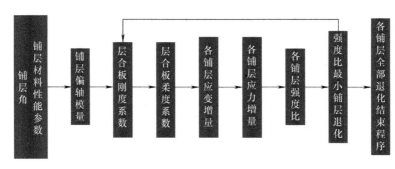

图 6.8　复合材料层合板分析的全量法

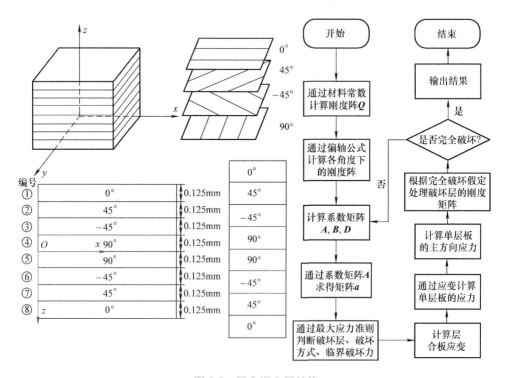

图 6.9　层合板 8 层结构

解：（1）首层破坏，由题意写出刚度矩阵，$\boldsymbol{Q} = \begin{bmatrix} 140.9 & 3.0 & 0 \\ 3.0 & 10.1 & 0 \\ 0 & 0 & 5.0 \end{bmatrix}$ GPa

各单层板的变换刚度矩阵分别为

$$\bar{\boldsymbol{Q}}_{0°} = \begin{bmatrix} 140.9 & 3.0 & 0 \\ 3.0 & 10.1 & 0 \\ 0 & 0 & 0.5 \end{bmatrix} \text{GPa}, \quad \bar{\boldsymbol{Q}}_{90°} = \begin{bmatrix} 10.1 & 3.0 & 0 \\ 3.0 & 140.9 & 0 \\ 0 & 0 & 5.0 \end{bmatrix} \text{GPa},$$

$$\bar{Q}_{45°} = \begin{bmatrix} 44.3 & 34.3 & 32.7 \\ 34.3 & 44.3 & 32.7 \\ 32.7 & 32.7 & 36.3 \end{bmatrix} \text{GPa} \ , \quad \bar{Q}_{-45°} = \begin{bmatrix} 44.3 & 34.3 & -32.7 \\ 34.3 & 44.3 & -32.7 \\ -32.7 & -32.7 & 36.3 \end{bmatrix} \text{GPa}$$

则层合板的拉伸刚度为

$$A = \begin{bmatrix} 59.9 & 18.7 & 0 \\ 18.7 & 59.9 & 0 \\ 0 & 0 & 20.7 \end{bmatrix} \text{kN/mm}$$

其逆矩阵为 $A^{-1} = \begin{bmatrix} 0.0185 & -0.0058 & 0 \\ -0.0058 & 0.0185 & 0 \\ 0 & 0 & 0.0483 \end{bmatrix} (\text{kN/mm})^{-1}$

由于层合板的总厚度为 $t = 1\text{mm}$，所以初始弹性模量为

$$E_x = 1/\left(t A_{11}^{-1}\right) = 1/\left(1 \times 0.0185\right) \approx 54.1 \text{GPa}$$

假设 $N_x = 100\text{N/mm}$，则层合板中面应变为

$$\begin{bmatrix} \varepsilon_x^0 \\ \varepsilon_y^0 \\ \gamma_{xy}^0 \end{bmatrix} = A^{-1} \begin{bmatrix} 100 \\ 0 \\ 0 \end{bmatrix} = \begin{bmatrix} 1850 \\ -580 \\ 0 \end{bmatrix} \times 10^{-6}$$

对于 0° 层，主轴方向应变为

$$\begin{bmatrix} \varepsilon_1 \\ \varepsilon_2 \\ \gamma_{12} \end{bmatrix} = \begin{bmatrix} 1850 \\ -580 \\ 0 \end{bmatrix} \times 10^{-6}$$

应力为

$$\begin{bmatrix} \sigma_1 \\ \sigma_2 \\ \tau_{12} \end{bmatrix} = Q \begin{bmatrix} \varepsilon_1 \\ \varepsilon_2 \\ \gamma_{12} \end{bmatrix} = \begin{bmatrix} 259 \\ -0.3 \\ 0 \end{bmatrix} \text{MPa}$$

破坏指标为 F.I.（1）$= 259/1500 \approx 0.17$，F.I.（2）$= 0.3/250 \approx 0.001$，F.I.（12）$= 0$
对于 45° 层，主轴应变为

$$\begin{bmatrix} \varepsilon_1 \\ \varepsilon_2 \\ \gamma_{12} \end{bmatrix} = \begin{bmatrix} 0.5 & 0.5 & 0.5 \\ 0.5 & 0.5 & -0.5 \\ -1 & 1 & 0 \end{bmatrix} \begin{bmatrix} 1850 \\ -580 \\ 0 \end{bmatrix} \times 10^{-6} = \begin{bmatrix} 635 \\ 635 \\ -2430 \end{bmatrix} \times 10^{-4}$$

应力为 $\begin{bmatrix} \sigma_1 \\ \sigma_2 \\ \tau_{12} \end{bmatrix} = Q \begin{bmatrix} \varepsilon_1 \\ \varepsilon_2 \\ \gamma_{12} \end{bmatrix} = \begin{bmatrix} 91 \\ 8 \\ -12 \end{bmatrix}$ MPa

破坏指标为 F.I.(1) $= 91/1500 \approx 0.06$, F.I.(2) $= 8/50 = 0.16$, F.I.(12) $= 12/70 \approx 0.17$

对于 $-45°$ 层，主轴应变为 $\begin{bmatrix} \varepsilon_1 \\ \varepsilon_2 \\ \gamma_{12} \end{bmatrix} = \begin{bmatrix} 0.5 & 0.5 & -0.5 \\ 0.5 & 0.5 & 0.5 \\ 1 & -1 & 0 \end{bmatrix} \begin{bmatrix} 1850 \\ -580 \\ 0 \end{bmatrix} \times 10^{-6} = \begin{bmatrix} 635 \\ 635 \\ 2430 \end{bmatrix} \times 10^{-4}$

应力为 $\begin{bmatrix} \sigma_1 \\ \sigma_2 \\ \tau_{12} \end{bmatrix} = Q \begin{bmatrix} \varepsilon_1 \\ \varepsilon_2 \\ \gamma_{12} \end{bmatrix} = \begin{bmatrix} 91 \\ 8 \\ 12 \end{bmatrix}$ MPa

破坏指标为 F.I.(1) $= 91/1500 \approx 0.06$, F.I.(2) $= 8/50 = 0.16$, F.I.(12) $= 12/70 \approx 0.17$

对于 $90°$ 层，主轴方向应变为 $\begin{bmatrix} \varepsilon_1 \\ \varepsilon_2 \\ \gamma_{12} \end{bmatrix} = \begin{bmatrix} -580 \\ 1850 \\ 0 \end{bmatrix} \times 10^{-6}$

应力为 $\begin{bmatrix} \sigma_1 \\ \sigma_2 \\ \tau_{12} \end{bmatrix} = Q \begin{bmatrix} \varepsilon_1 \\ \varepsilon_2 \\ \gamma_{12} \end{bmatrix} = \begin{bmatrix} -76 \\ 17 \\ 0 \end{bmatrix}$ MPa

破坏指标为 F.I.(1) $= 76/1500 = 0.05$, F.I.(2) $= 17/250 = 0.068$, F.I.(12) $= 0$

综上可知最大破坏指标为 0.34，对应 $90°$ 层横向拉伸，所以初始层破坏应力为

$$N_x = 100/0.34 \approx 294\text{N/mm}$$

临界应力为：

$$\sigma_x = N_x/t = 294\text{MPa}$$

（2）第二层破坏，首层破坏后，由完全破坏假定，令该层 $E_1 = E_2 = G_{12} = 0$，所以 $\bar{Q}_{90°} = [0]$。

再次计算层合板拉伸刚度为

$$A = \begin{bmatrix} 57.4 & 17.9 & 0 \\ 17.9 & 24.7 & 0 \\ 0 & 0 & 19.4 \end{bmatrix} \text{kN/mm}, \quad A^{-1} = \begin{bmatrix} 0.0225 & -0.0163 & 0 \\ -0.0163 & 0.0523 & 0 \\ 0 & 0 & 0.0515 \end{bmatrix} (\text{kN/mm})^{-1}$$

$$E_x = 1 / \left(t A_{11}^{-1} \right) = 1 / \left(1 \times 0.0225 \right) \approx 44.4 \text{GPa}$$

在首层破坏临界载荷 $N_x = 294\text{N/mm}$ 作用下，再次计算合板中面应变

$$
\begin{bmatrix} \varepsilon_x^0 \\ \varepsilon_y^0 \\ \gamma_{xy}^0 \end{bmatrix} = \boldsymbol{A}^{-1} \begin{bmatrix} 294 \\ 0 \\ 0 \end{bmatrix} = \begin{bmatrix} 6615 \\ -4792 \\ 0 \end{bmatrix} \times 10^{-6}
$$

对于 0° 层，主轴方向应变为

$$
\begin{bmatrix} \varepsilon_1 \\ \varepsilon_2 \\ \gamma_{12} \end{bmatrix} = \begin{bmatrix} 6615 \\ -4792 \\ 0 \end{bmatrix} \times 10^{-6}
$$

应力为

$$
\begin{bmatrix} \sigma_1 \\ \sigma_2 \\ \tau_{12} \end{bmatrix} = \boldsymbol{Q} \begin{bmatrix} \varepsilon_1 \\ \varepsilon_2 \\ \gamma_{12} \end{bmatrix} = \begin{bmatrix} 918 \\ -29 \\ 0 \end{bmatrix} \text{MPa}
$$

破坏指标为：$\text{F.I.}(1) = 918 / 1500 \approx 0.61$，$\text{F.I.}(2) = 29 / 250 \approx 0.12$，$\text{F.I.}(12) = 0$，对于 45° 层，主轴方向应变为

$$
\begin{bmatrix} \varepsilon_1 \\ \varepsilon_2 \\ \gamma_{12} \end{bmatrix} = \begin{bmatrix} 0.5 & 0.5 & 0.5 \\ 0.5 & 0.5 & -0.5 \\ -1 & 1 & 0 \end{bmatrix} \begin{bmatrix} 6615 \\ -4792 \\ 0 \end{bmatrix} \times 10^{-6} = \begin{bmatrix} 911.5 \\ 911.5 \\ -11407 \end{bmatrix} \times 10^{-4}
$$

应力为

$$
\begin{bmatrix} \sigma_1 \\ \sigma_2 \\ \tau_{12} \end{bmatrix} = \boldsymbol{Q} \begin{bmatrix} \varepsilon_1 \\ \varepsilon_2 \\ \gamma_{12} \end{bmatrix} = \begin{bmatrix} 131 \\ 12 \\ -57 \end{bmatrix} \text{MPa}
$$

破坏指标为，$\text{F.I.}(1) = 131 / 1500 \approx 0.09$，$\text{F.I.}(2) = 12 / 50 = 0.24$，$\text{F.I.}(12) = 57 / 70 \approx 0.81$

对于 −45° 层，主轴方向应变为

$$
\begin{bmatrix} \varepsilon_1 \\ \varepsilon_2 \\ \gamma_{12} \end{bmatrix} = \begin{bmatrix} 0.5 & 0.5 & -0.5 \\ 0.5 & 0.5 & 0.5 \\ 1 & -1 & 0 \end{bmatrix} \begin{bmatrix} 6615 \\ -4792 \\ 0 \end{bmatrix} \times 10^{-6} = \begin{bmatrix} 911.5 \\ 911.5 \\ 11407 \end{bmatrix} \times 10^{-4}
$$

应力为

$$\begin{bmatrix} \sigma_1 \\ \sigma_2 \\ \tau_{12} \end{bmatrix} = \boldsymbol{Q} \begin{bmatrix} \varepsilon_1 \\ \varepsilon_2 \\ \gamma_{12} \end{bmatrix} = \begin{bmatrix} 131 \\ 12 \\ 57 \end{bmatrix} \text{MPa}$$

破坏指标 F.I.(1) = 131/1500 ≈ 0.09, F.I.(2) = 12/50 = 0.24, F.I.(12) ≈ 57/70 = 0.81

综上可知，最大破坏指标为0.81。第二层破坏的临界力为

$$N_x = 294 / 0.81 \approx 363 \text{N/mm}$$

临界应力

$$\sigma_x = N_x / t = 363 \text{MPa}$$

在该载荷下，45° 层和 −45° 层同时发生剪切破坏。

（3）第三层破坏，令 45° 层和 −45° 层刚度为零，再次计算层合板的刚度为

$$A = \begin{bmatrix} 35.2 & 0.8 & 0 \\ 0.8 & 2.5 & 0 \\ 0 & 0 & 1.3 \end{bmatrix} \text{kN/mm}, \quad A^{-1} = \begin{bmatrix} 0.0286 & -0.0092 & 0 \\ -0.0092 & 0.4029 & 0 \\ 0 & 0 & 0.7692 \end{bmatrix} (\text{kN/mm})^{-1}$$

$$E_x = 1/\left(tA_{11}^{-1}\right) = 1/\left(1 \times 0.0286\right) \approx 35.0 \text{GPa}$$

在首层破坏临界载荷 $N_x = 294 \text{N/mm}$ 作用下，再次计算合板中面应变

$$\begin{bmatrix} \varepsilon_x^0 \\ \varepsilon_y^0 \\ \gamma_{xy}^0 \end{bmatrix} = A^{-1} \begin{bmatrix} 363 \\ 0 \\ 0 \end{bmatrix} = \begin{bmatrix} 10382 \\ -3340 \\ 0 \end{bmatrix} \times 10^{-6}$$

对于 0° 层，主轴方向应变为

$$\begin{bmatrix} \varepsilon_1 \\ \varepsilon_2 \\ \gamma_{12} \end{bmatrix} = \begin{bmatrix} 10382 \\ -3340 \\ 0 \end{bmatrix} \times 10^{-6}$$

应力为

$$\begin{bmatrix} \sigma_1 \\ \sigma_2 \\ \tau_{12} \end{bmatrix} = \boldsymbol{Q} \begin{bmatrix} \varepsilon_1 \\ \varepsilon_2 \\ \gamma_{12} \end{bmatrix} = \begin{bmatrix} 1453 \\ -3 \\ 0 \end{bmatrix} \text{MPa}$$

破坏指标为： $\text{F.I.}(1)=1453/1500\approx0.97$， $\text{F.I.}(2)=3/250\approx0.01$ $\text{F.I.}(12)=0$

最终层破坏极限载荷为 $N_x=363/0.97=374\text{N/mm}$

极限应力为 $\sigma_x=N_x/t=374\text{MPa}$

所以，如图 6.10 所示，层合板直到破坏的应力 - 应变曲线为：

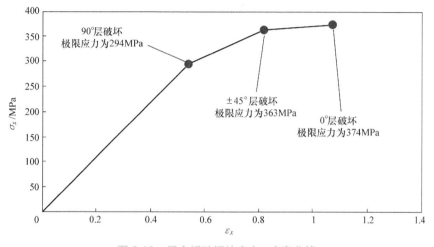

图 6.10 层合板破坏的应力 - 应变曲线

通过 MATLAB，可以方便地计算出整个过程中的参数。画出整个过程的应力应变曲线，如图 6.10 所示，并将整个破坏过程中的信息绘制成表格，见表 6.1。

表 6.1 层合板破坏演化历程

破坏次数	参数			
	破坏应力 /MPa	破坏应变 / (×10⁻³)	破坏位置	破坏方式
1	294.2679	5.4796	④⑤	y 方向拉伸
2	363.0376	8.1130	②③⑥⑦	S 剪切
3	374.0000	10.7143	①⑧	x 方向拉伸

层合板强度分析程序整体结构破坏思路与逐层破坏思路，如图 6.11 和图 6.12 所示。

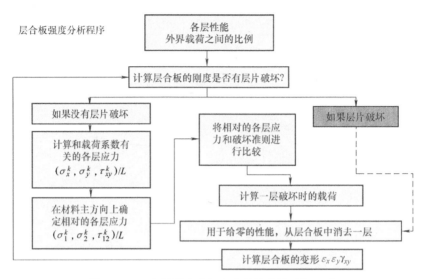

图 6.11　层合板强度分析程序整体结构破坏思路

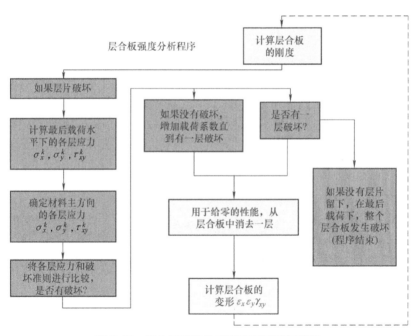

图 6.12　层合板强度分析程序逐层破坏思路

Chapter 07

第7章
复合材料层合板的湿热本构
理论基础

7.1 考虑湿热应变的层合板应力与应变关系

　　碳/碳复合材料是少数可以在高于1500℃条件下应用的材料之一，是高技术领域重点研究的材料。随着现代科技的发展，其制造效率不断提升，促进了碳/碳复合材料技术向更多应用领域的转移与辐射，高温碳/碳复合材料的轻量化设计如图7.1所示。碳/碳复合材料不仅保留了纤维增强材料优异的力学性能和灵活的结构可设计性，还兼有低密度、低的热膨胀系数、高导热导电性、优异的耐热冲击、耐烧蚀及摩擦等优点，而且力学性能随温度升高不降反升，使其成为航空航天、新能源汽车等领域理想的结构材料。

　　考虑湿热应变的层合板内力与应变关系，本章主要内容包含：层合板的湿热应变，层合板的残余应变和残余应力；考虑湿热应变的层合板内力与应变关系，层合板的湿热应变，层合板的残余应变和残余应力；纵向热膨胀系数、横向热膨胀系数、纵向湿膨胀系数、横向湿膨胀系数等的基本概念和意义。理论难点包含：湿、热膨胀系数的力学分析，层合板湿、热问题分析与校核。知识点包含：纵向热膨胀系数、横向热膨胀系数、纵向湿膨胀系数、横向湿膨胀系数等的基本概念和意义，湿、热膨胀系数的力学分析，层合板湿、热问题分析与校核。

在工业领域，碳／碳复合材料可作为新能源汽车燃料电池及动力电池的关键结构材料，可使其适用于工作环境温度，同时由于其密度低，减少了能量的损失；由于碳／碳复合材料热膨胀系数较低，在有效温度内可不使用密封环等零件，简化了构件结构。

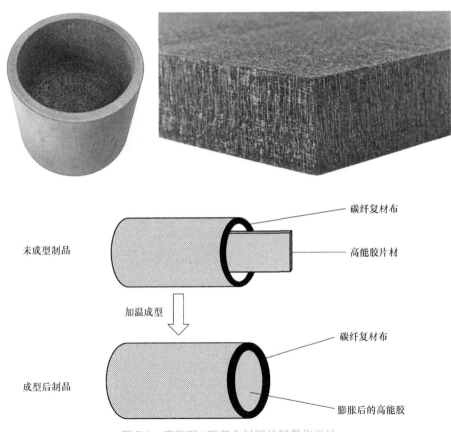

图 7.1 高温碳／碳复合材料的轻量化设计

一般层合板温度湿度变化的内力 - 应变关系式为

$$\begin{bmatrix} N \\ M \end{bmatrix} = \begin{bmatrix} A & B \\ B & D \end{bmatrix} \begin{bmatrix} \varepsilon^0 \\ \kappa \end{bmatrix} - \begin{bmatrix} N^T \\ M^T \end{bmatrix} - \begin{bmatrix} N^H \\ M^H \end{bmatrix} \tag{7.1}$$

由于题中正交层合板不受外力，无湿度影响，故有

$$\begin{bmatrix} A & B \\ B & D \end{bmatrix} \begin{bmatrix} \varepsilon^0 \\ \kappa \end{bmatrix} = \begin{bmatrix} N^T \\ M^T \end{bmatrix} \tag{7.2}$$

即：

$$\begin{bmatrix} A_{11} & A_{12} & B_{11} & 0 \\ A_{12} & A_{11} & 0 & -B_{11} \\ B_{11} & 0 & D_{11} & D_{12} \\ 0 & -B_{11} & D_{12} & D_{11} \end{bmatrix} \begin{bmatrix} \varepsilon_x^0 \\ \varepsilon_y^0 \\ \kappa_x \\ \kappa_y \end{bmatrix} = \begin{bmatrix} N_x^T \\ N_x^T \\ M_x^T \\ -M_x^T \end{bmatrix} \qquad (7.3)$$

$$\gamma_{xy}^0 = 0; \kappa_{xy} = 0$$

【例 7.1】 已知 $\alpha_f = -0.7 \times 10^{-6} / {}^\circ\text{C}$，$\alpha_m = 50 \times 10^{-6} / {}^\circ\text{C}$，$E_f = 230\text{GPa}$，$E_m = 3.5\text{GPa}$，$V_f = 60\%$，碳纤维或芳纶纤维在加热时反而会缩短，即热膨胀系数为负值。考虑某碳环氧复合材料结构，如图 7.2 所示，求复合材料沿纤维方向的热膨胀系数。

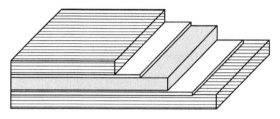

图 7.2 碳环氧复合材料结构

解：由 Schapery 的计算公式 $\alpha_1 = \dfrac{E_f \alpha_f V_f + E_m \alpha_m V_m}{E_f V_f + E_m V_m}$，式中 $V_m = 1 - V_f = 40\%$，故有

$$\alpha_1 = \frac{230 \times 10^9 \times \left(-0.7 \times 10^{-6}\right) \times 60\% + 3.5 \times 10^9 \times 50 \times 10^{-6} \times 40\%}{230 \times 10^9 \times 60\% + 3.5 \times 10^9 \times 40\%} = -0.191 \times 10^{-6} / {}^\circ\text{C}$$

【例 7.2】 如图 7.3 所示，某 $[0^\circ/90^\circ]_s$ 铺设的层合板，材料弹性性能和热膨胀系数已知。试求当层合板温度变化 ΔT 时，0° 层的残余应力。

图 7.3 $[0^\circ/90^\circ]_s$ 铺设层合板

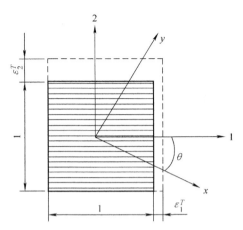

图 7.3　[0°/90°]$_s$ 铺设层合板（续）

解：先分析在 ΔT 变化下单层板的热膨胀变形，主方向热应变表示为

$$e_1 = \alpha_1 \Delta T, \quad e_2 = \alpha_2 \Delta T, \quad e_{12} = 0$$

前两式 α_1 和 α_2 表示主方向的热膨胀系数，而 $e_{12} = 0$ 是因为假定板为正交各向异性板，同时板的温度均匀得到的必然结果。

写成矩阵形式为
$$\begin{bmatrix} e_1 \\ e_2 \\ e_{12} \end{bmatrix} = \begin{bmatrix} \alpha_1 \\ \alpha_2 \\ 0 \end{bmatrix} \Delta T$$

而在非主方向则有

$$\begin{bmatrix} e_x \\ e_y \\ e_{xy} \end{bmatrix} = \begin{bmatrix} m^2 & n^2 & -mn \\ n^2 & m^2 & mn \\ 2mn & -2mn & m^2-n^2 \end{bmatrix} \begin{bmatrix} e_1 \\ e_2 \\ e_{12} \end{bmatrix} = \begin{bmatrix} m^2 & n^2 & -mn \\ n^2 & m^2 & mn \\ 2mn & -2mn & m^2-n^2 \end{bmatrix} \begin{bmatrix} \alpha_1 \\ \alpha_2 \\ 0 \end{bmatrix} \Delta T$$

以上是单层板的自由热应变。当单层板由外载荷和热共同作用时，单层板材料主方向的本构关系为

$$\begin{bmatrix} \varepsilon_1 \\ \varepsilon_2 \\ \gamma_{12} \end{bmatrix} = \begin{bmatrix} S_{11} & S_{12} & 0 \\ S_{12} & S_{22} & 0 \\ 0 & 0 & S_{66} \end{bmatrix} \begin{bmatrix} \sigma_1 \\ \sigma_2 \\ \tau_{12} \end{bmatrix} + \begin{bmatrix} e_1 \\ e_2 \\ 0 \end{bmatrix}$$

把热应变移到左边，两边再乘以刚度矩阵便得到应力表达式为

$$\begin{bmatrix} \sigma_1 \\ \sigma_2 \\ \tau_{12} \end{bmatrix} = \begin{bmatrix} Q_{11} & Q_{12} & 0 \\ Q_{12} & Q_{22} & 0 \\ 0 & 0 & Q_{66} \end{bmatrix} \begin{bmatrix} \varepsilon_1 - e_1 \\ \varepsilon_2 - e_2 \\ \gamma_{12} \end{bmatrix}$$

上面两式虽然由单层板导出，但是对于层合板中的单层板也成立，这时第一式左边应变称为实际应变，第二式右边应变称为残余应变，而左边应力称为残余应力。

于是对于层合板有

$$
\begin{bmatrix} N_x \\ N_y \\ N_{xy} \end{bmatrix} = \sum_{k=1}^{n} \int_{z_{k-1}}^{z_k} \begin{bmatrix} \sigma_x \\ \sigma_y \\ \tau_{xy} \end{bmatrix}_k \mathrm{d}z = t \sum_{k=1}^{n} \begin{pmatrix} \bar{Q}_{11} & \bar{Q}_{12} & \bar{Q}_{16} \\ \bar{Q}_{12} & \bar{Q}_{22} & \bar{Q}_{26} \\ \bar{Q}_{16} & \bar{Q}_{26} & \bar{Q}_{66} \end{pmatrix}_k \begin{pmatrix} \varepsilon_x - e_x \\ \varepsilon_y - e_y \\ \gamma_{xy} \end{pmatrix}_k = t \sum_{k-1}^{n} \begin{pmatrix} \bar{Q}_{11} & \bar{Q}_{12} & \bar{Q}_{16} \\ \bar{Q}_{12} & \bar{Q}_{22} & \bar{Q}_{26} \\ \bar{Q}_{16} & \bar{Q}_{26} & \bar{Q}_{66} \end{pmatrix}_k \begin{pmatrix} \varepsilon_x^r \\ \varepsilon_y^r \\ \gamma_{xy}^r \end{pmatrix}_k
$$

式中，t 为单层板厚度，ε_x^r、ε_y^r、γ_{xy}^r 为第 k 层残余应变。上式也可以写成

$$
\begin{bmatrix} N_x \\ N_y \\ N_{xy} \end{bmatrix} = t \sum_{k=1}^{n} \begin{bmatrix} \bar{Q}_{11} & \bar{Q}_{12} & \bar{Q}_{16} \\ \bar{Q}_{12} & \bar{Q}_{22} & \bar{Q}_{26} \\ \bar{Q}_{16} & \bar{Q}_{26} & \bar{Q}_{66} \end{bmatrix}_k \begin{bmatrix} \varepsilon_x \\ \varepsilon_y \\ \gamma_{xy} \end{bmatrix}_k - t \sum_{k=1}^{n} \begin{bmatrix} \bar{Q}_{11} & \bar{Q}_{12} & \bar{Q}_{16} \\ \bar{Q}_{12} & \bar{Q}_{22} & \bar{Q}_{26} \\ \bar{Q}_{16} & \bar{Q}_{26} & \bar{Q}_{66} \end{bmatrix}_k \begin{bmatrix} e_x \\ e_y \\ \gamma_{xy} \end{bmatrix}_k
$$

$$
= \begin{bmatrix} A_{11} & A_{12} & A_{16} \\ A_{12} & A_{22} & A_{26} \\ A_{16} & A_{26} & A_{66} \end{bmatrix} \left\{ \begin{bmatrix} \varepsilon_x^0 \\ \varepsilon_y^0 \\ \gamma_{xy}^0 \end{bmatrix} + z \begin{bmatrix} k_x \\ k_y \\ k_{xy} \end{bmatrix} \right\} - \begin{bmatrix} N_x^T \\ N_y^T \\ N_{xy}^T \end{bmatrix} = \begin{bmatrix} N_x^\varepsilon \\ N_y^\varepsilon \\ N_{xy}^\varepsilon \end{bmatrix} - \begin{bmatrix} N_x^T \\ N_y^T \\ N_{xy}^T \end{bmatrix}
$$

上式左端是层合板所受的实际外力 $N_{x,y}$，右端第一项可以看做真实应变对应的换算外力 $N_{x,y}^\varepsilon$，第二项是热等效内力 $N_{x,y}^T$。现在回到题目中的条件：假设热作用引起板的各层应变为 $\varepsilon_x, \varepsilon_y, \gamma_{xy}$，以及中面应变为 $\varepsilon_x^0, \varepsilon_y^0, \gamma_{xy}^0$，即把热载荷化归为广义当量应变。

正交对称层合板，其刚度系数有如下关系：

$$ B_{ij} = 0，\quad A_{11} = A_{22}，\quad A_{16} = A_{26} = 0 $$

同时有

$$ \varepsilon_x^0 = \varepsilon_y^0，\quad \gamma_{xy}^0 = 0，\quad K_x = K_y = K_{xy} = 0 $$

这是假定板为正交各向异性板，同时板的温度均匀得到的必然结果。因而有

$$
\begin{bmatrix} N_x^\varepsilon \\ N_y^\varepsilon \\ N_{xy}^\varepsilon \end{bmatrix} = \begin{bmatrix} A_{11} & A_{12} & 0 \\ A_{12} & A_{22} & 0 \\ 0 & 0 & A_{66} \end{bmatrix} \begin{bmatrix} \varepsilon_x^0 \\ \varepsilon_y^0 \\ 0 \end{bmatrix}
$$

层合板的换算外力 $N_{x,y}^\varepsilon$ 为 $N_x^\varepsilon = N_y^\varepsilon = (A_{11} + A_{12})\varepsilon_x^0 = 2(Q_{11} + Q_{22} + 2Q_{12})\varepsilon_x^0 t$

层合板的热等效内力 $N_{x,y}^T$ 为

$$\begin{bmatrix} N_x^T \\ N_y^T \\ N_{xy}^T \end{bmatrix} = 2t \begin{bmatrix} Q_{11} & Q_{12} & 0 \\ Q_{12} & Q_{22} & 0 \\ 0 & 0 & Q_{66} \end{bmatrix} \begin{bmatrix} \alpha_1 \\ \alpha_2 \\ 0 \end{bmatrix} \Delta T + 2t \begin{bmatrix} Q_{22} & Q_{12} & 0 \\ Q_{12} & Q_{11} & 0 \\ 0 & 0 & Q_{66} \end{bmatrix} \begin{bmatrix} 0 & 1 & 0 \\ 1 & 0 & 0 \\ 0 & 0 & -1 \end{bmatrix} \begin{bmatrix} \alpha_1 \\ \alpha_2 \\ 0 \end{bmatrix} \Delta T$$

$$= 2t \begin{bmatrix} Q_{11} & Q_{12} & 0 \\ Q_{12} & Q_{22} & 0 \\ 0 & 0 & Q_{66} \end{bmatrix} \begin{bmatrix} \alpha_1 \\ \alpha_2 \\ 0 \end{bmatrix} \Delta T + 2t \begin{bmatrix} Q_{22} & Q_{12} & 0 \\ Q_{12} & Q_{11} & 0 \\ 0 & 0 & Q_{66} \end{bmatrix} \begin{bmatrix} \alpha_2 \\ \alpha_1 \\ 0 \end{bmatrix} \Delta T$$

得到 $N_x^T = 2t \left(Q_{11}\alpha_1 + Q_{12}\alpha_2 + Q_{22}\alpha_2 + Q_{12}\alpha_1 \right) \Delta T$

于是又上面的理论论述可以得到实际外力 $N_x = N_x^\varepsilon - N_x^T = 0$

由于实际外力等于零，于是有 $N_x^\varepsilon = N_x^T$

带入求得 $\varepsilon_x^0 = \varepsilon_y^0 = \dfrac{(Q_{11}\alpha_1 + Q_{12}\alpha_2 + Q_{22}\alpha_2 + Q_{12}\alpha_1)\Delta T}{Q_{11} + Q_{22} + 2Q_{12}}$

残余应变的定义为中面实际应变与自由热应变之差，于是残余应变为

$$\varepsilon_y^r = \varepsilon_x^0 - e_1 = \varepsilon_x^0 - \alpha_1 \Delta T = \frac{Q_{22} + Q_{12}}{Q_{11} + Q_{22} + 2Q_{12}} (\alpha_2 - \alpha_1) \Delta T$$

$$\varepsilon_y^r = \varepsilon_y^0 - e_2 = \varepsilon_y^0 - \alpha_2 \Delta T = \frac{Q_{11} + Q_{12}}{Q_{11} + Q_{22} + 2Q_{12}} (\alpha_1 - \alpha_2) \Delta T$$

根据协调性条件和无弯曲应变，各层参与应变都是上述结果。

于是 0° 层残余应力为：

$$\begin{bmatrix} \sigma_x^r \\ \sigma_y^r \\ \tau_{xy}^r \end{bmatrix} = \begin{bmatrix} Q_{11} & Q_{12} & 0 \\ Q_{12} & Q_{22} & 0 \\ 0 & 0 & Q_{66} \end{bmatrix} \begin{bmatrix} \varepsilon_x^r \\ \varepsilon_y^r \\ 0 \end{bmatrix} = \begin{bmatrix} Q_{11}\varepsilon_x' + Q_{12}\varepsilon_y' \\ Q_{12}\varepsilon_x' + Q_{22}\varepsilon_y' \\ 0 \end{bmatrix}$$

于是，

$$\sigma_x^r = \frac{Q_{12}^2 - Q_{11}Q_{22}}{Q_{11} + Q_{22} + 2Q_{12}} (\alpha_1 - \alpha_2) \Delta T$$

$$\sigma_y^r = \frac{Q_{12}^2 - Q_{11}Q_{22}}{Q_{11} + Q_{22} + 2Q_{12}} (\alpha_2 - \alpha_1) \Delta T$$

【例 7.3】 正交层合板 [0°/90°] 总厚为 t，如图 7.4 所示，温度变化会引起什么形状的变形，试画出简单的示意图。说明：请读者分析该题的解法、答案与画图是否正确？哪一个图更接近实际情况？

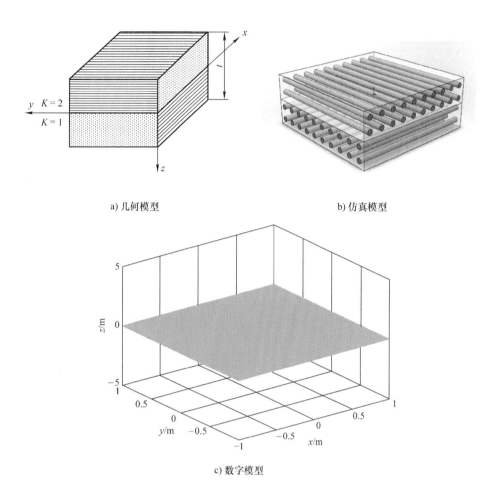

a) 几何模型   b) 仿真模型

c) 数字模型

图 7.4 [0°/90°] 正交层合板

解：层合板温度变化时，由热膨胀会变形，假设 α_x、α_y、α_{xy} 分别为三个方向的热膨胀系数。

1）温度 ΔT 引起的应变为

$$\begin{bmatrix} \varepsilon_x^T \\ \varepsilon_y^T \\ \gamma_{xy}^T \end{bmatrix} = \Delta T \begin{bmatrix} \alpha_x \\ \alpha_y \\ \alpha_{xy} \end{bmatrix}$$

总的应变为

$$\begin{bmatrix} \varepsilon_x \\ \varepsilon_y \\ \gamma_{xy} \end{bmatrix} = \overline{S} \begin{bmatrix} \sigma_x \\ \sigma_y \\ \tau_{xy} \end{bmatrix} + \begin{bmatrix} \varepsilon_x^T \\ \varepsilon_y^T \\ \gamma_{xy}^T \end{bmatrix}$$

从而解得应力：$\begin{bmatrix} \sigma_x \\ \sigma_y \\ \tau_{xy} \end{bmatrix} = \bar{Q} \begin{bmatrix} \varepsilon_x - \varepsilon_x^T \\ \varepsilon_y - \varepsilon_y^T \\ \gamma_{xy} - \gamma_{xy}^T \end{bmatrix}$

得出层合板横截面上单位宽度的内力与内力矩：

$$\begin{bmatrix} N_x \\ N_y \\ N_{xy} \end{bmatrix} = \sum_k \int_{z_{k-1}}^{z_k} \begin{bmatrix} \sigma_x \\ \sigma_y \\ \tau_{xy} \end{bmatrix}_k \mathrm{d}z = \sum_k \bar{Q}_k (z_k - z_{k-1}) \begin{bmatrix} \varepsilon_x - \varepsilon_x^T \\ \varepsilon_y - \varepsilon_y^T \\ \gamma_{xy} - \gamma_{xy}^T \end{bmatrix}_k$$

$$= \sum_k \bar{Q}_k (z_k - z_{k-1}) \begin{bmatrix} \varepsilon_x \\ \varepsilon_y \\ \gamma_{xy} \end{bmatrix}_k - \sum_k \bar{Q}_k (z_k - z_{k-1}) \begin{bmatrix} \varepsilon_x^T \\ \varepsilon_y^T \\ \gamma_{xy}^T \end{bmatrix}_k$$

$$= A \begin{bmatrix} \varepsilon_x^0 \\ \varepsilon_y^0 \\ \gamma_{xy}^0 \end{bmatrix} + B \begin{bmatrix} K_x \\ K_y \\ K_{xy} \end{bmatrix} - \sum_k \bar{Q}_k (z_k - z_{k-1}) \Delta T \begin{bmatrix} \alpha_x \\ \alpha_y \\ \alpha_{xy} \end{bmatrix}_k = A \begin{bmatrix} \varepsilon_x^0 \\ \varepsilon_y^0 \\ \gamma_{xy}^0 \end{bmatrix} + B \begin{bmatrix} K_x \\ K_y \\ K_{xy} \end{bmatrix} - \begin{bmatrix} N_x^T \\ N_y^T \\ N_{xy}^T \end{bmatrix}$$

同理得到内力矩：

$$\begin{bmatrix} M_x \\ M_y \\ M_{xy} \end{bmatrix} = B \begin{bmatrix} \varepsilon_x^0 \\ \varepsilon_y^0 \\ \gamma_{xy}^0 \end{bmatrix} + D \begin{bmatrix} K_x \\ K_y \\ K_{xy} \end{bmatrix} - \sum_k \bar{Q}_k (z_k^2 - z_{k-1}^2) \Delta T \begin{bmatrix} \alpha_x \\ \alpha_y \\ \alpha_{xy} \end{bmatrix}_k = B \begin{bmatrix} \varepsilon_x^0 \\ \varepsilon_y^0 \\ \gamma_{xy}^0 \end{bmatrix} + D \begin{bmatrix} K_x \\ K_y \\ K_{xy} \end{bmatrix} - \begin{bmatrix} M_x^T \\ M_y^T \\ M_{xy}^T \end{bmatrix}$$

层合板的本构关系为

$$\begin{bmatrix} N + N^T \\ M + M^T \end{bmatrix} = \begin{bmatrix} A & B \\ B & D \end{bmatrix} \begin{bmatrix} \varepsilon^0 \\ K \end{bmatrix}$$

$$\begin{bmatrix} N_x^T \\ N_y^T \\ N_{xy}^T \end{bmatrix} = \sum_k \bar{Q}_k (z_k - z_{k-1}) \Delta T \begin{bmatrix} \alpha_x \\ \alpha_y \\ \alpha_{xy} \end{bmatrix}_k \tag{1}$$

$$\begin{bmatrix} M_x^T \\ M_y^T \\ M_{xy}^T \end{bmatrix} = \sum_k (\bar{Q})_k (z_k^2 - z_{k-1}^2) \Delta T \begin{bmatrix} \alpha_x \\ \alpha_y \\ \alpha_{xy} \end{bmatrix}_k \tag{2}$$

2）计算层合板刚度：

$$\bar{Q}^0 = \begin{bmatrix} Q_{11} & Q_{12} & 0 \\ Q_{12} & Q_{22} & 0 \\ 0 & 0 & Q_{66} \end{bmatrix} \quad \bar{Q}^{90} = \begin{bmatrix} Q_{22} & Q_{12} & 0 \\ Q_{12} & Q_{11} & 0 \\ 0 & 0 & Q_{66} \end{bmatrix}, \quad A = \frac{t}{2} \begin{bmatrix} Q_{11} + Q_{22} & 2Q_{12} & 0 \\ 2Q_{12} & Q_{11} + Q_{22} & 0 \\ 0 & 0 & 2Q_{66} \end{bmatrix}$$

$$\boldsymbol{B} = \frac{t^2}{8}\begin{bmatrix} -Q_{11}+Q_{22} & 0 & 0 \\ 0 & Q_{11}-Q_{22} & 0 \\ 0 & 0 & 0 \end{bmatrix}, \quad \boldsymbol{D} = \frac{t^3}{24}\begin{bmatrix} Q_{11}+Q_{22} & 2Q_{12} & 0 \\ 2Q_{12} & Q_{11}+Q_{22} & 0 \\ 0 & 0 & 2Q_{66} \end{bmatrix}$$

3）计算温度当量，由正交板可设：

$$(\alpha_x)_0 = (\alpha_y)_{90} = \alpha_1 (\alpha_y)_0 = (\alpha_x)_{90} = \alpha_2 (\alpha_{xy})_0 = (\alpha_{xy})_{90} = 0$$

代入式（1）、式（2）得

$$\begin{bmatrix} N_x^T \\ N_y^T \\ N_{xy}^T \end{bmatrix} = \begin{bmatrix} \dfrac{t}{2}\Delta T\left(Q_{11}\alpha_1 + Q_{12}\alpha_2 + Q_{12}\alpha_1 + Q_{22}\alpha_2\right) \\ \dfrac{t}{2}\Delta T\left(Q_{22}\alpha_2 + Q_{12}\alpha_1 + Q_{12}\alpha_2 + Q_{11}\alpha_1\right) \\ 0 \end{bmatrix}$$

$$\begin{bmatrix} M_x^T \\ M_y^T \\ M_{xy}^T \end{bmatrix} = \begin{bmatrix} \dfrac{t^2}{8}\Delta T\left(-Q_{11}\alpha_1 - Q_{12}\alpha_2 + Q_{12}\alpha_2 + Q_{22}\alpha_1\right) \\ \dfrac{t^2}{8}\Delta T\left(Q_{11}\alpha_1 + Q_{12}\alpha_2 - Q_{12}\alpha_2 - Q_{22}\alpha_1\right) \\ 0 \end{bmatrix}$$

4）计算温度变化引起的中面应变和曲率，代入本构方程：

$$\begin{bmatrix} A_{11} & A_{12} & 0 & B_{11} & 0 & 0 \\ A_{12} & A_{11} & 0 & 0 & -B_{11} & 0 \\ 0 & 0 & A_{66} & 0 & 0 & 0 \\ B_{11} & 0 & 0 & D_{11} & D_{12} & 0 \\ 0 & -B_{11} & 0 & D_{12} & D_{11} & 0 \\ 0 & 0 & 0 & 0 & 0 & D_{66} \end{bmatrix}\begin{bmatrix} \varepsilon_x^0 \\ \varepsilon_y^0 \\ \varepsilon_{xy}^0 \\ K_x \\ K_y \\ K_{xy} \end{bmatrix} = \begin{bmatrix} N_x^T \\ N_x^T \\ 0 \\ M_x^T \\ -M_x^T \\ 0 \end{bmatrix}$$

化简可得：

$$\begin{bmatrix} A_{11} & A_{12} & B_{11} & 0 \\ A_{12} & A_{11} & 0 & -B_{11} \\ B_{11} & 0 & D_{11} & D_{12} \\ 0 & -B_{11} & D_{12} & D_{11} \end{bmatrix}\begin{bmatrix} \varepsilon_x^0 \\ \varepsilon_y^0 \\ K_x \\ K_y \end{bmatrix} = \begin{bmatrix} N_x^T \\ N_x^T \\ M_x^T \\ -M_x^T \end{bmatrix} \text{和 } \varepsilon_{xy}{}^0 = 0, \quad K_{xy} = 0$$

解得：$\varepsilon_{xy}{}^0 = K_{xy} = 0$, $\varepsilon_x{}^0 = \varepsilon_y{}^0 = \dfrac{M_x^T - (D_{11} - D_{12})K_x}{B_{11}}$, $K_x = -K_y =$

$$\dfrac{(Q_{11} + Q_{22} + 2Q_{12})M_x^T - \dfrac{t(Q_{22} - Q_{11})}{4}N_x^T}{\dfrac{t^3}{24}\left[(Q_{11} + Q_{22})^2 - 4Q_{12}^2 - \dfrac{3}{4}(Q_{22} - Q_{11})^2\right]}$$

温度作用下层合板变形图，如图 7.5 所示。

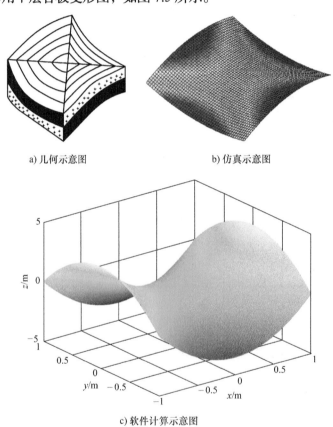

a) 几何示意图   b) 仿真示意图

c) 软件计算示意图

图 7.5 [0°/90°] 铺设层合板的热变形图

【讨论与辨析】 复合材料沿纤维铺设方向体积热膨胀系数要小于垂直纤维铺设方向体积热膨胀系数，而两层板本身又有粘合的相互约束，其变形就会相互影响，从而产生弯曲变形。假设 $\Delta T > 0$，在原模型图 xz 面上层膨胀方向与纤维铺设方向垂直，下层膨胀方向与纤维铺设方向相同，因此上层面积膨胀要大于下层，会呈上凸状。同理，层合板 yz 面上层面膨胀与纤维方向平行，下层面膨胀与纤维方向垂直，下层面积膨胀要大于上层，因此呈下凹状。两者的对称面相同，就会形成一个类似马鞍面的形状。层合板厚度较小，若不考虑厚度，其变形曲面图，如图 7.5 所示。

7.2 复合材料的湿热面芯损伤理论

根据含面芯分层损伤的均衡复合材料夹层板在面内载荷作用下的变形特点，建立分层局部屈曲模型，考虑了分层边界附近未脱胶层板和芯子对分层部分的影响，并利用复合材料层板湿热本构关系式，根据瑞利 - 里兹法对面芯分层的屈曲进行具体的分析求解。算例分析表明，考虑树脂基体或芯子的横向弹性支持作用而建立起来的二维弹性基础模型基础上，采用瑞利 - 里兹法和冯·卡门非线性理论得出的分层屈曲载荷与实验结果吻合，证明理论模型和理论分析的正确性和适用性。复合材料夹层结构是指上下两表层面板及填充其中的夹芯层均是由轻质复合材料制成的结构，有很好的吸声、隔热与耐疲劳等特性，又有高抗弯刚度和轻量化设计。蜂窝夹芯层复合材料轻量化设计，如图 7.6 所示。

蜂窝是典型的多孔材料，其平面内的二维单元阵列和平面外的平行堆叠，具有周期性拓扑分布的特征。蜂窝结构比其基体材料具有更高的孔隙率和更低的质量密度，因此具有很高的比刚度、比强度和比吸能。重复单胞的拓扑结构可以显著影响这些超轻材料的力学性能。因此，可以通过合理设计单胞结构使蜂窝具有前所未有的特性，如负泊松比、负热膨胀、压缩扭转和负刚度等。这些违反常规直觉的性能都源于它们的微观结构特征，而不是它们的基体材料。由于其在断裂韧性、抗冲击性、散热、减振和降噪等方面的优异性能，蜂窝材料已广泛应用于汽车、交通、航空航天以及电子制造领域。自然界中，蜜蜂通过数百万年的进化构建出了由周期性六边形单胞组成的蜂巢，以储存蜂蜜和花粉。蜜蜂建造的蜂巢可以通过消耗最少的蜂蜡来提供最大的内部空间，表明六边形单元配置是自然界中高效轻质结构。神奇的大自然激发了人类开发蜂窝结构的灵感。各类不同拓扑构造的蜂窝结构层出不穷，包括三角形、正方形、六边形和圆形等，基体材料涉及金属、陶瓷、聚合物等复合材料。

针对蜂窝在拉伸、压缩、剪切和疲劳载荷作用下的力学响应已经开展大量研究，蜂窝结构的力学行为可分为弹性和塑性响应、静态/准静态和动态（低、中、高速）响应，面内（纵向和横向）和平面外响应等。不同于弹性响应，蜂窝材料在塑性范围内的力学行为更加复杂，表现出更加明显的非线性特征。在压缩下，应力表现出三个不同的阶段，包括弹性阶段、平台阶段和致密化阶段。此外，蜂窝在不同加载方向下的吸能机制也不同。在面内载荷作用下，蜂窝主要通过单元壁的弯曲变形和单元壁接头处的塑性铰来吸收能量；在面外载荷下，它们通过单胞胞壁屈曲和面内变形吸收能量，蜂窝的压缩应力和能量吸收水平通常在面外方向上较高。另外，由于惯性效应和应变率效应，蜂窝在低、中、高速压缩载荷下表现出不同的变形模式和破坏机制。动态载荷下的应力水平和能量吸收率高于静态/准静态。因此，蜂窝经常被用作夹层保护结构的核心，以抵抗严重的动态载荷，如弹道和爆炸冲击。

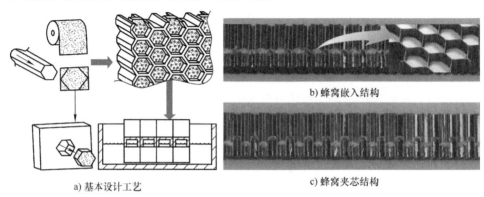

b) 蜂窝嵌入结构

a) 基本设计工艺

c) 蜂窝夹芯结构

图 7.6 蜂窝夹芯层复合材料轻量化设计

目前，研究蜂窝性能的方法有实验测试、仿真、理论分析和半解析等。另外，还会采用拓扑结构、形状和参数优化设计技术提高蜂窝在不同目标和约束条件下的力学性能。得益于大自然的启发和人类的智慧创造，蜂窝复合材料的力学性能有了巨大飞跃。但是，复合材料夹层板在表面层和芯子间存在一个弱的粘结面，更易受到外界的影响。当夹层板受面内压载时，该面芯分层会像层板中分层一样产生屈曲及扩展，导至夹层板破坏并失去承载能力。

7.2.1 轻量化设计模型

考虑一个含有椭圆形面芯分层的对称复合材料夹层板，沿中面承受沿 x' 轴方向的均匀面内压缩载荷 $N_{x'}$ 作用，如图 7.7 所示。分层位于夹层板上表面和芯子之间，分层区域上面的部份称为分层子板，其余部分为基板。θ 表示分层子板的几何主轴 x 轴方向和 x' 轴方向的夹角。

该夹层板为对称板，承受中面内的压载，由假设 2，夹层板在整体屈曲前，仅产生面内变形，可以应用经典层合板理论，在 x' 轴，y' 轴，z' 轴坐标系中基板变形的应变分量为：

$$\begin{bmatrix} \varepsilon_{x'} \\ \varepsilon_{y'} \\ \gamma_{x'y'} \end{bmatrix} = \begin{bmatrix} a'_{11} & a'_{12} & a'_{16} \\ a'_{12} & a'_{22} & a'_{26} \\ a'_{16} & a'_{26} & a'_{66} \end{bmatrix} \begin{bmatrix} N_{x'} \\ N_{y'} \\ N_{x'y'} \end{bmatrix} \quad (7.4)$$

式中，a'_{ij} 为无分层夹层板面内柔度分量。

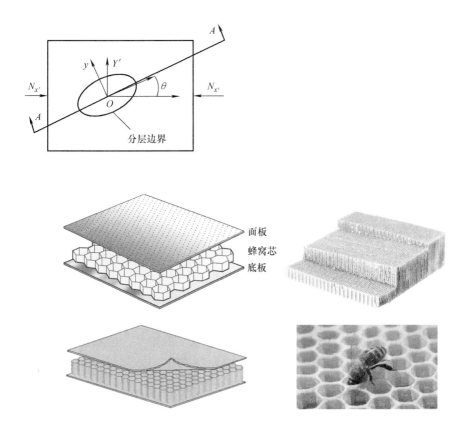

图 7.7　夹芯板面芯分层结构

7.2.2　湿热理论

将层合板典型第 k 层本构关系式代入，并结合经典层合板理论式，层合板典型第 k 层湿热本构关系为

$$
\begin{bmatrix} N_x \\ N_y \\ N_{xy} \end{bmatrix} = \begin{bmatrix} A_{11} & A_{12} & A_{16} \\ A_{12} & A_{22} & A_{26} \\ A_{16} & A_{26} & A_{66} \end{bmatrix} \begin{bmatrix} \varepsilon_x^o \\ \varepsilon_y^o \\ \gamma_{xy}^o \end{bmatrix} + \begin{bmatrix} B_{11} & B_{12} & B_{16} \\ B_{12} & B_{22} & B_{26} \\ B_{16} & B_{26} & B_{66} \end{bmatrix} \begin{bmatrix} \kappa_x \\ \kappa_y \\ \kappa_{xy} \end{bmatrix} - \sum_{k=1}^N \begin{bmatrix} \bar{Q}_{11}^{(k)} & \bar{Q}_{12}^{(k)} & \bar{Q}_{16}^{(k)} \\ \bar{Q}_{12}^{(k)} & \bar{Q}_{22}^{(k)} & \bar{Q}_{26}^{(k)} \\ \bar{Q}_{16}^{(k)} & \bar{Q}_{26}^{(k)} & \bar{Q}_{66}^{(k)} \end{bmatrix}
$$

$$
\int_{z_{k-1}}^{z_k} \begin{bmatrix} \alpha_x^{(k)} \\ \alpha_y^{(k)} \\ \alpha_{xy}^{(k)} \end{bmatrix} \Delta T^{(k)} \mathrm{d}z - \sum_{k=1}^N \begin{bmatrix} \bar{Q}_{11}^{(k)} & \bar{Q}_{12}^{(k)} & \bar{Q}_{16}^{(k)} \\ \bar{Q}_{12}^{(k)} & \bar{Q}_{22}^{(k)} & \bar{Q}_{26}^{(k)} \\ \bar{Q}_{16}^{(k)} & \bar{Q}_{26}^{(k)} & \bar{Q}_{66}^{(k)} \end{bmatrix} \int_{z_{k-1}}^{z_k} \begin{bmatrix} \beta_x^{(k)} \\ \beta_y^{(k)} \\ \beta_{xy}^{(k)} \end{bmatrix} C^{(k)} \mathrm{d}z \tag{7.5}
$$

$$
\begin{bmatrix} M_x \\ M_y \\ M_{xy} \end{bmatrix} = \int_{-\frac{t}{2}}^{\frac{t}{2}} \begin{bmatrix} \sigma_x \\ \sigma_y \\ \tau_{xy} \end{bmatrix} z \mathrm{d}z = \sum_{k=1}^{N} \int_{z_{k-1}}^{z_k} \begin{bmatrix} \sigma_x^{(k)} \\ \sigma_y^{(k)} \\ \tau_{xy}^{(k)} \end{bmatrix} z \mathrm{d}z = \begin{bmatrix} B_{11} & B_{12} & B_{16} \\ B_{12} & B_{22} & B_{26} \\ B_{16} & B_{26} & B_{66} \end{bmatrix} \begin{bmatrix} \varepsilon_x^o \\ \varepsilon_y^o \\ \gamma_{xy}^o \end{bmatrix} + \begin{bmatrix} D_{11} & D_{12} & D_{16} \\ D_{12} & D_{22} & D_{26} \\ D_{16} & D_{26} & D_{66} \end{bmatrix} \begin{bmatrix} \kappa_x \\ \kappa_y \\ \kappa_{xy} \end{bmatrix}
$$

$$
-\sum_{k=1}^{N} \begin{bmatrix} \bar{Q}_{11}^{(k)} & \bar{Q}_{12}^{(k)} & \bar{Q}_{16}^{(k)} \\ \bar{Q}_{12}^{(k)} & \bar{Q}_{22}^{(k)} & \bar{Q}_{26}^{(k)} \\ \bar{Q}_{16}^{(k)} & \bar{Q}_{26}^{(k)} & \bar{Q}_{66}^{(k)} \end{bmatrix} \begin{bmatrix} \alpha_x^{(k)} \\ \alpha_y^{(k)} \\ \alpha_{xy}^{(k)} \end{bmatrix} \int_{z_{k-1}}^{z_k} \Delta T^{(k)} z \mathrm{d}z - \sum_{k=1}^{N} \begin{bmatrix} \bar{Q}_{11}^{(k)} & \bar{Q}_{12}^{(k)} & \bar{Q}_{16}^{(k)} \\ \bar{Q}_{12}^{(k)} & \bar{Q}_{22}^{(k)} & \bar{Q}_{26}^{(k)} \\ \bar{Q}_{16}^{(k)} & \bar{Q}_{26}^{(k)} & \bar{Q}_{66}^{(k)} \end{bmatrix} \begin{bmatrix} \beta_x^{(k)} \\ \beta_y^{(k)} \\ \beta_{xy}^{(k)} \end{bmatrix} \int_{z_{k-1}}^{z_k} C^{(k)} z \mathrm{d}z
$$

$$(7.6)$$

7.2.3 瑞利 - 里兹分析

瑞利 - 里兹能量法是研究椭圆形层板屈曲的有效方法。

横向位移函数 w，应满足椭圆子板位移边界条件 $u = u'$、$v = v'$、$w = 0$、$w_x = w_y = 0$，假设横向位移函数 w 为如下形式

$$w(x, y) = t \cdot Z^2(x, y) \cdot R(x, y) \tag{7.7}$$

设 $Z(x, y) = 1 - (x/a')^2 - (y/b')^2$ 以满足椭圆子板边界条件，对于椭圆子板，受弹性基础限制，可以预测屈曲变形将呈"草帽形"，$R(x, y)$ 必须取二元幂级数函数的前几十项，才能使其逼近椭圆子板屈曲形状，但随着项数的增多，运算难度加大，而且误差也加大，很难得到收敛解。通过分析知

$$E(x, y) = \exp\left(-\frac{v}{2}\left[(x/a')^2 + (y/b')^2\right]\right) \quad (0 < \mu \leqslant 1) \tag{7.8}$$

用来描述椭圆子板屈曲形状，椭圆子板屈曲形状具有对称性，横向位移函数 w 取为

$$w = Z^2(x, y) \cdot E(x, y) \cdot t \cdot \sum_{m=0,2}^{M} \sum_{n=0,1}^{m} c_{m,n} \cdot (x/a')^{m-n} \cdot (y/b')^n,$$ 其面内位移函数 u, v 可假设为

$$u = E_{xx}x + E_{xy}y + Z(x, y)t^2 / a' \sum_{m=1,3}^{N} \sum_{n=0,1}^{m} a_{m,n}(x/a')^{m-n}(y/b')^n$$

$$v = E_{xy}x + E_{yy}y + Z(x, y)t^2 / b' \sum_{m=1,3}^{N} \sum_{n=0,1}^{m} b_{m,n}(x/a')^{m-n}(y/b')^n \tag{7.9}$$

式中，$a_{m,n}$、$b_{m,n}$、$c_{m,n}$ 分别为待定位移函数系数，M、N 为正整数。

该结构经深入研究，推广后的结构轻量化设计，如图 7.8 和图 7.9 所示。

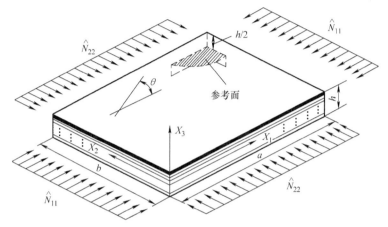

图 7.8　面芯结构湿热翘曲结构分析

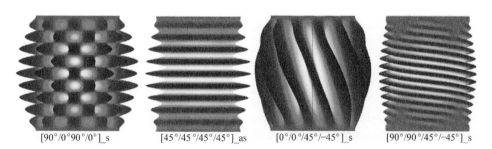

[90°/0°90°/0°]_s　　　　[45°/45°/45°/45°]_as　　　　[0°/0°/45°/−45°]_s　　　　[90°/90°/45°/−45°]_s

图 7.9　面芯结构湿热屈曲及后屈曲结构分析

第 8 章
复合材料结构的屈曲理论基础

8.1 复合材料薄板屈曲的控制方程

薄板屈曲的临界荷载可通过求解中性平衡微分方程获得，也可用能量法、变分法和有限元法求解。薄板的坐标和应力分量，如图 8.1 所示。

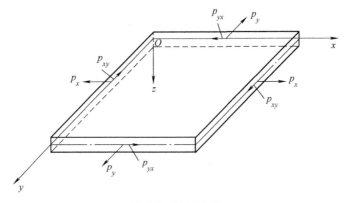

图 8.1 薄板结构

与杆件的屈曲不同，薄板屈曲的临界荷载并不代表其破坏荷载，还需考虑其屈曲后强度。

考虑薄板中面力以及平行六面体表面由于微弯状态具有的力矩、扭矩和剪力沿三个坐标轴方向的平衡条件（图 8.2），可得到有关薄板屈曲的三个平衡方程式

$$\begin{cases} \dfrac{\partial Q_x}{\partial x} + \dfrac{\partial Q_y}{\partial y} + N_x \dfrac{\partial^2 w}{\partial x^2} + 2N_{xy} \dfrac{\partial^2 w}{\partial x \partial y} + N_y \dfrac{\partial^2 w}{\partial y^2} = 0 \\[3mm] \dfrac{\partial M_y}{\partial y} + \dfrac{\partial M_{xy}}{\partial x} - Q_y = 0 \\[3mm] \dfrac{\partial M_x}{\partial x} + \dfrac{\partial M_{xy}}{\partial y} - Q_x = 0 \end{cases} \qquad (8.1)$$

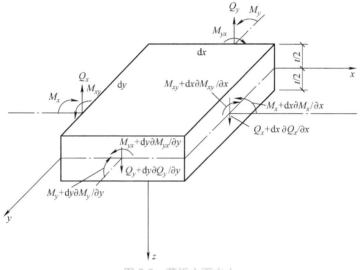

图 8.2　薄板中面内力

为了简化，可进一步将三式组成一式：

$$\frac{\partial^2 M_x}{\partial x^2} + 2\frac{\partial^2 M_{xy}}{\partial x \partial y} + \frac{\partial^2 M_y}{\partial y^2} + N_x \frac{\partial^2 w}{\partial x^2} + 2N_{xy} \frac{\partial^2 w}{\partial x \partial y} + N_y \frac{\partial^2 w}{\partial y^2} = 0 \qquad (8.2)$$

上式包含四个未知量，需考虑几何条件和物理条件，补充三个方程后才能求解。

　　分析薄板弯曲时的几何关系，将几何方程中的应变分量用挠度 w 表示，代入物理方程（广义虎克定律），得出用位移分量 w 表示应力分量的弹性方程。在平行六面体的侧面上应力的合力矩就是作用在该侧面上的各个内力矩。于是积分得出三个力矩 - 位移方程：

$$\begin{cases} M_x = -D\left(\dfrac{\partial^2 w}{\partial x^2} + \mu \dfrac{\partial^2 w}{\partial y^2} \right) \\[4mm] M_y = -D\left(\dfrac{\partial^2 w}{\partial y^2} + \mu \dfrac{\partial^2 w}{\partial x^2} \right) \\[4mm] M_{xy} = -D(1-\mu)\dfrac{\partial^2 w}{\partial x \partial y} \end{cases} \qquad (8.3)$$

式中，$D = \dfrac{Et^3}{12(1-\mu^2)}$ 是单位宽度板的抗弯刚度，相当于梁的抗弯刚度 EI；上式相当于梁的弯矩 - 曲率关系式。将式（8.3）代入式（8.2），可得

$$D\left(\frac{\partial^4 w}{\partial x^4} + 2\frac{\partial^4 w}{\partial x^2 \partial y^2} + \frac{\partial^4 w}{\partial y^4}\right) = N_x\frac{\partial^2 w}{\partial x^2} + 2N_{xy}\frac{\partial^2 w}{\partial x\partial y} + N_y\frac{\partial^2 w}{\partial y^2}$$

或

$$D\nabla^2\nabla^2 w = N_x\frac{\partial^2 w}{\partial x^2} + 2N_{xy}\frac{\partial^2 w}{\partial x\partial y} + N_y\frac{\partial^2 w}{\partial y^2} \tag{8.4}$$

式中，∇^2 是拉普拉斯算子。上式即薄板弹性屈曲的微分方程式，是以挠度 w 为未知量的四阶常系数线性偏微分方程。方程右边项与中面内力（荷载）有关，如果用薄板单位面积横向荷载 q 替换，方程即为薄板弯曲的弹性曲面微分方程。

8.2 单向均匀受压薄板的临界荷载

图 8.3 为一四边简支的矩形薄板，在 x 轴方向承受均布压力 p_x（以拉为正）。假设板的支承条件容许板边在板平面内自由移动，当板受压时不致在板的中面内引起附加的荷载。

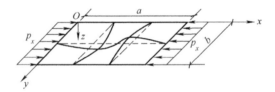

图 8.3 四边简支板单向均匀受压

将 $N_x = -p_x$，$N_y = N_{xy} = 0$，代入式（8.4），得屈曲方程为 $D\nabla^2\nabla^2 w + p_x\dfrac{\partial^2 w}{\partial x^2} = 0$

$$\tag{8.5}$$

由于沿板的简支边无挠度和无弯矩，不仅保持直边，且其曲率为零，则边界条件为

$$w = \frac{\partial^2 w}{\partial x^2} = 0 \text{（当 } x = 0 \text{ 和 } x = a \text{ 时）和 } w = \frac{\partial^2 w}{\partial y^2} = 0 \text{（当 } y = 0 \text{ 和 } y = b \text{ 时）}$$

设该屈曲方程的解为双重三角级数为

$$w = \sum_{m=1}^{\infty}\sum_{n=1}^{\infty} A_{mn}\sin\frac{m\pi x}{a}\sin\frac{n\pi y}{b} \qquad (m = 1,2,3,\cdots;\ n = 1,2,3,\cdots) \tag{8.6}$$

上式显然满足边界条件，对上式的 w 求偏导数后代入式（8.5），得

$$\sum_{m=1}^{\infty}\sum_{n=1}^{\infty} A_{mn}\left[\frac{m^4\pi^4}{a^4}+2\frac{m^2n^2\pi^4}{a^2b^2}+\frac{n^4\pi^4}{b^4}-\frac{p_x}{D}\frac{m^2\pi^2}{a^2}\right]\sin\frac{m\pi x}{a}\sin\frac{n\pi y}{b}=0 \quad （8.7）$$

若 $A_{mn}=0$，则 $w=0$，与中性平衡微弯状态不符，只能中括号内算式为零，即

$$p_x=\frac{Da^2\pi^2}{m^2}\left(\frac{m^2}{a^2}+\frac{n^2}{b^2}\right)^2 \quad （8.8）$$

临界荷载应是使板保持微弯状态的最小荷载，故取 $n=1$，即在 y 方向板弯成一个半波，于是

$$p_x=kD\pi^2/b^2 \quad （8.9）$$

式中，屈曲系数 $k=\left(\dfrac{mb}{a}+\dfrac{a}{mb}\right)^2$，可见该问题临界荷载大小取决于板的尺寸 a/b。

由 $\dfrac{\mathrm{d}k}{\mathrm{d}m}=0$，得 $m=\dfrac{a}{b}$；代入上式，得 $k_{\min}=4$（当 $a/b\geqslant\sqrt{2}$ 时，k 接近于 4）故最小的临界荷载为：

$$(p_x)_{\mathrm{cr}}=4D\pi^2/b^2 \quad （8.10）$$

但上式仅当 a/b 是整数才是正确的，否则应由式（8.9）计算。

由式（8.9）求得临界应力

$$\sigma_{\mathrm{cr}}=\frac{p_x}{t}=\frac{k}{12(1-\mu^2)}\cdot\frac{\pi^2E}{(b/t)^2}=C\frac{\pi^2E}{\lambda^2} \quad （8.11）$$

上式说明，临界应力与板的宽厚比的平方成反比，与板的长度无关。

8.3 四边固定正方形板单向均匀受压屈曲

如图 8.4 所示，一四边固定的正方形板，在 x 方向均匀受压。板的边界条件为：在 $x=0$ 和 $x=a$ 处，$w=\partial w/\partial x=0$；在 $y=0$ 和 $y=a$ 处，$w=\partial w/\partial y=0$。讨论该薄板屈曲时的临界荷载。

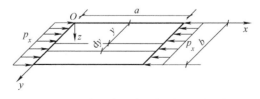

图 8.4　四边固定正方形板单向均匀受压

薄板屈曲问题同样可以用能量法求解。求出薄板在中性平衡状态时的总势能 Π（包含应变能 U 和荷载势能 $-W$）后，用势能驻值原理、瑞利 - 里兹法、迦辽金法和有限单元法求解薄板的临界荷载。在力学理论中，薄板的应变能可应用材料力学复杂应力状态比能表达式，并代入物理方程和弹性方程积分得出：

$$U = \frac{1}{2} \iiint (\sigma_x \varepsilon_x + \sigma_y \varepsilon_y + \tau_{xy} \gamma_{xy}) \mathrm{d}x \mathrm{d}y \mathrm{d}z$$

$$= \frac{D}{2} \iint \left[\left(\frac{\partial^2 w}{\partial x^2} \right)^2 + \left(\frac{\partial^2 w}{\partial y^2} \right)^2 + 2\mu \left(\frac{\partial^2 w}{\partial x^2} \right) \left(\frac{\partial^2 w}{\partial y^2} \right) + 2(1-\mu) \left(\frac{\partial^2 w}{\partial x \partial y} \right)^2 \right] \mathrm{d}x \mathrm{d}y$$

$$\text{（8.12）}$$

外力势能等于外力所作功的负值，可取宽为 $\mathrm{d}y$ 的板条，视为轴心压杆，先求得板条弯曲时外荷载所作的功，然后在整块板积分，即得

$$W = \int_0^a \mathrm{d}W = \frac{p_x}{2} \int_0^a \int_0^a \left(\frac{\partial w}{\partial x} \right)^2 \mathrm{d}x \mathrm{d}y \qquad \text{（8.13）}$$

设 $w = A \left(1 - \cos \frac{2\pi x}{a} \right) \left(1 - \cos \frac{2\pi y}{a} \right)$，该位移函数满足边界条件。在求出 w 的各阶导数后，代入式（8.12）和式（8.13）计算 U 和 W，则总势能为

$$\Pi = U - W = \frac{8D\pi^4 A^2}{a^4} \left[\frac{a}{2} \left(a + \frac{a}{2} \right) + \frac{a}{2} \left(a + \frac{a}{2} \right) + 2\mu \left(\frac{a^2}{4} \right) + 2(1-\mu) \frac{a^2}{4} \right] - \frac{\pi^2 A^2 p_x}{a} \left(a + \frac{a}{2} \right)$$

$$= \frac{16D\pi^4 A^2}{a^2} - \frac{3 p_x \pi^2 A^2}{2}$$

$$\text{（8.14）}$$

由中性平衡概念和势能驻值原理，得

$$\frac{\mathrm{d}\Pi}{\mathrm{d}A} = \frac{32D\pi^4 A}{a^2} - 3 p_x \pi^2 A = 0 \qquad \text{（8.15）}$$

求得临界荷载为：

$$(p_x)_{\mathrm{cr}} = \frac{32}{3} \cdot \frac{D\pi^2}{a^2} = 10.67 D\pi^2 / a^2 \qquad \text{（8.16）}$$

8.4 非均布压力下四边简支矩形板的屈曲

分析如图 8.5 所示，简支矩形板（板厚为 t）在轴向压力和弯矩共同作用下的屈曲问题。设边缘最大压应力为 σ_1，离板上边缘为 y 处的应力为

$$\sigma = \sigma_1\left(1 - \frac{\xi y}{b}\right), \quad \xi = \frac{\sigma_1 - \sigma_2}{\sigma_1} \tag{8.17}$$

当 σ 为压应力时取为正值，均匀受压时 $\xi = 0$，纯弯曲时 $\xi = 2$，压弯共同作用时 $0 < \xi < 2$。

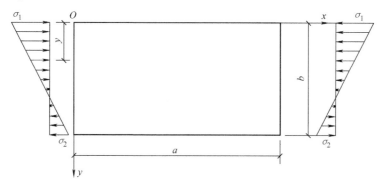

图 8.5　矩形板非均匀受压

矩形板在单向受压时将屈曲成几个相等的半波并形成与 x 轴垂直的直的节线，因此可把每一个半波的板段看成是一个四边简支的矩形板，即把相邻两节线看成是两简支对边，在 a 范围内在 x 方向只出现一个半波。取一个满足简支边边界条件的位移函数：

$$w = \sin\frac{\pi x}{a}\sum_{i=1}^{\infty}A_i\sin\frac{i\pi y}{b} \tag{8.18}$$

用能量法求解，总势能为：$\Pi = U - W$，得：$U = \dfrac{\pi^4}{8}Dab\displaystyle\sum_{i=1}^{\infty}A_i^2\left(\dfrac{1}{a^2}+\dfrac{i^2}{b^2}\right)^2$ （8.19）

$$
\begin{aligned}
W &= \frac{\sigma_1 t}{2}\int_0^b\int_0^a\left(1-\frac{\xi y}{b}\right)\left(\frac{\partial w}{\partial x}\right)^2 \mathrm{d}x\mathrm{d}y \\
&= \frac{\pi^2}{8}\sigma_1 t\frac{b}{a}\sum_{i=1}^{\infty}A_i^2 - \frac{\sigma_1 t}{4}\xi\frac{\pi^2}{ab}\left[\frac{b^2}{4}\sum_{i=1}^{\infty}A_i^2 - \frac{8b^2}{\pi^2}\sum_{i=1}^{\infty}\sum_{i=1}^{\infty}\frac{ijA_iA_j}{(i^2-j^2)^2}\right]
\end{aligned} \tag{8.20}
$$

式中：$i = 1, 2, 3, \cdots$ 而 j 只取使 $(i+j)$ 为奇数时的数值。

在求得总势能 Π 后，由 $\dfrac{\partial\Pi}{\partial A_i} = 0$ $(i = 1, 2, 3, \cdots)$ 可得包含 A_i 的齐次代数方

程组，再由系数行列式等于零求得临界应力：$(\sigma_1)_{cr} = k\dfrac{\pi^2 D}{b^2 t} = k\dfrac{\pi^2 E}{12(1-\mu^2)}\left(\dfrac{t}{b}\right)^2$

$$\tag{8.21}$$

在 $\xi = 2$ 的纯弯曲中，当 $a/b = 2/3$ 时，k 值最小。因此，一块长板在纯弯曲

时可屈曲成许多长度为 $2b/3$ 的半波。在一定的荷载作用下（ξ 为定值），屈曲系数 k 随板的长宽比而变化。除纯弯曲外，其余各种 ξ 值时，最小 k 值均发生在 $a/b = 1$ 时。

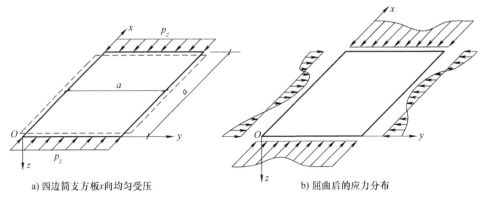

a) 四边简支方板 x 向均匀受压　　　　　b) 屈曲后的应力分布

图 8.6　薄板屈曲后应力

8.5　复合材料薄板后屈曲理论

薄板的屈曲荷载不是它的破坏荷载，它的承载能力可大大超过其临界荷载。为了研究板的屈曲后性能，必须应用板的有限变形理论（大挠度理论）。假定薄板的挠度远小于中面尺寸，则在板的有限变形理论中，除了应考虑薄膜应变外，其他小挠度理论的基本假设仍属有效。考虑平衡条件和变形协调条件，并利用广义虎克定律，可导出卡门板的大挠度方程。板的大挠度微分方程组无法求得精确的解析解，只能得出近似解和数值解。用迦辽金法可解得外加平均压应力 σ_{xa} 和板中心挠度 f 的关系式为

$$\sigma_{xa} = \frac{4\pi^2 D}{a^2 t} + \frac{\pi^2 E f^2}{8a^2} = \sigma_{cr} + \frac{\pi^2 E f^2}{8a^2} \qquad (8.22)$$

式中，σ_{cr} 是弹性屈曲的临界应力。单向受压、四边简支正方形薄板的屈曲后性能有：

1）当荷载达到弹性屈曲临界应力后，板开始侧向变形，产生挠度，当挠度为有限值时，板的刚度逐渐加大，产生屈曲后强度，板能继续承载，与柱屈曲后的破坏不同。

2）板在屈曲后的应力分布规律与屈曲前相比有两个主要差别：屈曲前无 y 方向的正应力 σ_y，而屈曲后有 σ_y，且在板的长度中间为拉应力（薄膜拉应力）；屈曲前 x 方向的正应力 σ_x 沿板宽均布，而屈曲后边缘附近的正应力 σ_x 大于板宽度中间的 σ_x。

3）在 x 方向，屈曲前各条纤维具有相同的刚度，屈曲后边缘部分的纤维具有较大的刚度，而中间部分的纤维刚度较差，因此屈曲后继续施加的荷载大部分由刚度较大的边缘部分来承担，从而引起沿宽度方向应力的不均匀分布。

通过复合材料加筋壁板后屈曲分析，预测盒形薄壁结构在弯扭组合作用下的承载能力。壁板基于修正的一阶剪切理论，四边简支，变形时保持直线。后屈曲分析采用弧长法和基于渐近分析的路径转换技术。定义了三种逐渐破坏状态，利用 Hoffman 准则，考虑单层板的破坏对于刚度的影响，确定壁板的后屈曲承载能力。数值计算结果表明，复合材料加筋壁板屈曲后，有相当大的后屈曲承载能力，预测结果与复合材料盒段弯扭组合实验结果符合良好。复合材料加筋壁板是复杂薄壁结构的重要部件，承受压剪荷载组合作用，其主要破坏形式是失稳。为了减轻结构重量，壁板的设计通常采用薄蒙皮，所以在总体失稳破坏之前，蒙皮常常已经发生局部屈曲，并且在蒙皮或筋条的某些单层中伴有局部损伤。因此，复合材料加筋壁板的破坏是在后屈曲状态下的逐渐损伤失效过程。为了充分发挥复合材料的使用效率，保证结构安全，需要确定壁板的后屈曲承载能力。复合材料板壳结构后屈曲是经典非线性问题，但是，结构后屈曲行为的复杂性以及对几何缺陷、外载荷、边界条件等因素比较敏感，理论分析和数值计算结果常常与实验值有较大差别。在许多工程结构中，复合材料加筋壁板是长的盒形薄壁结构面板的一部分，受到四周结构的支撑和约束，当盒段截面受弯矩和扭矩作用时，整个盒形结构的承载能力，往往决定于危险盒段内受压剪组合作用的一侧壁板的后屈曲。

复合材料悬臂盒结构，如图 8.7 所示，一端固定，另一端受相邻结构传递来的弯矩和扭矩；上下面为均布加筋（长桁）壁板，两侧是高腹板梁，上下壁板之间有等间距支撑隔板或肋（ $AA'C'C$ 和 $BB'D'D$ 等），中段上面 $ABCD$ 部分为一块典型的受压剪组合作用的复合材料加筋壁板。壁板的后屈曲破坏将导致悬臂结构失效。大型板壳组合结构后屈曲和承载能力分析复杂，在弯扭组合作用下盒屈曲发生在一侧壁板的薄弱部位。由于梁和隔板在壁板后屈曲阶段可以对挠度提供足够强的支持，所以盒承载能力主要决定于相邻隔板间加筋壁板的后屈曲；在临近总体失效时，隔板和梁最终出现破坏是可能的，但此时已接近承载能力极限，而且通常伴有局部连接破坏。因此，盒后屈曲和承载能力分析可化为相邻隔板之间加筋壁板的后屈曲问题，将梁和隔板作为边界支撑。后屈曲状态下面板挠度变化，须考虑横向剪切。

复合材料加筋壁板的后屈曲分析中引入下列假设：面板为 Mindlin 板，即满足修正的一阶剪切理论。该理论用于壁板后屈曲具有良好精度；长桁为 Timoshenko 梁；面板与长桁变形协调，无脱胶，长桁无局部屈曲发生；复合材料是线弹性的，无初始损伤；单层板的破坏服从 Hoffman 准则，破坏后单层刚度降为零；壁板四周转动约束不强，可认为简支；而周围结构对于壁板可以提供很强的面内约束，所以认为壁板的四边保持直线。

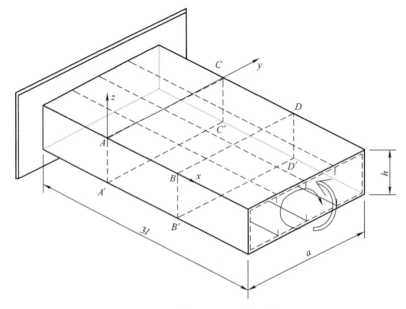

图 8.7　复合材料悬臂盒结构

面板的中面应变和曲率变形为

$$\varepsilon_{x0} = u_{,x} + \frac{1}{2}w_{,x}^2, \quad \varepsilon_{y0} = v_{,y} + \frac{1}{2}w_{,y}^2, \quad \gamma_{xy0} = u_{,y} + v_{,x} + w_{,x}w_{,y} \quad (8.23)$$

$$\kappa_x = -w_{,xx} + \gamma_{xz,x}, \quad \kappa_y = -w_{,yy} + \gamma_{yz,y}, \quad 2\kappa_{xy} = -2w_{,xy} + \gamma_{xz,y} + \gamma_{yz,x} \quad (8.24)$$

式中，u、v、w 为中面位移；γ_{xz}、γ_{yz} 为横向剪应变。下标"，"表示偏导数。

长桁的变形为

$$\varepsilon_{x'0} = u'_{,x'} + \frac{1}{2}w_{,x'}^2（形心应变）, \quad \kappa_{x'} = -w'_{,x'x'} + \gamma_{x'z,x'}（垂直面内弯曲变形）$$

$$\kappa'_{x'} = -v'_{,x'x'}（水平面内弯曲变形）, \quad \theta = w_{,x'y'}（单位长度扭转角）(8.25)$$

式中，u'、v'、$\gamma_{x'z}$ 为形心位移和横向剪应变，可以根据变形协调条件用板的位移及剪应变表示。

面板内力向量 N、M、Q 与中面变形、曲率和横向剪应变向量 ε_0、κ、γ 满足层板线性本构关系。长桁内力与变形的关系为

$$N = EA\varepsilon_{x'}, \quad M = EJ\kappa_{x'}, \quad M' = EJ'\kappa'_{x'}, \quad M_T = GJ_\kappa\theta, \quad Q = GA\gamma \quad (8.26)$$

利用小有限转动下的非线性几何关系和线弹性本构关系可以得到加筋板与边梁组成的弹性系统位能 P，取边梁在板面内的弯曲刚度作为罚因子，实现直线边界条件。系统的平衡条件是

$$\delta P = 0 \qquad (8.27)$$

式（8.27）给出在后屈曲状态下的平衡方程。增量迭代形式为

$$\boldsymbol{K}_T(\boldsymbol{\eta}_i, \Delta\boldsymbol{\eta}_i^r)\Delta\Delta\boldsymbol{\eta}_i^r = \Delta\Delta\lambda_i^r\tilde{\boldsymbol{F}} - \boldsymbol{R}(\boldsymbol{\eta}_i, \Delta\boldsymbol{\eta}_i^r) \qquad (8.28)$$

式中，$\boldsymbol{K}_T$、$\tilde{\boldsymbol{F}}$、$\boldsymbol{R}$、$\boldsymbol{\eta}$ 分别是切线刚度阵、参考载荷向量、不平衡力向量和广义位移；下标 i 是载荷步，上标 r 是迭代步；位移增量和载荷增量为

$$\Delta\boldsymbol{\eta}_i^r = \boldsymbol{\eta}_{i+1}^r - \boldsymbol{\eta}_i, \quad \Delta\Delta\boldsymbol{\eta}_i^r = \boldsymbol{\eta}_{i+1}^{r+1} - \boldsymbol{\eta}_{i+1}^r, \quad \Delta\Delta\lambda_i^r = \lambda_{i+1}^{r+1} - \lambda_{i+1}^r \qquad (8.29)$$

加筋壁板在轴压、剪切及其联合作用下，后屈曲状态通常是稳定的，对应上升路径，当载荷较高时，出现极限点或新的分支点也是可能的，这种现象称为二次屈曲。为了考察二次屈曲和越过后屈曲路径上的奇异点，需要判断解路径上每个计算点的稳定性。该点切线刚度阵 $\boldsymbol{K}_T$ 进行 LU 分解后，如果 L 阵对角元素皆为正，即 $L_{ii} > 0$，则该点是稳定的，否则不稳定。如果相邻两个计算点，发生从稳定平衡到不稳定平衡的转变，则两点间必存在奇异点。为了判断奇异点的类型，在两点之间，接近后一计算点再补算一点，根据三点的稳定性和路径变化情况，可以确定该奇异点是极值点还是分支点。如果是极值点则可用弧长法继续路径跟踪计算；如果是分支点则必须进行路径转换，从一次后屈曲路径过渡到二次后屈曲路径，并继续跟踪。在每一载荷步迭代过程中，按 Hoffman 强度准则，检查层板及长桁翼缘中是否有单层板发生破坏，如果破坏则该层刚度降为接近于零的小量，并重新修正面板和长桁的刚度系数，继续迭代，直至收敛。令

$$R = \frac{\sigma_{\mathrm{L}}^2 - \sigma_{\mathrm{L}}\sigma_{\mathrm{T}}}{X_{\mathrm{t}}X_{\mathrm{c}}} + \frac{\sigma_{\mathrm{T}}^2}{Y_{\mathrm{t}}Y_{\mathrm{c}}} + \frac{X_{\mathrm{c}} - X_{\mathrm{t}}}{X_{\mathrm{t}}X_{\mathrm{c}}}\sigma_{\mathrm{L}} + \frac{Y_{\mathrm{c}} - Y_{\mathrm{t}}}{Y_{\mathrm{t}}Y_{\mathrm{c}}}\sigma_{\mathrm{T}} + \frac{\tau_{\mathrm{LT}}^2}{S^2} \quad (\leqslant 1) \qquad (8.30)$$

式中，R 称为 Hoffman 参数，用于表示每个单层接近破坏的程度，也可以作为单层内应力水平的度量。对于各向同性材料 R 等于 Mises 等效应力与破坏应力之比的平方。复合材料壁板的破坏是损伤逐渐发展的过程，在该过程中可以取三种标志性状态：

1）损伤发生状态（载荷因子 λ_{s}'），即所有板元单层或梁元翼缘单层中，首次发生 $R = 1$；

2）局部失效状态（载荷因子 λ''_s），即任一板单元或任一梁单元的翼缘所有单层 $R \geqslant 1$；

3）极限载荷状态（载荷因子 λ_s），结构发生极值点屈曲。

收敛条件是：在相邻两次迭代中

$$\|\Delta\Delta\eta\|/\|\Delta\eta\| \leqslant \varepsilon \text{ 和 } \Delta N \leqslant d \tag{8.31}$$

式中，$\|\Delta\Delta\eta\|$、$\|\Delta\eta\|$ 分别是相邻两次迭代位移增量的模、本步位移增量的模；ΔN 是相邻两次迭代中破坏单层数的差值；d 和 ε 是许可误差。

失效之前壁板的挠度，如图 8.8 所示，借助 Hoffman 参数 R 给出了单层内的应力分布。屈曲形态主要发生在面板，但屈曲后长桁发生弯曲，上下两侧长桁的中部翼缘首先出现单层损伤，并且发展至该处的所有单层，导致局部破坏。从屈曲到损伤出现，承载增加约 1/3，而损伤一旦发生，则迅速扩展，载荷略有提高，直到丧失承载能力。

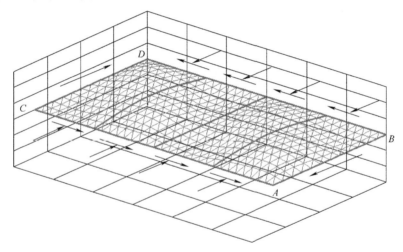

图 8.8　失效之前壁板的挠度

8.6　复合材料层合板位移场

将复合材料层合板厚度方向分为若干层。各层既可以是真实物理材料层，也可以是由多个材料层构成的等效层或者把单层材料再离散的数学意义上的数值层等。为准确分析复合材料结构的阻尼性能，要把嵌入的各黏弹性材料层划分为单独层。然后将划分后的每一层视作考虑面内、弯曲和横向剪切变形的板，且各层之间满足位移连续条件。引入如下假设：

1）忽略层板横向正应变的影响。

2）各层内材料均匀，且符合线弹性或线黏弹性假设。

3）考虑各层的平动质量和转动惯量。如图 8.9 所示，将层合板沿厚度方向划分为 n 层，各层厚度为 h_k（$k = 1$，$\cdots$，n）。取 $k = 1$ 层中面所在平面为参考面，建立正交坐标系 $oxyz$，其中 z 轴沿板厚度方向，oxy 位于参考平面内，u、v、w 分别为各层沿坐标轴方向的位移，θ_x、θ_y 分别为各层法线绕 x、y 轴的转角，$z_k \in [-h_k/2,\ h_k/2]$ 为各层 z 向的局部坐标。

复合材料层合结构中第 k（$k \geqslant 2$）层的位移场 $\boldsymbol{u}_k$ 为

$$\boldsymbol{u}_k = \begin{bmatrix} u_k \\ v_k \\ w_k \end{bmatrix} = \begin{bmatrix} u_0 + \dfrac{h_1}{2}\beta_1^x + \sum_{j=2}^{k-1} h_j\beta_j^x + \dfrac{h_k}{2}\beta_k^x + z_k\beta_k^x \\[2mm] v_0 + \dfrac{h_1}{2}\beta_1^y + \sum_{j=2}^{k-1} h_j\beta_j^y + \dfrac{h_k}{2}\beta_k^y + z_k\beta_k^y \\[2mm] w_0 \end{bmatrix} \tag{8.32}$$

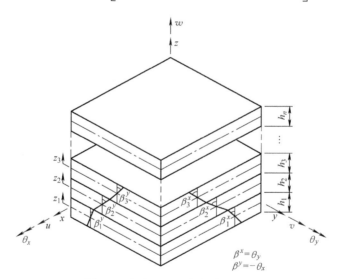

图 8.9　复合材料层合板的位移场

第 $k = 1$ 层的位移场与通常的 Mindlin 板相同，即

$$\boldsymbol{u}_1 = \begin{bmatrix} u_1 \\ v_1 \\ w_1 \end{bmatrix} = \begin{bmatrix} u_0 + z_1\beta_1^x \\ v_0 + z_1\beta_1^y \\ w_0 \end{bmatrix} \tag{8.33}$$

式中，u_0、v_0 和 w_0 为参考平面的位移；$\beta_k^x = \theta_k^y$；$\beta_k^y = -\theta_k^x$。显然，式（8.32）

给出的位移场满足连续性和层间位移协调条件，并且 u, v 沿厚度方向呈折线分布，w 与 z 无关。各层内任意一点的位移都可以由参考面的平动位移和各层法线的转角确定，因此，定义广义位移场 d 为

$$d = \left[u_0, v_0, w_0, \beta_1^x, \beta_1^y, \cdots, \beta_k^x, \beta_k^y, \cdots, \beta_n^x, \beta_n^y \right]^{\mathrm{T}} \tag{8.34}$$

这样，第 k 层的位移场可记为

$$\boldsymbol{u}_k = \mathcal{N}_k d \tag{8.35}$$

式中，矩阵 $\mathcal{N}_k$ 为：

$$\mathcal{N}_k = \begin{bmatrix} 1 & 0 & 0 & \dfrac{h_1}{2} & 0 & \cdots & h_j & 0 & \cdots & \dfrac{h_k}{2}+z_k & 0 & 0 & \cdots \\ 0 & 1 & 0 & 0 & \dfrac{h_1}{2} & \cdots & 0 & h_j & \cdots & 0 & \dfrac{h_k}{2}+z_k & 0 & \cdots \\ 0 & 0 & 1 & 0 & 0 & \cdots & 0 & 0 & \cdots & 0 & 0 & 0 & \cdots \end{bmatrix} \tag{8.36}$$

  复合材料以其出色的减重特性、独特的材料可设计性和良好的工艺性，愈来愈多地被应用于航空飞行器结构中。但由于技术水平的不完善，设计准则的过于保守，复合材料结构的减重效果并不理想，特别是对于壁板稳定性结构。在剪切或压缩载荷下的复合材料加筋壁板屈曲实验与分析已经开展了很多研究，并且取得了很好的效果。但飞机壁板结构真实的受力状态一般不会是单一的压缩或剪切，而是复合载荷状态。比如，机翼的上蒙皮主要承受压剪复合载荷，而下蒙皮则主要承受拉剪复合载荷（图 8.10），机身壁板也同样存在这样的复合载荷状态。压剪复合载荷状态无疑是对结构稳定性最严酷的载荷形式，将在两者都低于其屈曲临界载荷的情况下结构发生屈曲，但拉伸载荷下结构不仅不会发生屈曲，而且会抑制剪切屈曲的发生。在进行结构稳定性设计时，相关方程是获取复合载荷下结构屈曲临界载荷的快速有效方法，可用于壁板结构的初步设计和快速优化。因此，历年来，人们不断在寻求一种相关方程来预测不同比例的复合载荷下的屈曲临界值，但传统的屈曲相关方程并不适用于复合材料板（尤其是非均衡铺层复合材料板），无法用于复合材料板的剪裁设计，限制了复合材料结构减重特性的有效利用。传统相关方程不适用于复合材料板，尤其是非均衡铺层复合材料板，铺层非均衡性越大传统相关方程预测误差越大。从数学上理性地解决传统屈曲相关方程不适用于复合材料板（尤其是非均衡铺层板）的问题，如图 8.10 所示。这类问题需要配合实验来分析及设计，复合材料结构压剪实验如图 8.11 所示。

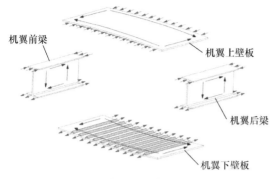

机翼前梁

机翼上壁板

机翼后梁

机翼下壁板

图 8.10　典型机翼壁板复合受载

图 8.11　复合材料结构压剪实验

中篇　新能源汽车技术应用篇
新能源汽车复合材料轻量化设计

第 9 章
新能源车辆复合材料轻量化设计

　　人们总是渴望更理想的材料。对新能源汽车行业来说，材料的轻盈、坚固是永恒的追求。相比人类创意，大自然的进化设计或许更加先进。馒头海星是海洋中的常见物种。从外表看，它就像抹了芝麻的五角星小甜点，但如果去掉它外层软组织，里面的骨骼将呈现出来（图 9.1）。

　　该海星的骨骼由不计其数的、直径只有几毫米的"小骨"组成，这些小骨与软组织相连，使该海星能够灵活运动；与此同时，每个小骨又由细密紧致的微晶格构成，有序、繁复而轻巧。它的主要成分碳酸钙密度为 2.7g / cm³，但由于它的骨骼是多孔结构，总体平均密度就和水差不多了。碳酸钙随处可见，例如轻轻一掰就碎的粉笔，就是由碳酸钙结晶方解石构成。但一种物质在不同轻量化结构下，性能也会不同。海星骨骼就像用整块方解石单晶雕刻出来的周期性晶格，是双尺度微晶格结构，该结构让海星可以在特定方向上强化骨骼，既

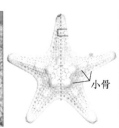

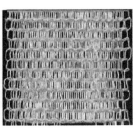

a) 海中形态　　　　　b) 毫米尺度结构　　　　　c) 微米尺度结构　　　　　d) 纳米尺度结构

图 9.1　馒头海星的自然结构

灵活又坚固。在微晶格断裂时，还能阻止裂纹进一步扩展，这是因为这种微晶格结构中含有很多晶格缺陷，从而抑制了裂纹沿着某一个方向扩展。

人们还关心它的另一个性能：吸能。这个概念常常出现在汽车上，就是在激烈碰撞中，材料本身的破碎能吸收掉一部分动能，以保护车里的乘客。经测算，海星骨骼材料的吸能指标比现在常用的泡沫陶瓷高出许多。然而，目前人类现有技术还不足以复制这种材料。它的微晶格结构像是极其规整的格子，排列得非常整齐，有着一致的方向和对称性。正是这种复杂却秩序的结构，让原本脆弱的材料变得更加轻量化且坚固，并且对机械损伤有了很高的耐受度。该海星骨骼在微米尺度和纳米尺度上呈现单晶结构。大海是非常丰富的宝库，大自然就像天然实验室，在漫长的演化中，淘汰了那些不够经济、不够牢固、不够轻便的材料，留下的作品经得住考验，值得学习、借鉴。海星等海洋动物揭示了复合材料轻量化演化的历程，这对它们在海底世界生存至关重要。研究这些结构的工程性能，对复合材料轻量化设计有着巨大意义和应用价值。

9.1 新能源车辆轻量化设计概论

汽车工业的发展面临着严峻挑战：即能耗、环保和安全，轻量化技术能够减少汽车自重，提高汽车行业能源利用效率，降低能源消耗，环保节能。但汽车的主要承载件需要足够刚度、强度和疲劳耐久性能，使整车具有良好安全、NVH 和耐久性能，而轻量化无疑对设计提出了更高要求，从而倒逼汽车技术升级换代。轻量化、智能化及电动化等已成汽车工业发展趋势，新能源汽车的轻量化革新势在必行。新能源汽车轻量化趋势和意义如图 9.2 所示。轻量化技术通过降低自身重量从而达到降低能耗、减少排放的目的。在电池技术短期内难有重大突破的情况下，轻量化成为新能源汽车发展的重要方向。然而，复合材料面临加工成本高、结构设计复杂、成型要求高、变形难修复等问题，如何有效提高产品质量，减少资源浪费，成为复合材料推广必须解决的问题。复合材料性能设计过程中若出现偏差，将会对车辆的产品质量甚至安全性能带来影响。复合材料将在新能源汽车领域的轻量化设计应用提供有力保障，新能源汽车轻量化趋势和意义如图 9.2 所示，汽车材料性能比较如表 9.1 所示。复合材料将带动新能源汽车的普及，打开新能源汽车发展的新局面。

目前，汽车的储能技术比较如表 9.2 所示。复合材料是推广新能源汽车应用的关键钥匙，如图 9.3a、图 9.3b 所示。在汽车电动化、智能化和轻量化的趋势中，前两者虽是热点，但轻量化更能够体现基础技术积累和知识储备，如图 9.3c 所示，科技附加值含量较高。复合材料是轻量化的基础支撑，轻量化设计能弥补动力电池能量密度不足带来的续驶里程不足的缺陷，因此，复合材料轻

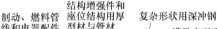

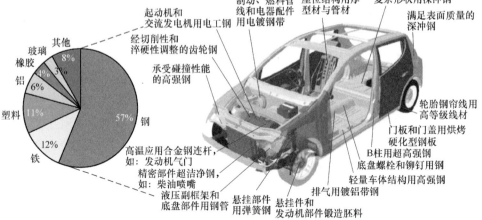

a) 乘用车所采用的材料及钢铁的主要应用

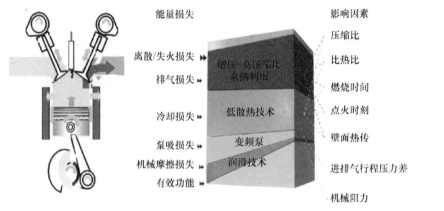

b) 传统车辆内燃机工作过程中各项能量损失及影响因素

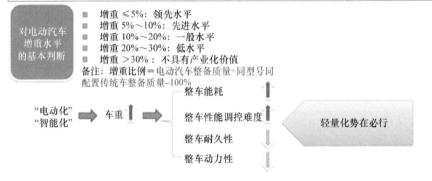

c) 新能源车辆与传统车辆的增重比较及轻量化的意义

图 9.2　新能源汽车轻量化趋势和意义

d) 智能车辆雷达、相机等传感器带来的增重

能量来源	产品分类	产品界定
氢能	燃料电池汽车 (FCV)	只用电动机驱动汽车, 以氢燃料电化学反应, 产生的电能为动力源
电网	纯电动汽车 (BEV)	用电动机驱动汽车, 以插电方式为 电池充电
燃油 + 电网	增程式电动汽车 (EREV)	只用电动机驱动汽车, 以内燃机和插电方式 为电池充电
	插电式混合动力汽车 (PHEV)	使用内燃机/电动机驱 动汽车,以插电/能量 回收方式为电池充电
燃油	非插电混合动力汽车 (HEV)	使用内燃机/电动机驱 动汽车,以能量回收 方式为电池充电
	内燃动力汽车 (ICEV)	以内燃机提供原动力 使用发动机驱动汽车

高 ↑ 电气化程度

新能源汽车

e) 新能源汽车的分类

图 9.2 新能源汽车轻量化趋势和意义 (续)

表 9.1 汽车材料性能比较

材料	示例	密度	用途	优点
高强度钢 / 超高强度钢	冷轧含磷板、双相钢、相 变诱发塑性钢(TRIP 钢)	7.8g/cm³	汽车车身、底盘、悬 架、转向等零部件	减薄车身用板的厚度和 重量、增加安全性
铝合金	—	2.7g/cm³	—	—
镁合金	抗蠕变镁合金 高韧性镁合金 高强度镁合金 高耐腐蚀性镁合金	1.74g/cm³	车内部件、发动机部 件、传动系统部件及骨 架、零件外壳等	导热性、减振、易回收

（续）

材料	示例	密度	用途	优点
钛合金	20MnTiB 25MnTiBRE 20CrMnTi 30CrMnTi Ti-6Al-4V	4.51g/cm³	制动原件、排气管、弹簧、轮圈、外壳、制动活塞、密封圈、动力系统连杆	比强度高、韧性与钢铁相当，抗蚀性优于钢铁
复合材料	碳纤维复合材料（CFRP）	1.5~2.0g/cm³	汽车车身、底盘、悬架、转向等零部件、制动片、轮圈、传动轴	轻量化、强度高、刚度高、耐磨、环保
塑料	PP/PA/长玻纤/PPO/PC/ABS 等	1.09~1.57g/cm³	门板、保险杠、汽车尾门、前端模块、内外饰	密度轻、易回收、性价比高

量化与新能源汽车的结合大有裨益。近年，很多国家已明确禁售燃油车时间，部分汽车企业也逐步停止燃油车研发与销售，大力发展新能源汽车。新能源汽车轻量化以安全为基础，在保持安全性及舒适性的前提下，对复合材料结构进行轻量化设计，尽量确保汽车成本不提高，而降低汽车重量，达到环保、节能、减耗等目的。轻量化还表现在功能多样和节能上。在电池能力逐渐提升达到极限的情况下，底盘和车身系统的轻量化成为重要选择。工业系统储能技术比较，如表9.2所示。在全球对环境保护和资源可持续利用的认识不断提升的大背景下，很多国家纷纷制定严格的车辆燃油经济性和排放标准法规，深入研发底盘、车身等方面的技术，促进节能减排。轻量化是满足新能源汽车产业化落地的关键技术，也是难点和堵点，如图9.3c所示。在各种候选材料中，由于复合材料质量轻、强度高、可设计性好、便于整合零部件以及其耐冲击、腐蚀、疲劳耐久性能好，不断获得青睐，车辆复合材料性能如表9.3、表9.4所示。复合材料轻量化设计成为新能源汽车技术研究重点，也是未来汽车结构轻量化技术的发展方向。

表9.2　工业系统储能技术比较

	储能技术	优点	缺点
物理储能	抽水储能	容量大、成本低	场地要求特殊、建设周期长
	压缩空气储能	容量大、成本低	场地要求特殊
	飞轮储能	技术成熟	能量密度低
化学储能	铅酸电池	投资低、建设快	寿命低、有污染
	锂电池	容量大、高密度、高效率	成本高
	钠硫电池	容量大、高密度、高效率	成本高、有安全隐患
	超级电容器	寿命长、高效率	能量密度低

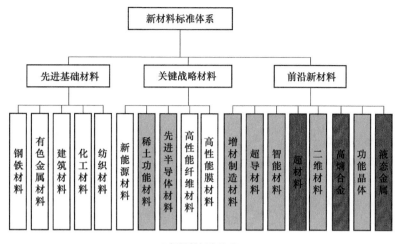

a) 新材料标准体系

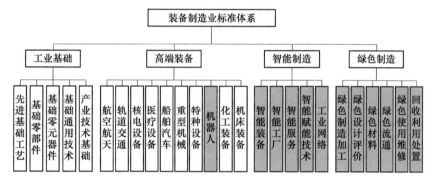

b) 制造业标准体系

注：白色表示目前标准化工作已有一定基础、需要稳步推进标准体系建设的领域；蓝色表示具有重要战略意义、需要重点建设标准体系的领域；红色表示标准化工作尚处于起步或空白阶段、未来需要关注和发展的领域。

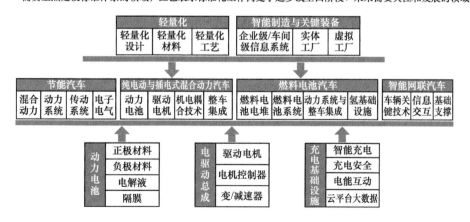

c) 新能源汽车轻量化的技术体系

图 9.3 新能源汽车轻量化设计的总体技术框架

表 9.3　车辆采用复合材料的性能比较

材料种类	密度 /（g/cm³）	拉伸强度 /MPa	比强度 /（10³cm）
高级合金钢	8.0	1280	1600
Q235 钢	7.85	400	510
2A12 铝合金	2.8	420	1500
玻璃纤维增强环氧树脂	1.73	500	2890
玻璃纤维增强聚酯树脂	1.80	290	1610
玻璃纤维增强酚醛树脂	1.80	290	1610
玻璃纤维增强 DAP 树脂	1.65	360	2180
Kevlar 纤维增强环氧树脂	1.28	1420	11094
碳纤维增强环氧树脂	1.55	1550	10000

表 9.4　车辆采用典型的复合材料

应用部位		使用材料
内部饰件	仪表盘	改性 PP、玻璃纤维毡增强热塑性复合材料（GMT）、PVC 合金（仪表盘材料以 PVC/ABS 为主）
	门内板	ABS、PP、PP 发泡、TPU、玻璃纤维增强不饱和聚酯片状模塑料（SMC）、天然纤维 /PP
	底座	玻璃纤维毡增强热塑性复合材料（GMT）
	地板	玻璃纤维毡增强热塑性复合材料（GMT）
	脚踏板	玻璃纤维毡增强热塑性复合材料（GMT）
外部饰件	车顶盖	PC 合金（PC/PBT），玻璃纤维增强不饱和聚酯片状（SMC）
	发动机舱盖	玻璃纤维增强不饱和聚酯片状（SMC），GMT
	行李舱盖	玻璃纤维增强不饱和聚酯片状（SMC）
	前翼子板	玻璃纤维增强不饱和聚酯片状（SMC）
	尾板	玻璃纤维增强不饱和聚酯片状（SMC）
	后背门	GMT
	底盘耐磨零件	改性 PBT，改性 POM
结构件	保险杠	PP、PC/ABS、PC/PBT、PP 发泡材料、TPO、玻纤增强 PP 材料
	燃油箱	超高分子量高密度聚乙烯、共聚 PA、EVCH 树脂
	进气歧管	玻纤增强 PA
	发动机周边零件	PA66
	离合器执行系统	长玻纤增强黑色尼龙 LFRT
车身		碳纤维复合材料
底盘		碳纤维复合材料

新能源汽车是汽车发展趋势，越来越多企业投入到新能源汽车的研发中。但同时面临着研发难题和技术挑战。要设计复杂可靠的新系统，使用缓慢低效、反复样机试验的研制方法已不能满足设计需求。为了能研制出高质量、可靠稳定的新能源汽车，在研发环节引入仿真与软件结合的新技术，来替代传统反复使用物理样机验证方法，在制造汽车物理样机之前，就能有效评估多个方案，预测车辆在实际驾驶情况下的性能。这样，在前期就进行轻量化设计，可以避免在产品开发后期发生意外和问题，如图9.4所示。新能源汽车复合材料轻量化设计涵盖汽车动力学、新能源、复合材料、热学、力学、电气和电磁等领域，主要解决电池组、驱动电机、电力电子器件及车身等部件的轻量化设计问题。

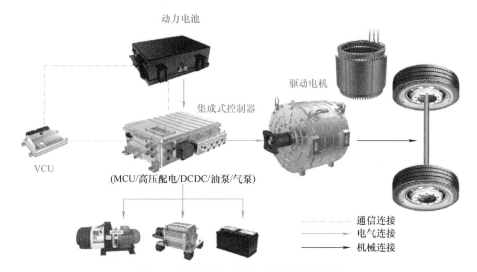

图9.4 轻量化物理样机与仿真协同设计

刚度是材料抵抗外力变形的能力，良好刚度是车辆动力性能和疲劳耐久性能的基础，评判指标包含车身扭转刚度等。刚度与复合材料的弹性模量相关。为了提升安全性能，汽车设计大量采用高强度复合材料。

实现汽车轻量化的途径主要有：车身下部结构由非连续性改为连续性，使得汽车在碰撞时能有效分散撞击能量；增加加强筋；加强防滚架平衡杆；降低车身板料厚度等。碳纤维复合材料结构具有轻质、防锈、吸振、可设计等特点，在抗碰撞性能、加工工艺等方面较铝镁合金具有明显优势，能满足轻量化和提高碰撞安全性能的双重需要。从成本与性能角度来看，是满足车身轻量化、提高碰撞安全性的理想材料。在满足汽车使用工况、安全性和成本控制要求的条件下，将复合材料轻量化设计技术应用产品，实现减重，是汽车产业对轻量化的普遍共识，尤其是根据汽车受力状态（如图9.5所示），考虑并完善轻量化设计的结构分析模型。汽车轻量化前提是：不以牺牲车辆安全性和NVH（Noise、

Vibration、Harshness）为代价，必须在预定整车减重、整车成本、安全性和NVH水平的全面约束下进行。

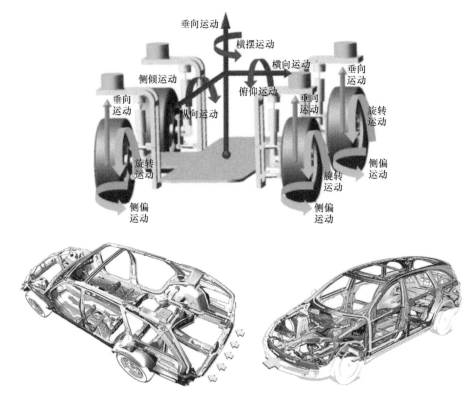

图 9.5　汽车受力状态分析

　　轻量化不是简单地以缩小汽车的体积或者降低重量。汽车的安全性、稳定性、舒适性和耐撞性等与汽车重量有直接关系，因此，合理进行轻量化设计的原则包含：

　　1）对于已有功能满足要求的汽车，轻量化设计是降重且保持原功能不变，轻量化效果是直接减重。

　　2）现有功能尚不能全部满足要求的汽车，轻量化设计是完善功能且保持重量不变。

　　3）既要提高性能，同时也使汽车减重。

　　正因如此，轻量化设计实际上是功能改进、重量降低、结构优化及合理价格的结合。

　　要实现汽车轻量化，复合材料非常重要。复合材料轻量化设计通常采用超轻质、高刚性结构来减重，减少车身多余尺寸、零件数量和零部件厚度，优化零部件形貌，减少不必要结构或加强件数目。较传统燃油汽车，混合动力汽车的三电系统（电池、电机、电控），如图 9.6 所示。轻量化设计须打破技术发展涉及的多学科之间的壁垒，形成综合系统性知识体系，来发展新材料、新技术、新设计和新产品。新能源车辆典型线束复合材料的结构分析，如图 9.7 所示。

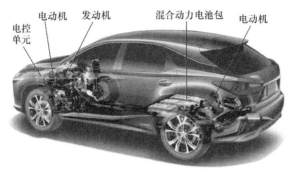

图 9.6　混合动力汽车的三电系统

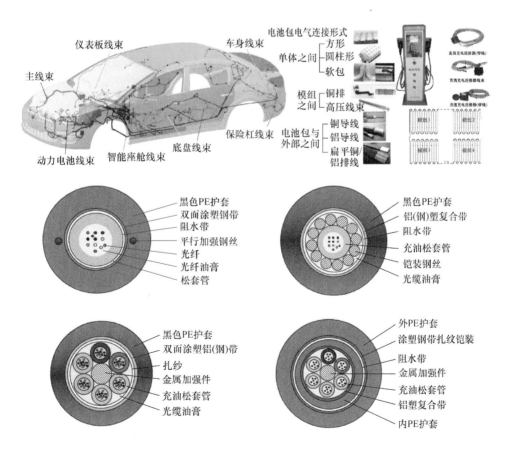

图 9.7　新能源车辆典型线束复合材料的结构分析

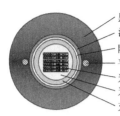

黑色PE护套
涂塑皱纹钢带
阻水带
平行加强钢丝
光纤带
光纤油膏
充油松套管

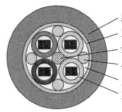

黑色PE护套
双面涂塑铝(钢)带
金属加强件
小PE填充绳
光缆油膏
充油松套管

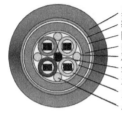

黑色PE护套
涂塑钢带铠装
阻水带
内黑色PE护套
双面涂塑铝带
金属加强件
光纤油膏
充油光纤带松套管
小PE填充绳

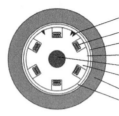

肋标
4芯带
涂塑铝带
阻水带
中心加强芯
骨架
PE外护套
撕裂绳

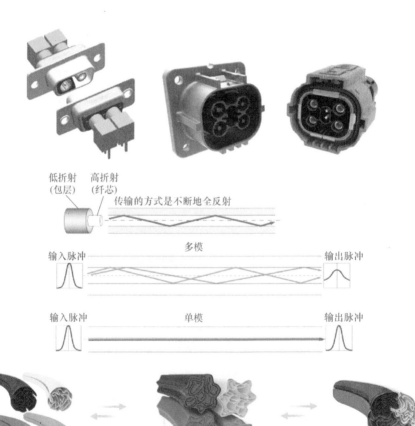

图 9.7　新能源车辆典型线束复合材料的结构分析（续）

9.2 锂离子动力电池的轻量化设计

2019 年诺贝尔化学奖颁发给了三位锂电池科学家，表彰他们在锂离子电池领域的贡献。锂电池从手机、笔记本到新能源汽车，奠定了可充电、无线、无化石燃料的新能源科技基础，改变了人们的日常交通生活。锂离子电池技术的发展使得新能源汽车能够商业化落地。电动汽车需载人载物行驶，对电池容量有很高要求，但同时既不能过多侵占座舱与行李舱空间，也不能背负过重电池包。因此若无轻量化，新能源汽车就无法成为合格的交通工具。电动汽车底盘与传统内燃机汽车底盘对比，取消原有传动机构及输油系统，增加了电池，省却发动机，采用电机驱动，电机位置可以根据车型特点灵活调整。电池包放置在底盘部分，需要对其进行加固和保护。电池箱体是电池包的"骨架"，是新能源汽车底盘结构件的主要增量。电池箱体主要由电池包上盖、托盘、各种支架、端板和螺栓组成，是电池包的"骨架"，如图 9.8 所示，起到支承、抗机械冲击 / 振动和防水防尘的作用。电池包系统结构件包括外防护结构、外框架结构、内壳体结构和内框架加强结构等。动力电池包结构如图 9.9 所示。续驶里程越大，新能源汽车电池包重量越大，就越影响其能源效率。因此，对电池系统进行轻量化设计显得尤为重要。对于新能源汽车，电池轻量化目前是研发的重中之重。新能源汽车安全性备受关注，除了要满足常规安全碰撞标准之外，还要考虑可能发生的电池燃烧、高压漏电、电磁干扰等安全隐患。传统汽车使用的电池电压只有十几伏，而新能源汽车动力电池电压达到了 100~300 多伏，电磁干扰可能导致汽车操控系统失灵，这些都给汽车安全提出更高要求。新能源汽车轻量化首要的是新能源汽车电池的轻量化。锂动力电池作为电动汽车的"心脏"，占电动车辆 1/3 到一半的成本，是电动车辆核心零部件。锂离子动力电池受全球新能源汽车市场快速发展带动，成为近年来拉动全球锂电池市场高速增长的主要因素。未来动力电池仍将是该行业增长最快的部分。随着商业锂电池性能不断接近理论极限，以固态电池、锂空气电池为代表的多元化新型锂电池技术正在展开研究。

图 9.8 动力电池结构框架

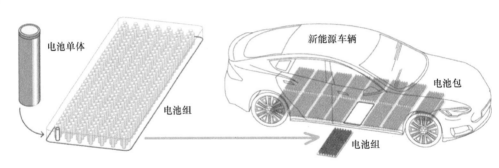

图 9.9　动力电池包结构

9.2.1　固态锂电池

固态锂电池与传统锂电池的区别在于用固态离子代替了电解液，能让更多带电离子聚集在一端，传导更大的电流，进而提升电池容量。固态锂电池具有较高的安全性，固态电解质具有不可燃、无腐蚀、不挥发及不漏液等特点，同时克服了锂枝晶的问题，因此搭载固态锂电池的汽车自燃概率降低。不过固态电解质具有较高的电阻，在功率密度、电导率、电池放电倍率及成本等方面存在问题，固态锂电池目前尚处在实验室探索阶段。

纵观锂电池发展史，是人类不断突破理论极限的过程。锂电池关键技术的诞生、发展、成熟及商业化应用，依靠的是科研与产业界的共同创新。动力电池系统轻量化潜力有：1）提高动力电池正极活性物质，提升能量密度，减轻重量；2）降低电池组配件重量；3）电池箱体及结构件选用碳纤维复合材料。当前电池箱体上壳体采用轻质复合材料可大幅减重，从而提高能量密度。从成本和性能角度考虑，碳纤维复合材料更为适合。

固态锂电池充放电机理与传统锂电池相似，都是锂离子在电极材料上的嵌入与脱嵌过程，在体积相同的情况下，固态电池容量会大于传统锂离子电池。固态电池优点可归结为以下几点：1）更轻，电极与电解质均为固态，电池能量密度提升。2）更薄，舍弃液态电解质与隔膜材料后，正负极间仅剩固态电解质，因而两极间距缩短至微纳米尺度。3）更稳定，虽然固态氧化物电解质较脆，但具备一定柔性，配合相应封装材料，能够做到电池上千次循环性能不衰减。4）更安全，造成锂离子电池自燃、爆炸的原因有很多，而热管理失效和锂枝晶仍是主要因素。固态电池中不易生长枝晶，伴随科技进步，枝晶问题有望得到解决。5）固态电池能适应高压电极，可串行叠加排列或叠加多电极等使用，如表 9.5 所示。由于封装工艺简化、单体重量降低，从规划和技术发展角度来说，固态电池都更具潜力。电芯轻量化系数（能量密度）的提升依托于新高能量密度材料体系，含新正负极材料、隔膜及电解质等。降低电芯壳体重量也是降低电池重量的措施，如图 9.10 所示。同材料体系、同电量电芯中，软包袋状复合材料电芯重量小，是动力电池包轻量化方向之一，如图 9.11 所示。

表 9.5　动力电池包布局比较

布局方式	封装描述	示例
网格布局	同等尺寸与形状均匀排列	车型 1
行状布局	基本同等尺寸与形状，均匀排成行	车型 2
适应模块形状	多种尺寸与形状，根据模块形状和间距排列	车型 3

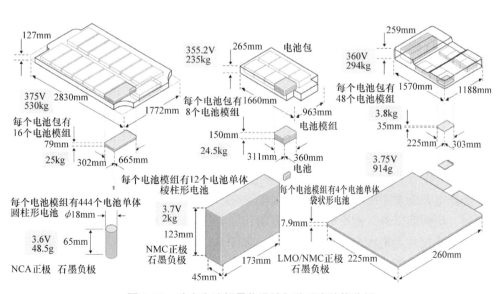

图 9.10　动力电池轻量化设计与跨尺度结构分析

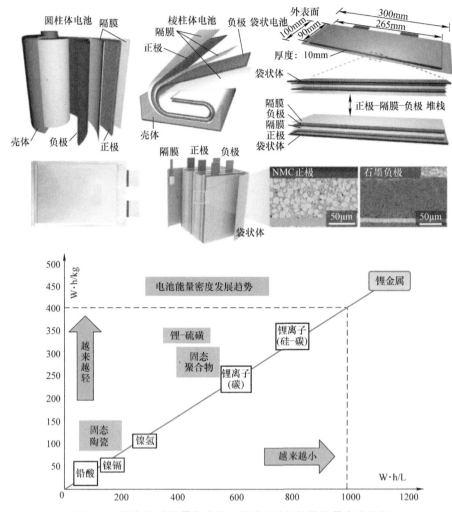

图 9.11　软包电池轻量化设计、其他电池结构及能量密度分析

9.2.2　电池模组的轻量化

新能源汽车电池包各主要部件中，重量最大的是电芯本体，其次为电池包下箱体、上盖、BMS 集成部件等。考虑用小重量的电池包存贮更多的电量，除了提高电芯能量密度之外，还需要降低除电芯中发生电化学反应的正极、负极、隔膜、电解液以外其他所有部件的重量，如电芯壳体、模组壳体、铝片、胶水、线束、连接片、电池包箱体及上盖等。如图 9.12 所示。电芯模组的作用是吸收电芯内部产生的应力及冲击，包括由于温度变化导致电芯产生的热胀冷缩以及充放电导致的电芯体积变化。模组形状主要为方形，由上盖、侧板、绝缘板、下复合材料支架、上复合材料支架、铝片等部件构成。

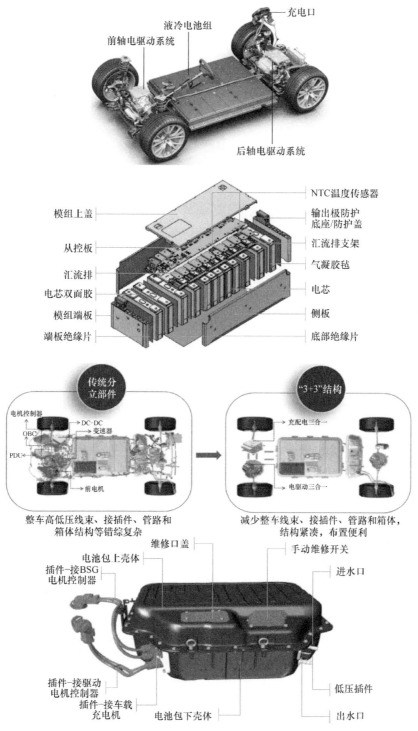

图 9.12　电动车辆 "3+3" 结构、电池模组的层合结构与电池冷却结构的轻量化设计

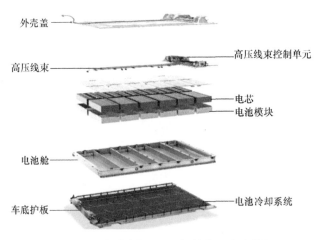

外壳盖

高压线束控制单元

高压线束

电芯
电池模块

电池舱

电池冷却系统

车底护板

图 9.12　电动车辆"3+3"结构、电池模组
的层合结构与电池冷却结构的轻量化设计（续）

　　电芯模组的轻量化开发可以从模组壳体材料轻量化、模组结构轻量化设计及电芯优化排布入手。壳体材料可以采用复合材料降低厚度来实现轻量化；模组结构轻量化设计及电芯优化排布可通过改进模组和热管理系统的设计来缩小电芯间距以及错位排布来提升空间利用率。模组内电芯的安装使用全复合材料外框架，降低重量；在确保安全的前提下，使用低密度的灌封胶，解决模组层级的传热问题。模组其他部件中，如汇流排由铜替换为复合材料进行降重，并且进行挖孔设计，既降低重量，也起到保险作用。电池箱体是新能源汽车高度定制化的部件，也是电池包中除电芯外的大质量组件，有 T 字形、土字形、方形等。不同形状、尺寸的箱体一般均放置在汽车地板下方的安装支架上。箱上盖位于电池包上方，不承受侧面及底面的冲击，也不支撑整个电池组的重量，仅仅起密封作用。

　　电池箱下箱体承担着整个电池组以及自身的重量，并且还要抵挡外部的冲击，保护电池模组及电芯，是新能源汽车重要的安全结构件。随着消费者对续驶里程的要求越来越高，电池电量也越来越高，电池箱体的尺寸也相应地变得更大。目前车企使用挤出型材，型材电池箱体的技术难点是连接技术以及尺寸控制。提升电芯的能量密度目前存在技术瓶颈，因此提高电池包的能量密度只能继续减小非电芯部件的质量，其中电池箱体减重首当其冲。科研机构正在研究复合材料电池下箱体，用碳纤维/环氧树脂复合材料替代铝箱体，受制于甲种碳纤维成本，可同时混入乙种碳纤维（如图 9.13 所示），但碳纤维含量比例不低于 40%，在满足疲劳强度、冲击强度等性能要求下得出材料组分，从而降低重量。

新能源汽车与燃油汽车的不同在于新能源汽车部分重量来源于电池，而除非找到了能量密度更高的电芯材料或者改变现在的锂电池体系，否则电池重量很难降下来，因此减轻车身、内饰、底盘等部件的重量是新能源汽车轻量化比较可行的方案。碳纤维复合材料相对于金属材料不仅力学指标优异，而且密度小，有利于减重，这在航空航天等对重量异常敏感的领域非常重要。近年来随着碳纤维复合材料成型技术的发展和成本降低，在汽车上的应用越来越多，它的出现使得基于复合材料的整车轻量化解决方案的实现成为可能。

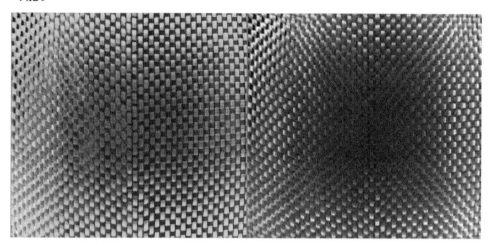

图 9.13　用于新能源汽车的甲种与乙种碳纤维

9.2.3　电池管理系统轻量化

锂电池在充放电及正常运行时均会放出热量，同时锂电池在低温时使用会对其造成不可逆的损害。基于这两点，电池包需要配备热管理系统对其进行散热和升温。早期新能源汽车采用空气为热传递介质，采用自然冷却方式，无液冷系统，降低了电池包重量。但目前随着电池能量密度、续航及充放电速度提升，空冷已完全不能满足安全需求，大部分采用液冷热管理系统。液冷热管理系统包含冷却介质、压缩机、冷凝器、水冷板等，其中水冷板面积大、质量大，须对其进行轻量化设计，动力电池包总体结构的轻量化设计如图 9.14 所示。目前部分为口琴管式水冷板，新型吹塑水冷板为复合材料成型，水冷板与电池包壳体集成一体，取消了大面积模组外水冷板，并将其集成到电池包箱体下板中。箱体内模组的冷却回路可通过轻量化设计优化，在能满足热交换要求的情况下，大幅减小回路长度，也能降低回路内冷却介质的重量。

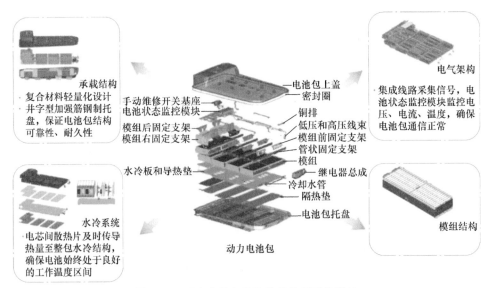

承载结构
复合材料轻量化设计井字型加强筋钢制托盘，保证电池包结构可靠性、耐久性

电气架构
集成线路采集信号，电池状态监控模块监控电压、电流、温度，确保电池包通信正常

电池包上盖
密封圈
手动维修开关基座
电池状态监控模块
模组后固定支架
模组右固定支架
铜排
低压和高压线束
模组前固定支架
管状固定支架
模组
继电器总成
冷却水管
隔热垫
电池包托盘

水冷板和导热垫

水冷系统
电芯间散热片及时传导热量至整包水冷结构，确保电池始终处于良好的工作温度区间

模组结构

动力电池包

图 9.14　动力电池包总体结构的轻量化设计

　　动力电池包的轻量化设计应遵循轻量化设计原则，即薄壁化、中空化、尺寸优化、拓扑优化及集成模块化设计等。板材薄壁化可配合加强筋来满足强度要求，薄壁化可配合特定优化断面来满足强度要求；集成化设计在电池包中可将冷却板集成在箱体下型材板中，电池包吊耳也可一次成型。电池包与底盘形成高度重合，电池包用于存贮、保护电芯及相关附件。对新能源汽车的底盘和电池包结构进行集成优化、同步设计，对新能源汽车的轻量化有显著效果。采用非承载式车身结构的电动车，其底盘承担了保证车身结构强度及保护电池包的作用，这降低了电池包箱体的载荷，使电池包箱体的底板和侧壁可以采用复合材料，来大幅降低电池包壳体的重量。

　　通过不断降低非储能部件的重量，加大研究复合材料进行以复合材料代替钢、铝的轻量化开发，对于电芯模组层级，不仅需要降低模组壳体质量，更需要对电芯模组进行设计，加大空间利用率。

9.3　电机轻量化设计

　　电机是新能源汽车驱动系统中必不可少的部分，它决定了将多少电池电能转化为机械能来驱动车辆行驶。而电机工作效率与其电磁特性密切相关，因此研究电磁问题、设计出高效轻量化电机是新能源汽车研发重要的挑战之一。树脂和碳纤维等新型轻质复合材料的应用是实现汽车轻量化直接有效的方法。对于新能源汽车用电机系统，要达到轻量化目标，电机系统需要采用高性能复合材料，配以散热结构和高功率（转矩）密度设计才能够实现。电机轻量化需要围绕槽形、转子绕组、电机轴等方面进行设计。

结构创新材料设计和集成化是电机实现轻量化的重要方式，电机系统基本原理与多物理场耦合复杂结构如图9.15所示。降低绝缘的厚度，或优化通风结构、电机绕组方式等可以有效减小电机的体积，降低电机的重量。在永磁电机永磁体槽底部和电机轴表面之间有很大的间隙，存在较大的优化空间。通过电机转子强度和磁路仿真试验，改善转子中减重槽的结构和尺寸，配以轻量高强度复合碳纤维材料，可以实现电机轻量化，提高功率密度。此外，优化磁路结构、分配铜耗和铁耗、优化电机温度和改变冷却方式都可达到轻量化目标，如图9.16所示。电机系统轻量化设计思路如图9.17所示；轻量化设计后的电机横截面与三维结构分析如图9.18所示。

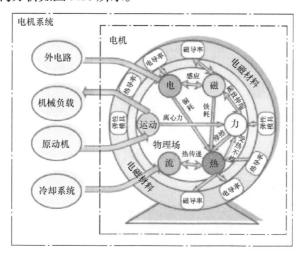

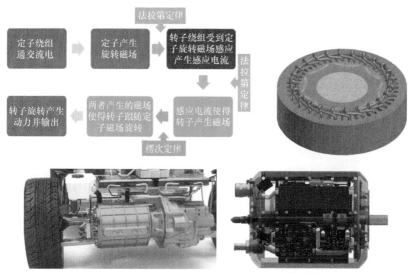

图9.15 电机系统基本原理与多物理场耦合复杂结构

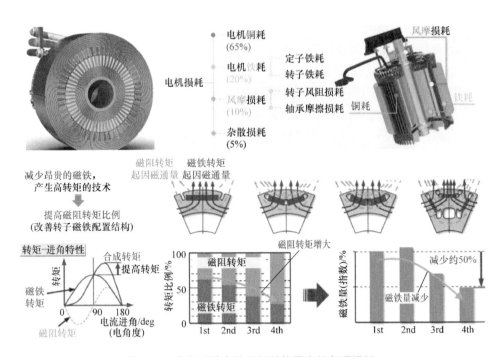

图 9.16　电机系统多物理场结构及电机各项损耗

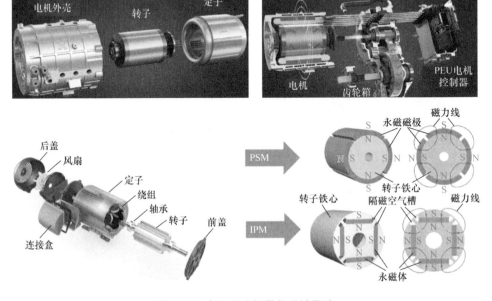

图 9.17　电机系统轻量化设计思路

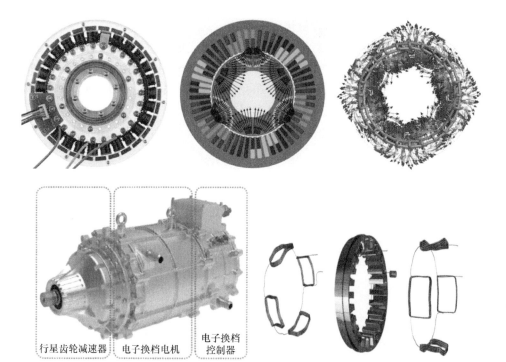

行星齿轮减速器　电子换档电机　电子换档控制器

图 9.18　轻量化设计后的电机横截面与三维结构分析

　　通过机电集成和控制器集成,有利于减少驱动系统的重量和体积,其中较为常见的集成形式有电机与发动机集成、电机与变速器集成和电机与减速器集成等。将电动汽车动力系统中的逆变器与电机集成到一起,两个组件共用一套冷却单元,通过这样的方法,就可以降低驱动系统的重量和减小内部空间结构。采用永磁同步电机作为驱动,比异步电机轻许多,这也是永磁同步电机成为主流驱动电机的重要原因。高性能永磁复合材料和高性能导磁复合材料的运用,可以有效帮助电机实现轻量化。电机定转子铁芯材料影响电机定转子尺寸、功率密度、铁耗和效率。采用超薄高饱和复合材料硅钢片可有效提高电机功率体积比和功率密度。小型化主要是通过电容与母排的集成来实现,使用宽禁带半导体器件等来缩减控制器的尺寸,从而达到电机系统小型化、轻量化的目标。

　　新能源汽车所用的驱动电机面临非常严苛的工作环境,电机长期工作在极端温度条件、剧烈振动和大工作循环条件下。在混合动力汽车中,电机还受发动机产生的高温影响。这些因素要求电机必须具有很高的可靠性和安全性。驱动系统的轻量化是整车轻量化的重点之一。在有效的空间内,电机既要实现轻量化目标,又要保证高安全性、高功率密度等,这需要解决许多技术难题。太多模块一起集成,有可能会影响电机系统的灵活性能。因此,高度集成化还需要考虑电机的运行灵活性和耦合性。复合材料成本控制难度大,导致电机系统成本高，在一定程度上制约轻量化电机发展。

除了上述方式之外，轮毂电机是新能源汽车实现轻量化有效且直接的方式。因为轮毂电机实现了新能源汽车电机、变速器的一体化，将动力、传动和制动装置整合到轮毂内，变中央驱动为分布驱动，省掉变速器、传动轴、差速器等传动部件，从而减轻重量。轮毂电机布局、复合材料轻量化设计与结构分析如图 9.19 所示。

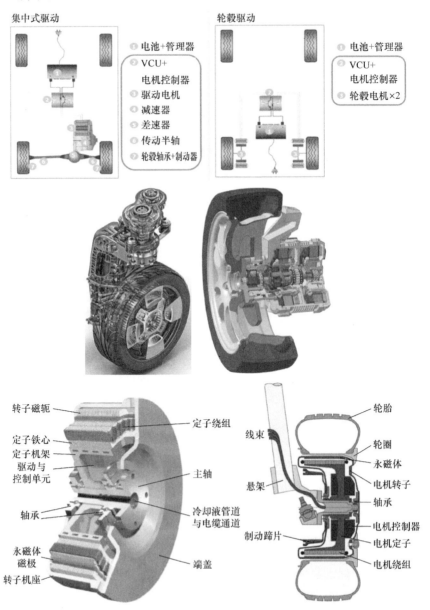

集中式驱动

❶ 电池+管理器
❷ VCU+
　电机控制器
❸ 驱动电机
❹ 减速器
❺ 差速器
❻ 传动半轴
❼ 轮毂轴承+制动器

轮毂驱动

❶ 电池+管理器
❷ VCU+
　电机控制器
❸ 轮毂电机×2

转子磁轭
定子绕组
定子铁心
定子机架
驱动与控制单元
主轴
轴承
冷却液管道与电缆通道
永磁体磁极
端盖
转子机座

轮胎
线束
轮圈
永磁体
悬架
电机转子
轴承
电机控制器
制动蹄片
电机定子
电机绕组

图 9.19　轮毂电机布局、复合材料轻量化设计与结构分析

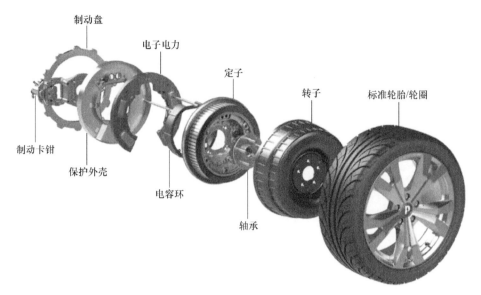

制动盘
电子电力
定子
转子
标准轮胎/轮圈
制动卡钳
保护外壳
电容环
轴承

图 9.19 轮毂电机布局、复合材料轻量化设计与结构分析（续）

电机轻量化设计包括：①电磁设计优化：计算转矩曲线，优化电磁参数；②热分析：设计散热系统，防止热损耗；③振动分析：降低电机噪声；④系统集成：优化电机及控制器；⑤结构耐久性分析等。在对新能源汽车电机件进行轻量化设计时，需要通过电子电路仿真建立系统模型，包括控制算法模型、电机模型、各器件模型电力特性（如通断电压、电流波形等），以及器件模型之间的控制算法逻辑。通过电子电路仿真分析确定车辆在加速、巡航和制动等过程中任意给定时刻、整个系统内电流的变化情况。用轻量化设计，指定电机系统中主要热源（电子控制器件和电机的载流部件）的几何尺寸，单独添加系统中关键点上每个热源，同时还须考虑空气流通量和传导热量的影响，通过参数化分析，可处理数据并生成用于热分析的等效热模型。利用这些热模型可确定器件整体温度分布以及温升性能参数，例如：从电池获得多少电能才能保证温度不超过影响某电子器件性能的限定值。

轻量化设计还用于计算电机上的电磁力，确定变形和应力分布。可通过修改结构，消除应力集中和过度变形，或者减少过度设计而使用多余材料的区域。多学科 AMESim 专业平台包含电磁专用模型、机电作动器、电磁铁和电机等模型。轻量化设计方案集成两种方法，采用磁阻、气隙等建立磁通回路模型。通过考虑电/磁/力之间的耦合效应，设计电机轻量化结构及尺寸，优化动态特性，典型电机系统结构比较如图 9.20 所示。典型电机系统功能设计如图 9.21 所示。

混合动力模块　　轮毂电机驱动　　混合动力变速器　　电驱动系统

图 9.20　典型电机系统结构比较

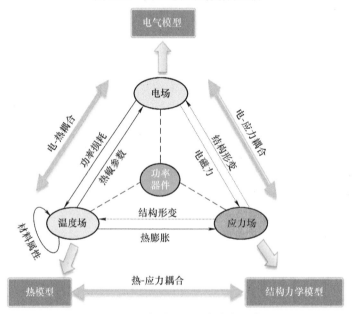

图 9.21　典型电机系统功能设计

9.4　复合材料细观力学

宏观力学方法以实验为依据，其实用性与可靠性与细观力学相辅相成，互相补充。一般而言，实际上物体总是有一定的尺寸，不过对于宏观物体，其本征能量的差远小于温度，也远小于所能分辨的极限。在细观力学层面，复合材料可分为零维材料、一维材料、二维材料和三维材料，如图 9.22a 所示。零维材料是指电子无法自由运动的材料，如量子点、纳米颗粒与粉末等；一维材料是指电子可在一个维度的细观尺度上自由运动，如纳米线、管、棒；二维材料是指电子可在两个维度的细观尺度上自由平面运动的材料，如纳米薄膜、超晶格、量子阱。三维材料是指电子可在三个维度的细观尺度上自由运动，如粉末高压成型或控制物质结晶而得到的块体结构材料。区别三维和零维的关键在于研究方法，三维材料是在它的各个方向上考察它的力学或者物理化学性能。而零维材料是把它当做一个点，考察的是纳米颗粒聚集在一起时的性能指标。

复合材料力学的计算基础对研究纤维增强复合材料来说，单向层材料的研究是基本的问题。在研究之前，需要建立基本假设：①纤维是均匀的、线弹性的，并且在同一方向上是均匀排列的；②基体是均匀的、线弹性的，各向同性的；③单向层材料是均匀的，线弹性的、正交各向异性的，纤维和基体在纤维方向的应变是一致的；④多向层材料是线弹性的、各向异性的，在厚度方向上纤维分布是非均匀的。

有了上述假设，第二步是由纤维和基体的弹性常数，确定单向层材料的有效弹性常数。稀疏模型（dilute approximation）假设夹杂（增强相）埋于无限大基体中，完全忽略夹杂之间的相互作用，这种忽略会低估复合材料的有效模量（在夹杂模量更大的情况下）。复合材料跨尺度宏细观模型，如图9.22b所示。

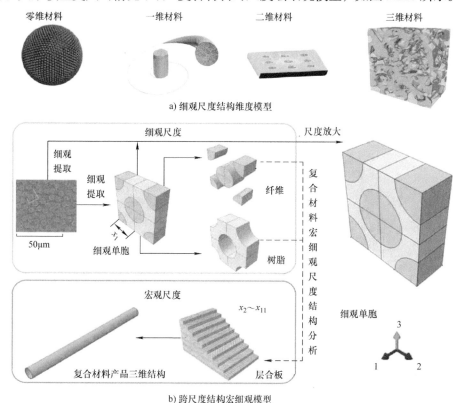

a) 细观尺度结构维度模型

b) 跨尺度结构宏细观模型

图9.22 复合材料细观尺度结构

利用单向层材料的弹性常数还可进一步计算出多向层材料的弹性常数。为了提高复合材料有效弹性模量的预报精度，细观力学方法被发展了。自洽法（self-consistent method）假设夹杂埋于无限大等效复合材料中，会高估有效模量。Mori-Tanaka 法假设夹杂埋在无限大基体中，但无穷远作用的应力是未知基体的平均应力，并由此计算夹杂的应力集中系数，可以看做是对稀疏模型的推广，具有较高精度。广义自洽法（generalized self-consistent method）则取由基体包围的夹杂为一个代表性体积单元，此单元中夹杂和基体的体积分数与整个复合材料相同，这个代表性体积单元又埋在无限等效复合材料中，是自洽法的发展，精度较高。微分法（differential scheme）是自洽法的另一种改进，它假设夹杂埋于无限大等效复合材料中，但夹杂是从零开始逐步添加到指定体积分数。进一步还有假设夹杂严格周期分布和考虑随机分布的细观力学研究。一般说现在已经能较好预报复合材料的有效弹性性质，但离精确预报复合材料的强度还有较大的距离。典型复合材料细观模型如图 9.23 所示。

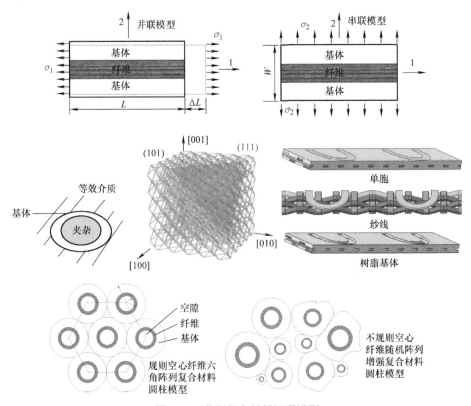

图 9.23　典型复合材料细观模型

对于常规材料在很多情况下可忽略剪切变形，但对纤维增强复合材料的多向层板和层壳，由于各层的泊松比不一样而形成较大的剪切变形。另一方面，层间剪切强度比较低，所以多向层材料的破坏往往从层间的破坏开始。这类破坏在自由边界，孔的周围以及几何尺寸突变或者外载荷突变的部位尤其容易发生，所以层间剪切是多向层材料计算中必须考虑的因素。常规材料在线弹性范围内的正交各向异性的应力 - 应变关系式，可以直接应用到纤维增强复合材料问题的研究中。除天然材料之外，通过特殊结构设计，还可实现零泊松比甚至是负泊松比结构，典型泊松比复合材料基本模型，如图 9.24、表 9.6 所示。

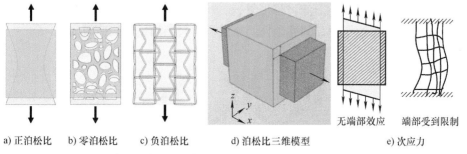

| a) 正泊松比 | b) 零泊松比 | c) 负泊松比 | d) 泊松比三维模型 | e) 次应力 |

图 9.24　典型泊松比复合材料基本模型

表 9.6　典型材料的泊松比

材料	泊松比	材料	泊松比
橡胶	0.5	大理石	0.2~0.3
金	0.42~0.44	铝	0.33
玻璃	0.18~0.3	铜	0.34
铸铁	0.21~0.26	锌	0.33
混凝土	0.1~0.2	钢	0.25
钛	0.26~0.34	水	0.5
铅	0.43		

　　负泊松比材料和结构由于其反常的变形行为和理想的力学性能，具有许多潜在的应用前景。然而，负泊松比结构也存在一些缺点，如刚度和稳定性相对较低。为了提高其力学性能，一种常用的方法是在负泊松比框架中填充软材料，即负泊松比两相复合材料。负泊松比两相复合材料由两种材料组成，其负泊松比框架为增强相，软材料为基体相。当整体复合材料受到单轴压缩时，框架的负泊松比效应导致填充材料处于双轴或三轴压缩状态。这两种相的组合提供了额外的刚度（大于两种单一材料的总和）和增强了整体结构的稳定性。

　　为了提高负泊松比复合材料的性能，部分研究集中在材料选择上，而不是通过轻量化设计来提升增强相性能。采用增材制造技术制造两种样品，手工切割聚氨酯（PU）泡沫材料并放入增强相。然后进行单轴压缩试验，研究其应力 - 应变关系、泊松比和变形机理。探讨了几何参数对复合材料的影响，以进行轻量化设计。具有典型手性晶格结构的单胞设计，如图9.25a所示，提高节点刚度可有效改善晶格结构的负泊松比效应。受典型手性晶格结构的单胞设计启发，具有圆形孔的手性晶格结构（如图9.25b所示）。单胞的主要参数包括晶格的高度 H、肋的长度 L、肋的厚度 t、圆孔的半径 R。需要注意的是，尽管改变了几何形状，但这两种结构的体积分数接近20%。与典型手性晶格相比，圆孔手性晶格在单轴压缩下具有更高的稳定性，具有更强的承载能力和负泊松比行为。圆孔手性晶格填充泡沫可降低复合材料拉胀性（auxeticity），显著提高复合材料刚度和吸能的能力，圆孔手性晶格复合材料负泊松比效应较大。

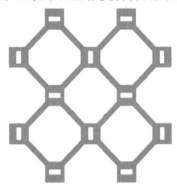

a）典型手性晶格结构的单胞

b）非均质结构的单胞

图9.25　负泊松比典型手性晶格结构的单胞设计

9.5　复合材料车身轻量化设计

新能源汽车保险杠、仪表板、前围、挡泥板、行李架、备胎舱等结构采用的复合材料，是基于玻璃纤维增强复合材料（Glass Fiber Reinforced Composite，GFRC）、长纤维增强复合材料（Long Fiber Reinforced Composite，LFRC）、天然纤维增强复合材料（Natural Fiber Refinforced Composite，NFRC）等纤维增强树脂基体制成。受限于树脂自身特性，如黏性小，难于铺贴模具；熔点高，熔融黏度大，加工成本高等，如果想进一步降低整车重量，满足能耗排放标准，则必须借鉴航空航天高性能纤维增强复合材料的经验，将其运用到车身的主次承力构件上，如图9.26所示。比如宝马已经在其i3和i8等车型上实现了碳纤维增强复合材料作为主承力构件（如乘员舱）的批量生产，如图9.27所示。相对于先进复合材料在航空行业的成功应用，汽车复合材料才刚起步，虽面临着困难，但潜力巨大。为了满足上百万件复合材料构件的产能，生产工艺有待成熟；其次，高性能复合材料成本不菲，碳纤维、芳纶和高性能树脂价格昂贵，生产设备的投入和使用费用也很高昂，如何回收复合材料也是问题。

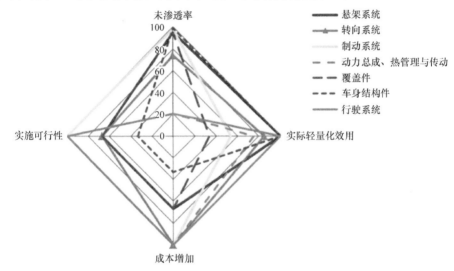

图 9.26　新能源汽车复合材料用料综合考虑因素

图 9.27　CFRP 碳纤维增强复合材料车身、驾驶舱与承力构件

整体层合板由纤维增强的树脂铺层，层叠而成，根据纤维在单个铺层中的排列分为单向和编织复合材料，考虑到层合板在垂直方向的力学性能，也会添加此方向的纤维形成非屈曲编织物。相比均质各向同性材料，复合材料构造取决于其基体及纤维的材料、铺层厚度、纤维方向和体份比等，同时不同铺层的尺寸和连接方式又决定了构件宏观构型和物理属性。复杂细观结构带来复合材料可设计性，更多材料参数、更复杂的几何和模型、不同的结构行为和性能表现。复合材料会面临与金属材料完全不同的失效模式。金属断裂是单个或多个裂纹在静态和交变载荷下的形核和扩展，但复合材料破坏取决于多种不同的机理：基体开裂、纤维断裂、基体与界面的脱粘和分层等，以及它们之间的拓补耦合作用，车身轻量化设计拓扑逻辑框架如图 9.28 所示。

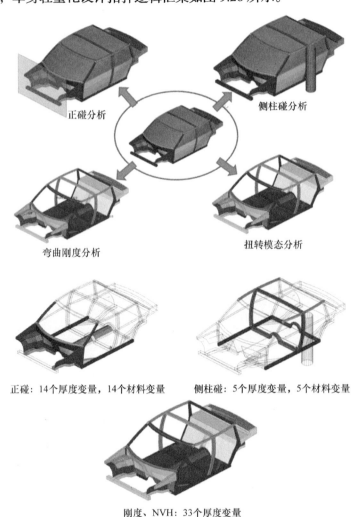

图 9.28 车身轻量化设计拓扑逻辑框架

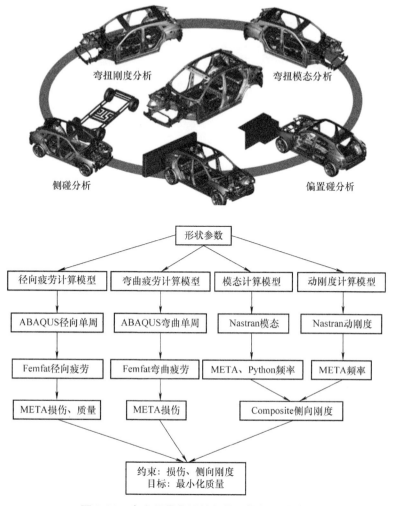

图 9.28　车身轻量化设计拓扑逻辑框架（续）

　　碳纤维复合材料的轻量化结构首先在跑车的车身上开始应用，后来其他产品中也会采用碳纤维复合材料。碳纤维复合材料由于加工周期长，成本高，因此多用于赛车、跑车或科学研究。碳纤维增强复合材料车身具有强度大、质量轻的优点，图 9.29 所示为全碳复合材料新能源车辆轻量化设计车身。该车将平面碳纤维复合材料集成在现有型材结构中，并使白车身重量再降低约 10%。与传统车身结构相比，新能源汽车的车身型式，在变更驱动系统和模块化方面有灵活性，在由传统燃油车向电动化方向过渡时期更具优势。新能源汽车的车身轻量化设计重点在于新材料模具设计、结构设计与相应工艺设计上。具体情况如图 9.30 所示，复合材料实验技术应用于保险杠，而后用于生产变截面弹簧板以代替钢板，之后又用于生产四门两盖。

图 9.29　全碳复合材料新能源车辆轻量化设计车身

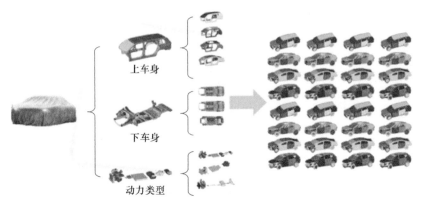

图 9.30　复合材料车身拓扑结构及轻量化设计

　　复合材料具有金属材料无法比拟的优点：密度低、比强度高、比模量高；材料性能具有可设计性；制品结构设计自由度大，易实现集成化、模块化设计；抗腐蚀性好、耐久性能好，隔声降噪；可采用多种成型工艺，模具成本低；表面可免喷涂等工序。目前，汽车轻量化发展需求迫切，从成本性能发展综合考虑，可用于新能源汽车的复合材料以树脂基碳纤维增强复合材料为首选，可应用于发动机舱盖、翼子板、车顶、行李舱盖、门板及底盘等。随着复合材料技术发展，与铝合金构件比，复合材料从目前车上碳纤维已从单向、双向编织物，发展到中空碳纤维产品，获得多种形状结构部件。针对新能源客车迅猛增长和对轻量化的迫切需求，新能源公交车和城际车已经开始采用全复合材料车身，复合材料全承载式车身结构如图 9.31 所示。

　　全承载式复合材料车身设计技术包括：车身结构连接技术和全复合材料车身整体制造技术；车身承载和内饰件功能（阻燃要求、表面光滑）为一体的材料和结构设计技术；基于结构性能、质量和成本为约束的综合设计技术；基于快速装配和适用批产的分片式结构设计及容差装配技术；复合材料低成本、高效率及大厚度大尺寸制件制造技术。实现车身结构与内饰功能一体化；车身性能、质量与低成本综合的结构设计技术。

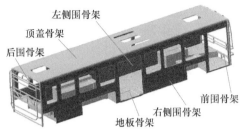

左侧围骨架

顶盖骨架

后围骨架

前围骨架

右侧围骨架

地板骨架

图 9.31　复合材料全承载式车身结构

因全复合材料车身带来的直接和间接减重，可减少电池安装量，为客户带来经济效益，同时运营成本也将降低，复合材料客车车身零部件整体化程度高，车身零部件大大减少，为此装配线简化，同时也提高装配效率。轻量化作为系统化的工程，并不是简单地针对某个零件的单独减重，局部重量的变化在很大程度上会影响汽车的其他部位，因此，轻量化是集汽车、设计、力学及材料技术等的系统性工程。大型客车采用复合材料车身可减重 3.5t，再结合轻量化电机、电控、电池，整车减重约 5t，达到 8.5t 左右，只装载 3t 左右电池，一次充电的行驶里程就到 500km。当前电动大型客车续驶里程不足，解决之道往往是加电池，这就造成了死循环：里程不够，加装电池，车重增加，续航变短。复合材料能平衡各种约束，是打破上述循环的利器。碳纤维和树脂复合到一起的时候，树脂是基体，碳纤维是增强体，强度、轻量化表现都好很多。T300 级的碳纤维复合材料，是标准级的，不是最高档的，拉伸强度为 3500MPa，是钢的 7～9 倍。与此同时，碳纤维材料的密度是 $1.7g/cm^3$，做成复合材料以后的密度为 $1.5g/cm^3$ 左右。而钢的密度一般要到 $7.8g/cm^3$。对汽车减重效果非常明显，和一般钢件相比，减重超过 50% 以上。和铝合金相比，减重也要达到 30% 以上。

复合材料在汽车上的应用是一个渐进的过程。首先是在覆盖件上，四门两盖（四个车门，发动机舱盖和后备箱盖），是非承力结构。第二步要往次承力结构，像现在的宝马 i3 的车身结构。再往下发展就要用到主承力结构，包括传动轴、底盘，还有轮圈等。宝马的首款量产电动车 i3，除了电力驱动，大量运用的碳纤维材料也让世人一惊。其乘员座舱模块由全碳纤维复合材料制造，舱内也大量运用碳纤维复合材料，使得这款电动车的整备质量约为 1195kg，续驶里程达 160km，百公里加速需 7.2s。传统汽车设计能力基本是以金属材料为基础的，对复合材料怎么去设计和应用，没有太多的概念。而复合材料的构件制造厂商，目前还没有达到批量化生产的水平。更大的问题是产业链关系，复合材料制造和设计结合不起来。推动复合材料应用，需要同时创新经营管理模式，实现产业跨越发展。复合材料应用，还需解决技术、产业链上下游的衔接与产能问题。探索复合材料轻量化技术发展路线：①短期：加大复合材料应用比例，合理减少钢、铝用量，应用先进成形技术，达到预计轻量化目标。采用复合材料进行结构参数优化设计及先进连接技术。②中期：掌握复合材料特性及连接技术，结构-材料-性能一体化轻量化多目标协同优化设计，扩大复合材料在车身上的应用比例、零部件数量，根据材料性能优化设计纤维增强复合材料零部件结构，充分发挥复合材料安全特性优势，如图9.32所示。③长期：逐渐掌握碳纤维复合材料特性、零部件设计方法、高效性能控制方法和连接技术。熟练应用轻量化设计与连接技术，掌握碳纤维复合材料零部件轻量化设计技术，扩大碳纤维复合材料在汽车上的应用比例。

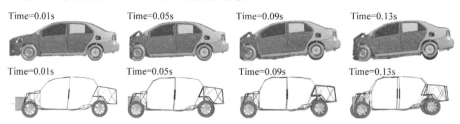

图 9.32　纤维增强复合材料零部件结构碰撞安全分析

9.6　底盘轻量化设计

　　车身在底盘的上部，车身和乘员的重量都是由底盘来承担，底盘是承载系统，底盘轻量化用承载能力来评价。碳纤维的低密度和高强度性能是底盘部件所需要的，如图9.33所示。随着底盘系统的结构演变，出现了越来越多的面向需求的底盘及车轮结构。因此，部件特定的材料选择也变得越来越重要。单一材料概念已成为过去，现在轻量化趋势正日益朝着复合材料设计的方向迅猛发展。底盘轻量化用高性能碳纤维将会减重，但成本高制约着使用普及率，进一步研究出成本低、易生产的新材料也是车企和研究机构探索方向。底盘结构主要包含车架、控制臂、转向节及悬架连杆等，都有不同的轻量化程度。轻量化是一个不断设计的提高过程。主要目的是减重，并在减重基础上，降低轮上载荷，提高经济性等。

　　轻量化需求性给纤维增强复合材料带来重要发展机遇。但复合材料的挑战也接踵而至。一是供需压力。复合材料的生产能力目前远远满足不了它的需求量。譬如碳纤维，以宝马为例，仅7系列每年碳纤维零部件的需求量就很高，无法满足其需求。这对于碳纤维材料的生产是一个巨大的挑战。车用复合材料另一项巨大挑战是汽车行业高效率的生产预期，纤维增强复合材料的生产周期时间必须满足车辆生产率。减少复合材料的生产循环时间是复合材料供应商不断进行的研发工作。与此同时，组件的性能建模也是问题。由于纤维增强复合材料与金属材料的差异，目前软件无法完美模拟出复合材料的性能。复合材料

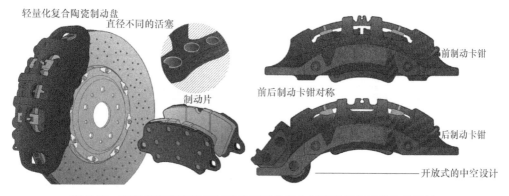

图 9.33 新能源汽车底盘及制动典型部件复合材料轻量化吸能结构设计

由供应商提供，材料化学成分作为知识产权被保护，这使得软件难以为复合材料创建通用仿真模型。纤维增强复合材料在实际应用中所面临的挑战不止这些，包括成本、供应链、融入总成系统以及工艺流程等。纤维增强复合材料技术具有巨大潜力，在汽车工业的应用具有令人期待的发展前景。利用纤维增强复合材料轻量化的天然优势在汽车领域获得长足发展，还需加大研发投入。碳纤维复合材料应用可提升新能源汽车的安全性，碳纤维结构车身不仅能让汽车结构强度更优，抗瞬间冲击能力更强，有效提高车辆安全性。同时，碳纤维材料在集成结构、减少投入、缩短周期相较传统车身也有较大优势。尤其对于新入新能源汽车企业，应用碳纤维车身可节约冲压、焊装生产线及模、夹具的投入，减轻固定资产占资配比，优化企业资产配置结构。如图 9.34、图 9.35所示。

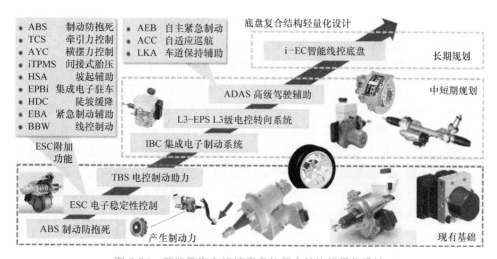

图 9.34 新能源汽车线控底盘的复合结构轻量化设计

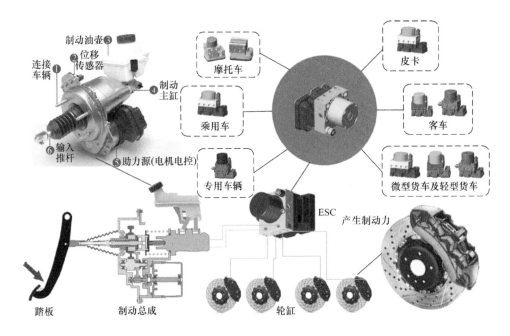

图 9.35　新能源汽车制动系统的复合结构轻量化设计

9.7　新能源车辆芯片系统的轻量化设计

　　新能源汽车芯片非常多，核心芯片包括计算芯片、通信芯片、纳米尺度芯片等高端芯片。车规级芯片要求较高：第一，对环境要求特别高。比如说冬天，汽车必须满足能在 −50℃ 条件下工作。第二，随着智能化、自动化的发展，对电动汽车计算能力要求越来越高，对芯片的要求也越来越高。

　　汽车芯片作为工业级产品，需要较长的研发周期。目前，车规级自主可控芯片的生态还没有建立起来。新能源汽车整车轻量化设计由模块化、集成化，向区域化发展，如图 9.36 所示。集成电路加工的特征尺寸以及芯片上集成晶体管数将继续沿摩尔规律发展。早期集成电路特征尺寸为 10μm，随着技术进步，集成电路特征尺寸缩小，尤其在 0.8μm 以后。特征尺寸缩小表现在系统芯片（System on Chip, SoC）上。特征尺寸每缩小至上一节点的 70%，芯片性能就提高 15%，面积减少 50%，功耗降低 40%，成本降低 35%。拓展摩尔表现形式是发展集成微纳系统（如 MEMS、NEMS）和系统封装（System in Package, SiP），将不同功能的器件（射频、高压、功率及驱动等）封装在集成电路中，形成多功能集成电路系统，如图 9.36 ~ 图 9.38 所示。

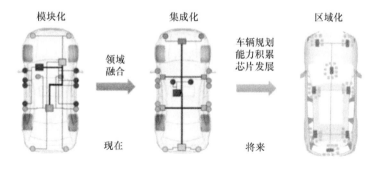

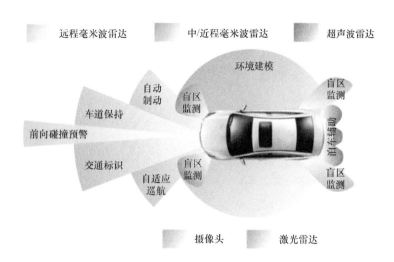

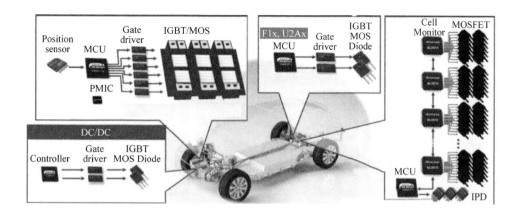

图 9.36 新能源汽车芯片复合材料轻量化设计

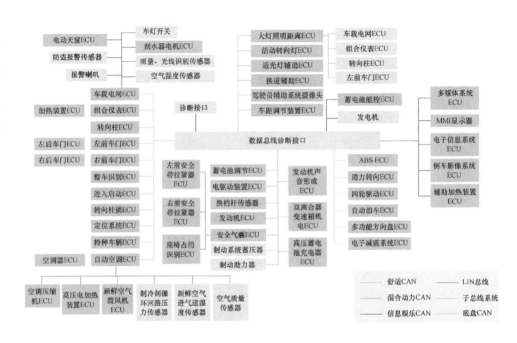

图 9.36　新能源汽车芯片复合材料轻量化设计（续）

图 9.37　新能源汽车芯片系统轻量化设计

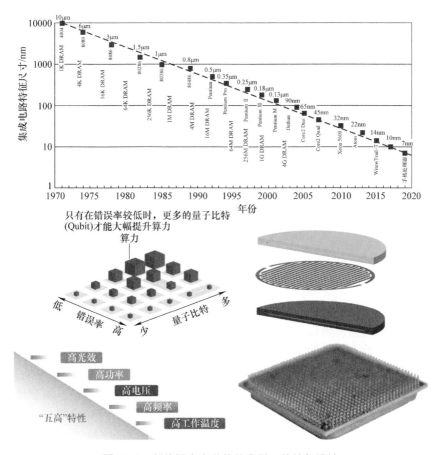

图 9.38　新能源汽车芯片的发展、特性与设计

9.8　燃料电池汽车的复合材料轻量化设计

　　现在新能源乘用车主力车型是纯电动汽车，即驱动力是电动机所产生的力。电池技术在经历了从磷酸铁锂电池向高能量密度的镍钴锰酸锂电池过渡后，又面临着氢燃料电池商用车与货用车发展的巨大机遇。燃料电池将来在能源体系里会占有非常重要的地位。一个是燃料电池本身，另一个是燃料电池汽车。但燃料电池汽车技术难度大，成本高。如果燃料电池技术突破，成本降低，它将在重载市场有巨大潜力优势，如图 9.39 所示。氢燃料电池汽车的发展非常依赖于制氢、储氢、输氢、加氢等氢燃料基础设施的建设。不同于纯电动汽车可在家或者专业站点慢充，氢车只能在加氢站充能，对加氢站的需求更为急迫。从应用上，氢燃料电池主要用于长距离、大型交通工具。目前在商业化及成本方面还不及纯电动汽车那样成熟。但从节能环保角度，氢燃料电池的反应产生电、

热和水，因此氢能是理想的清洁能源。

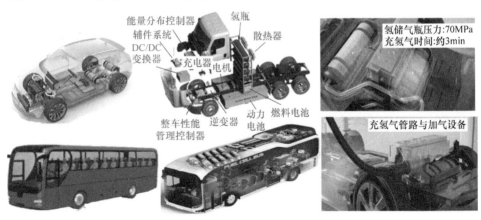

图 9.39　燃料电池乘用车、货车及商用车等

9.8.1　高效和低成本氢能储运、技术要求给复合材料行业带来新机遇

氢能产业链整体可以分为氢能制取、氢能储运和氢能应用三大环节，其中储运环节是高效利用氢能的关键，是影响氢能向大规模方向发展的重要环节，因为氢气特殊的物理、化学性能，使得它储运难度大、成本高、安全性低。

1）重量轻、密度小：在所有元素中，氢的重量最轻，密度小，需要提高储运容器压力进而提高氢的密度来提高氢能利用的效率。

2）液化温度低：常压下氢气在 −253℃温度才能液化，液化能耗高，静态蒸发损失大，对液氢储罐要求很高。

3）原子半径小：氢的原子半径非常小，氢气能穿过大部分肉眼看不到的微孔，在高温、高压下，氢气甚至可以穿过很厚的钢板。

4）性质活泼：氢气非常活泼，稳定性极差，泄漏后易发生燃烧和爆炸，这些因素都对氢气的储运技术提出了挑战。从终端氢气价格组成来看，氢气储运成本占总成本的30% 左右，经济、高效、安全的储运氢技术已成为当前制约氢能规模应用的主要瓶颈之一，如图 9.40 所示。

氢能储运包括氢能储存和氢能运输两部分，氢能的储存方式决定了采用何种氢能运输方式。提高氢能储运效率，降低氢能储运成本，是氢能储运技术发展重点。氢能源汽车存储 5kg 的氢气，在 70MPa 的压力下，存储系统的容量约为 200L，是当今燃油汽车中汽油箱容量的 3~4 倍。氢能的储运具有较大难度。一方面，氢气是世界上密度最小的气体，体积能量密度较低，扩散系数较大；另一方面，氢气的燃点较低，爆炸极限宽，对储运过程中的安全性也有极高的要求。因此如何实现经济、高效、安全地储氢技术是氢能利用走向实用化、产业化的关键。评价储氢技术优劣，还必须考虑安全性。氢能储存场景主要包括在加氢站的储存、在运输车的储存和燃料电池车的储存等几种场景，目前已经形成加氢站及车载氢系统、气液固储氢等相关标准。

氢能产业的发展给复合材料行业带来新的发展机遇：一方面，氢能储运设备是氢能利用的重要基础设施，是促进氢能产业发展的必要支撑；另一方面，氢能产业发展将推动临氢、超高压、超低温以及纤维缠绕复合材料、多层包扎结构设备的设计制造、检验检测、风险评估等方面技术的发展和进步，也推动复合材料产业向高端、清洁、环保、高效方向的转型升级。但氢能产业快速发展也对复合材料技术要求提出了更高挑战，目前关键技术有待突破。

1）氢能储运装备材料亟待解决

目前高压氢气长管拖车、管束式集装箱、站用储氢瓶组等设备所用的材料没有制定标准，也没有成熟的材料可供选用，4130X钢已应用于45MPa储氢瓶组，但其可靠性尚未得到充分验证，需要研究提出高压临氢环境下设备选材的安全基本要求，开发专用材料。仍需研究其与高压氢气的相容性以掌握氢复合材料成分、组织、加工方法、氢分压等的影响规律，形成用于高压氢气储运场合的专项技术要求。对于Ⅳ型储氢气瓶，需要研发内胆专用复合材料，建立性能指标体系等相应标准。

2）氢能储运设备设计制造应不断创新

对于Ⅳ型瓶，其设计制造关键技术主要有内胆结构设计方法、有限元应力设计方法、复合材料内胆成型方法和工艺、内胆与瓶口密封结构设计方法等，需要研究确定解决结构尺寸的方法及对气瓶安全性能的影响、内胆与瓶口之间泄漏机理及影响因素、内胆常见缺陷及其成因和预防措施等科学技术问题，有待提出内胆成形、纤维带压缠绕、树脂固化的工艺评定方法。

3）储氢设备的型式试验能力还不全面，需加强试验环节以提高复合材料的安全性能

为推进氢能储运设备的成熟发展，我们还需要对氢能储运设备使用管理提出更高的要求，建立现代化管理平台，通过搭载安全监控系统并构建基于全生命周期的大数据平台，实现储氢压力设备的"智能网联化"，如图9.40所示。

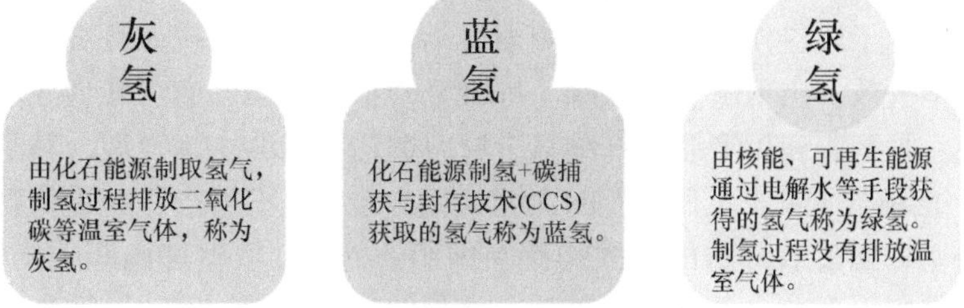

灰氢

由化石能源制取氢气，制氢过程排放二氧化碳等温室气体，称为灰氢。

蓝氢

化石能源制氢+碳捕获与封存技术(CCS)获取的氢气称为蓝氢。

绿氢

由核能、可再生能源通过电解水等手段获得的氢气称为绿氢。制氢过程没有排放温室气体。

a) 氢能的三种来源

图 9.40　氢能的制取、储运及应用等

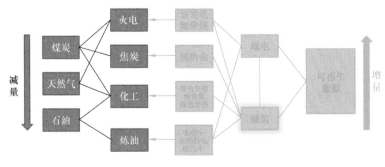

b) 绿色氢能的使用

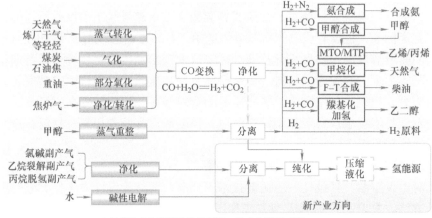

c) 氢能生产和消费的使用思路、生产和消费工艺

图 9.40　氢能的制取、储运及应用等（续）

9.8.2　储氢容器复合材料及高压储气瓶技术

复合材料高压储氢气瓶是压缩氢广泛使用的关键技术。随着应用端的应用需求不断提高，轻质高压是高压储氢气瓶发展的不懈追求。目前高压储氢容器已经逐渐由全金属气瓶（Ⅰ型瓶）发展到非金属内胆纤维全缠绕气瓶（Ⅳ型瓶）。全金属储氢气瓶/罐（Ⅰ型瓶），其制作材料一般为 Cr-Mo 钢、铝合金等。由于氢气的分子渗透作用，钢制气瓶很容易被氢气腐蚀出现氢脆现象，导致气瓶在高压下失效，出现爆裂等风险。纤维复合材料缠绕气瓶有Ⅱ型瓶、Ⅲ型瓶和Ⅳ型瓶。Ⅲ型瓶和Ⅳ型瓶是纤维复合材料缠绕制造的主流气瓶，其主要由内胆和碳纤维缠绕层组成。Ⅲ型瓶的内胆为铝合金，Ⅳ型的内胆为聚合物。纤维复合材料则以螺旋和环箍的方式缠绕在内胆的外围，以增加内胆的结构强度。高压储氢气瓶Ⅰ型瓶、Ⅱ型瓶和Ⅲ型瓶常用的材料有铝、钢。Ⅳ型瓶内胆用聚合物材料为高密度聚乙烯、聚酰胺基聚合物等。高性能纤维是纤维复合材料缠

绕气瓶的主要增强体。通过对高性能纤维的含量、张力、缠绕轨迹等进行设计和控制，可充分发挥高性能纤维的性能，确保复合材料增强压力容器性能均一、稳定。玻璃纤维、碳化硅纤维、氧化铝纤维、硼纤维、碳纤维、芳纶和PBO纤维等纤维均被用于制造纤维复合材料缠绕气瓶，其中碳纤维以其出色的性能逐渐成为主流纤维原料。

目前氢能有三种储存方式：气态储氢、液态储氢和固态储氢。从技术发展方向来看，目前高压气态储氢技术比较成熟，一定时间内都将是国内主推的储氢技术；有机物液体储氢技术可以利用传统的石油基础设施进行运输、加注，方便建立像加油站那样的加氢网络，相比于其它技术而言，具有独一无二的安全性和运输便利性，但该技术尚有较多技术难题，极具发展潜力；固态储氢应用在燃料电池汽车上优点十分明显，但现在技术还有待突破，短期内不会有较大范围的应用，长期来看发展潜力比较大。我国氢能储运将按照"低压到高压""气态到多相态"的方向发展，由此逐步提高氢气储存和运输的能力。氢能市场渗入前期，氢气用量及运输半径相对较小，此时高压气态运输的转换成本较低，更具性价比；氢能市场发展到中期，氢气需求半径将逐步提升，将以气态和低温液态为主；远期来看，高密度、高安全储氢将成为现实，完备的氢能管网也将建成，同时出台固态、有机液态等储运标准及管道输配标准作为配套。

储氢技术研发项目的占比大幅提升，氢能源储运愈发重要。高压气态储氢是目前广泛应用的储氢方式，在国内外已经实现一定规模商用。这种技术路线主要通过高压储气瓶来实现氢气的储存和释放。根据材质的不同，高压储氢瓶分为：纯钢制金属瓶（Ⅰ型）、钢制内胆纤维缠绕瓶（Ⅱ型）、金属内胆纤维缠绕瓶（Ⅲ型）和复合材料内胆纤维缠绕瓶（Ⅳ型）4种。根据高压氢容器的不同使用要求，可以将高压储氢分为固定式高压储氢、车载轻质高压储氢和运输用高压储氢。

固定式储氢瓶：在高压储氢技术中，目前最为成熟且成本较低的技术是钢制氢瓶和钢制压力容器，如目前工业中广泛采用20MPa钢制氢瓶，并且可与45MPa钢制氢瓶、98MPa钢带缠绕式压力容器进行组合应用于加氢站。但是钢制氢气瓶由于重量较大，所以并不适宜汽车用。

储氢瓶关键材料和零部件国产化亟待突破，储氢瓶产业链可以简单划分为上游原材料和零部件、中游生产制造和下游终端应用三个环节。其中，上游原材料包括铝材、钢材、碳纤维和树脂等，零部件包括各种金属阀门和各类传感器；中游生产制造设备和制造工艺等；下游则是在燃料汽车、氢气运输罐、加氢站等场景上的应用，如图9.41所示。在产业链供应方面，目前车载储氢瓶核心材料及零部件如碳纤维主要依赖进口，瓶口阀、减压阀等也主要依赖进口，未来这些关键材料和零部件将逐步实现国产化。

复合材料轻量化设计

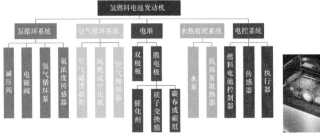

a) 氢燃料电池发动机技术框架

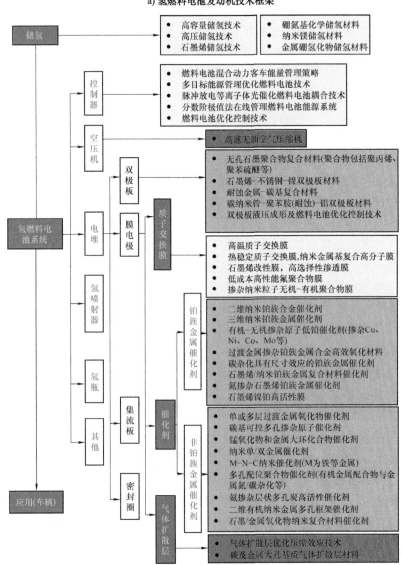

b) 氢燃料系统的总体使用逻辑框架

图 9.41　燃料电池新能源汽车的设计、应用与实施

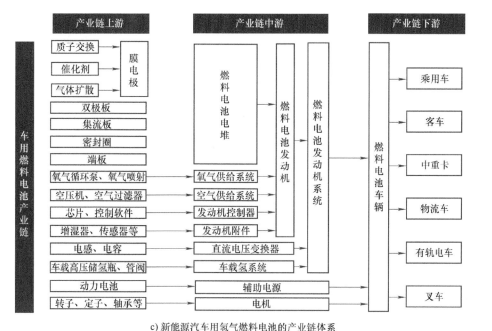

c) 新能源汽车用氢气燃料电池的产业链体系

图 9.41 燃料电池新能源汽车的设计、应用与实施（续）

目前，国内外车载储氢气瓶（Ⅲ/Ⅳ型）由内至外包括内衬材料、过渡层、纤维缠绕层、外壳保护层。复合材料层分为两层：内层为碳纤维缠绕层，由碳纤维和环氧树脂构成；外层为玻璃纤维保护层，由玻璃纤维和环氧树脂构成。两层均是由缠绕工艺制作而成，通过对环氧树脂加热固化，以保证气瓶强度。从车载储氢瓶材料成本来看，储氢瓶的成本主要集中在外部缠绕用的碳纤维复合材料。对于储氢质量均为 5.6kg 的 35MPa、70MPa 高压储氢Ⅳ型瓶成本构成来看，碳纤维复合材料成本分别占系统总成本的 75% 和 78%。当生产规模越大，储氢瓶成本就越低。未来，随氢能源汽车的快速发展，储氢瓶成本有望下降。液态储氢目前主要应用在航天工程中；有机液体储氢仍处于研究或示范阶段。

固态储氢是以金属氢化物、化学氢化物或纳米材料等作为储氢载体，通过化学吸附和物理吸附的方式实现氢的存储。固态储氢具有储氢密度高、储氢压力低、安全性好、放氢纯度高等优势，其体积储氢密度高于液氢。轻质储氢材料还需解决吸放氢温度偏高、循环性能较差等问题。从储氢成本、技术、安全性等方面来看，高压气态储氢仍是当下储氢方式的选择，短中期高压气态储氢仍是主流。因受技术和成本端的制约，国内低温液化储氢技术、金属氢化物固态储氢短期难以实现规模化应用；因氢能需求量及建设成本问题，管道输氢还不能规模化应用。长期来看，待技术突破及产能扩大后，管道输氢、低温液化储氢技术与金属氢化物固态储氢有望成为储氢的主流方式。因此车用高压储氢瓶的国际主流技术通过以铝合金/塑料作为内胆，外层则用碳纤维进行包覆（即所谓的Ⅲ型、Ⅳ型瓶），提高氢瓶的结构强度并尽可能减轻整体重量。国内车载储氢气瓶的企业较多，特别是Ⅲ型。随着氢燃料电池车发展，车载储氢瓶的需求量大，如图9.42所示。

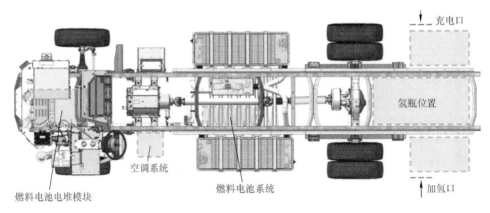

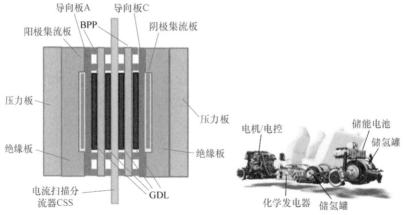

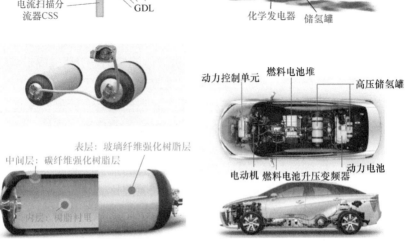

图9.42　燃料电池汽车轻量化结构分析

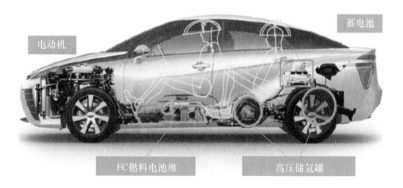

图 9.42 燃料电池汽车轻量化结构分析（续）

　　电动汽车与氢燃料电池技术路线是互补的、相辅相成的。相对于传统燃油车，氢燃料电池车具有节能减排的新能源车属性。膜、催化剂、扩散层、极板等集成设计对提升电堆功率密度的影响非常大。燃料电池工作温度和散热能力的需要提升，尤其是在来重型货车等大功率应用场合散热问题突出，高效燃料电池散热技术亟须突破。燃料电池商业化的难点是成本。燃料电池产生电能，须使用催化剂，而催化剂是贵金属铂或碳载铂等。铂元素在地壳中含量少，若要降低成本，须提高催化剂技术，使用铂的替代品，但这些目前只停留在实验室中，离商业化还有差距。燃料电池的电解质质子交换膜是核心材料，它阻止电子不经过外电路直接到阴极，而质子却很容易穿过交换膜。在这个过程中，交换膜中的离子须保持一定的湿润性，如果过于干燥，交换膜离子的质子承载性将降低。反之，如果过于湿润，水将堵塞扩散层孔，反应气体的催化效果也将打折扣。另外，燃料电池的反应产物是水，还要考虑如何排水的问题，这些就是燃料电池水管理问题，如图 9.43 所示。

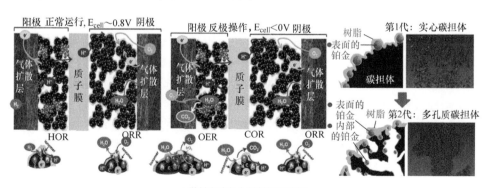

a) 燃料电池复合材料细观结构

图 9.43 燃料电池电极系统的湿热管理结构分析

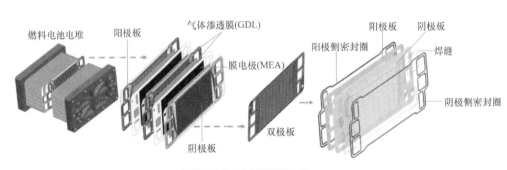

b）燃料电池复合材料宏观结构

图 9.43　燃料电池电极系统的湿热管理结构分析（续）

　　燃料电池的另一难点是如何储氢，目前商业化燃料电池电动车的储氢压力是 70MPa，如此高压力怎么储存是个问题。考虑到氢与不锈钢容易产生氢脆，且不锈钢本身较重，因此必须考虑密度低的复合材料，缠绕碳纤维是目前商业化燃料电池采取的方式。氢气的能量密度不低，然而，汽油柴油在自然条件下就是液体，而氢气要压缩成液体，还要保证安全。

　　高压储氢罐采用三层结构，内层是密封氢气的树脂衬里，中层是确保耐压强度的碳纤维强化树脂（CFRP）层，表层是保护表面的玻璃纤维强化树脂层。储氢罐的轻量化中层采用对含浸了树脂的碳纤施加张力使之卷起层叠的纤维缠绕工艺，缠绕方法有强化筒部的环向缠绕、强化边缘的高角度螺旋缠绕和强化底部的低角度螺旋缠绕三种，三种方式均减少了缠绕圈数。环向缠绕通过使高应力区集中在内层来确保强度，减少了缠绕的总圈数。高角度螺旋缠绕通过改变复合材料衬里的形状，减少了向筒部缠绕圈数，在筒部辅以环向缠绕。低角度螺旋缠绕通过减小管底的开口部，减小了表面压力，从而降低了用量。碳纤维复合材料用于质子交换膜燃料电池的双极板、气体扩散层、端板和其他系统组件中。双极板是质子交换膜燃料电池的关键部件，可由碳纤维复合材料制成。燃料电池电堆是若干燃料电池单电池串联叠加而来的。一个燃料电池单体由膜电极（MEA）、气体渗透膜（GDL）、阳极板和阴极板构成。在燃料电池电堆中，阳极板和阴极板均可以看成是双极板，通常相邻两个燃料电池的双极板由一个阳极板和一个阴极板合并而成。如图 9.44 所示。

　　缠绕工艺主要包含：1）采用碳纤维湿法缠绕工艺，按照预先设计好的复合材料铺层方案以及每一铺层张力方案进行缠绕，缠绕至指定厚度并固化成型；2）对缠绕碳纤维管体进行粗加工；3）加工两端金属接头结构并采用高强度胶粘剂与筒段进行粘接；4）精加工至指定尺寸；5）碳纤维管体外表面精加工。

储氢系统

燃料电池系统

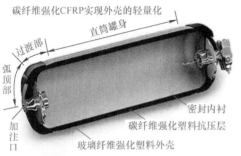

碳纤维强化CFRP实现外壳的轻量化

直筒罐身

过渡部

弧顶部

加注口

密封内衬

碳纤维强化塑料抗压层

玻璃纤维强化塑料外壳

多重纤维材料的组合应用以及不同的纤维编制形式，能够有效发挥各种纤维的物理特性，适应不同的罐体区域的受力情况，减少了40%的纤维用量。

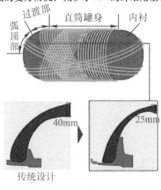

过渡部

直筒罐身

内衬

弧顶部

40mm

25mm

传统设计

使用压力	70MPa(约700个大气压)
储存性能	质量百分比：5.7wt%
内部容积	122.4L(前60.0L+后62.4L)
储氢总量	约5kg

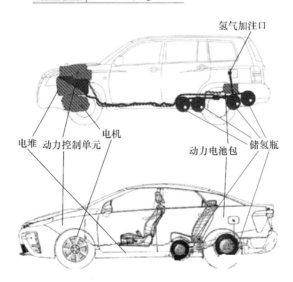

氢气加注口

电机

电堆 动力控制单元

动力电池包

储氢瓶

图 9.44　燃料电池氢气瓶复合材料轻量化设计

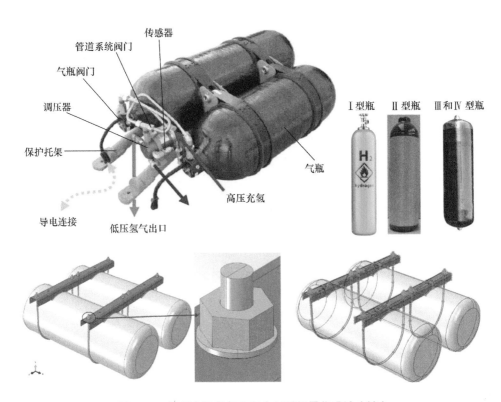

图 9.44　燃料电池氢气瓶复合材料轻量化设计（续）

　　通过削减这三种方式的缠绕圈数，使 CFRP 的用量比原来减少。高压储氢罐的储存性能用储氢重量除以罐体重量得到的重量效率来衡量，通过将 CFRP 用量减少，使重量效率比原来提高。储罐由一层不渗透的聚合物衬里包裹着干燥的碳纤维编织层和芳纶纤维保护外层。每个模块均在轻型，结构优化的复合框架内包含两个这样的储罐，这些储罐还具有抗冲击性和一定的承重能力。内衬解决了渗透性，而碳处理箍和轴向载荷和外层加框架防止损坏；从而减轻了重量和厚度。目前，氢瓶分为四类，依次被称为Ⅰ型、Ⅱ型、Ⅲ型与Ⅳ型瓶，从形状上看四种瓶的差别不大，都是"瓶"状。其中Ⅰ型瓶外表没有任何包裹物，Ⅱ型瓶外表一般有部分包裹物，其中Ⅲ和Ⅳ型瓶从外形上会比较难区分，他们的瓶表面都有平行和交叉式的包裹物。如图 9.45 所示，可看出这四类氢瓶从结构与材料上有什么区别。

　　Ⅰ型瓶：即金属氢瓶（罐），给整个瓶做剖面，看到整个瓶由一层材料构成，且这层材料为多用耐压钢材。Ⅰ型瓶发展的历史最长，是目前这四类氢瓶中重量最大，成本最低，制造工艺最简单的一类瓶。一般存储的气体压力在 15 ～ 30MPa。Ⅰ型瓶目前也有应用，但只在对压力要求不高，且以固定应用方式为主。

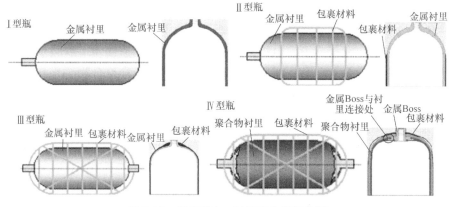

图 9.45 储氢瓶 Ⅰ-Ⅳ 结构分析与比较

Ⅱ型瓶：其主要瓶胆的材料与Ⅰ型瓶相同，也为耐压钢材，可是在整个瓶身外面采用了纤维 - 树脂复合材料包裹。包裹材料的形式只采用箍圈式对瓶身进行包裹。从其瓶身的剖面示意图上也可以看出。由于有瓶身上的复合材料包裹，提升了其耐受压力，一般都高于Ⅰ型瓶，具体没有明确的上限，可为满足储压上限的需求来选定瓶身的材料与外部包裹物。就目前应用场景，Ⅱ型瓶多应用于固定式能源的提供，且仍然占主流。

Ⅲ型瓶：较Ⅰ和Ⅱ型瓶，Ⅲ型瓶的出现主要为了应对氢气在移动式设备上的应用，对设备的轻量化提出了要求，比如燃料电池汽车。产品重量降低的同时，为了保证性能，制造成本也比Ⅰ和Ⅱ型瓶都有了增加。的从外形示意图上看，Ⅲ型瓶衬里厚度较Ⅱ型瓶有所减少，对瓶身则进行了全瓶身的纤维与树脂复合材料的包裹。包裹形式则采用两极铺设或螺旋形铺设。Ⅲ型瓶可以满足燃料电池汽车上的压力需求，分为 35MPa 和 70MPa 两种。目前国内燃料电池车用氢瓶通常为比较成熟的Ⅲ型瓶。

Ⅳ型瓶：较Ⅲ型瓶，Ⅳ型瓶则在轻量化上做出了较大的改进，衬里为高分子材料制成，比金属衬里重量更轻。瓶身上由纤维树脂复合材料全包裹。包裹采用两极铺设和螺旋形铺设混合的形式。瓶壁的厚度方面，Ⅳ型略薄于Ⅲ型瓶。储气压力则至少与Ⅲ型瓶一致。目前 100MPa 的Ⅳ型瓶也在积极研发当中。

从Ⅰ至Ⅳ型瓶，轻量化越做越好，重量越来越低。Ⅰ和Ⅱ型瓶用于固定式应用，Ⅲ和Ⅳ型则常应用于移动式应用。不同种类瓶外包裹方式不同。Ⅰ型瓶外部无包裹其它材料；Ⅱ型瓶为箍圈式部分包裹；Ⅲ和Ⅳ型瓶为两极包裹、螺旋形包裹、或两者都有（不同厂家采用的包裹方式不同）。从Ⅰ至Ⅲ型瓶的衬里均为金属材料，Ⅳ型瓶为高分子材料。从Ⅱ型瓶到Ⅳ型瓶，并没有一味提升存储压力，而是按需开发。

燃料电池复合材料不仅为层状氧化物结构的设计提供了新的方法，而且用实验确认了该简单方法的有效性，为低成本、高性能钠离子电池层状氧化物正极材料的设计制备打下了坚实的科学基础。衰减主要由变载工况下电池内部湿润水平波动引起。大载荷下，电极反应和电渗拖拽的加速使质子膜吸水，导致质子膜和聚合物水含量升高。相反，低载荷下，质子膜和聚合物脱水，水含量降低。在干/湿循环工况下，质子膜经历胀缩变形，即干燥条件下脱水收缩、湿润状态下吸水膨胀，应力循环引起质子膜疲劳和失效，如薄化、裂纹和针孔。如图 9.46 所示。

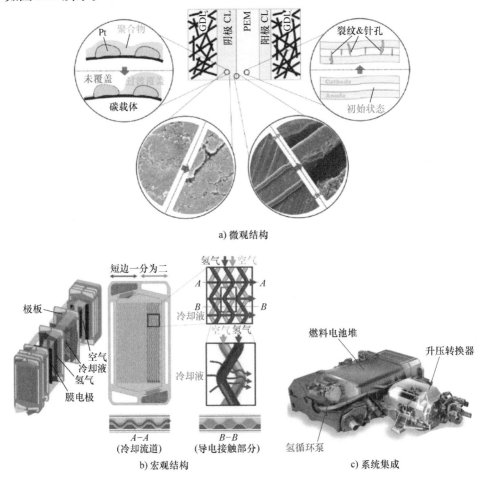

a) 微观结构

b) 宏观结构

c) 系统集成

图 9.46　燃料电池催化层复合材料轻量化设计

　　在变载过程中，机械因素除影响质子膜外，还会影响催化层。在胀缩变形中，质子膜和催化层产生应变差异和变形，残余应力和应变导致质子膜和催化层分层。同样，扩散层和催化层也会产生分层现象。分层现象阻碍电子传导（GDL 和 CL 界面）和质子传导（PEM 和 CL 界面），导致接触电阻变大和性能降低。与 Pt/C 催化剂相比，聚合物在干 / 湿循环工况下会生胀缩循环，残余应力和应变将引起催化层微观结构变化。催化层微观结构改变可带来聚合物分布的改变，使催化剂颗粒与碳载体分离，影响电化学活性面积；其次，高度分散的聚合物在干 / 湿循环过程中趋于团簇，引发催化剂颗粒被过渡覆盖或缺乏与聚合物接触。对于缺乏与聚合物接触的催化剂颗粒，质子无法到达催化剂表面，相当于电化学活性面积降低。相反，催化剂表面过渡覆盖的聚合物阻碍了反应气体到达催化剂表面和水迁移，导致更大传质阻力。注意，由于均匀和高度分散的分布本身并不稳定，聚合物的团聚和再分布是普遍发生的。

局部饥饿和整体饥饿：为维持燃料电池的正常电化学反应，氢气和氧气必须供应充足，否则将发生非正常反应并加速电池衰减。在燃料电池加载过程中，反应气体供给滞后于电流密度拉载。因此，快速加载将导致严重反应气饥饿。此外，电池内反应供给和分布并不均匀，尤其大活性面积电池在电堆进出口、脊背和流道表现明显。反应气饥饿分为空气饥饿和氢气饥饿，如图 9.47 所示。

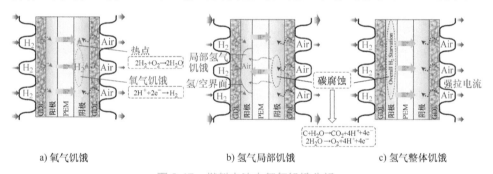

图 9.47　燃料电池内氧气饥饿分析

氧气传输阻力和氧气分布不均提高了燃料电池内氧气饥饿的风险。不合理的阴极流场设计可进一步恶化饥饿现象。氧气局部饥饿和整体饥饿诱发相似的反常问题，尤其是氢泵。如上图所示，当强行拉载电流但空气供应不足，此时发生氧气饥饿，从阳极迁移至阴极的质子由于缺乏氧气不能参与氧还原反应（ORR）。因此，在空气饥饿区域发生析氢反应（HER）产生氢气。氧气饥饿发生时，阴极电位快速下降，燃料电池的输出电压降低。整体氧气饥饿还可引起电池逆转或反极，如在反应气计量比 0.9、电密 600mA·cm^{-2} 条件下电池输出电压为 −0.08V。此外，阴极析出的氢气可直接与氧气发生反应，释放一定的热量引起"热点"。氢气饥饿的发生部分源于氢气供应时的低化学计量比，尤其在阳极闭端模式下。拉载过程中轻微的反应气供给不足现象都可能放大氢气分布的不均匀，引起局部氢气饥饿。如图 9.47b 所示，氢气局部饥饿区域的压力降低，导致氧气跨质子膜渗透到阳极，在阳极产生氢 / 空界面，加速阴极碳载体腐蚀，该现象在燃料电池启停工况也易发生。当氢气整体饥饿发生时，燃料电池无法维持正常工作和电流加载。此时，如果外部动力源强行拉载电流，将发生反极现象，此时燃料电池扮演一个电解池角色，阳极发生碳氧化反应（COR）和析氧反应（OER）以提供质子和维持拉载电流。因此，阳极电位快速上升，同时电池电压下降。优化反应气的控制测策略、反应气量、反应气流场和加载速率可减轻或消除氢气饥饿现象。

催化剂溶解和生长：因工作条件和其他部件对催化剂的影响，变载过程中催化剂经历严重衰减。首先，聚合物再分布可引发电化学活性面积降低。其次，一旦催化层发生裂痕，裂痕中或附近的催化剂颗粒更易从碳载体上分离，并由于水倾向于流经裂痕导致催化剂被冲刷走。再者，由于饥饿阶段载体腐蚀，催化剂颗粒易团聚生长或溶解分离。注意，对于催化剂老化，电压循环是一个关键影响因素。如图 9.48 所示。

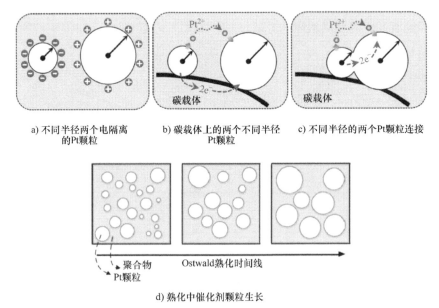

a) 不同半径两个电隔离的Pt颗粒　　b) 碳载体上的两个不同半径Pt颗粒　　c) 不同半径的两个Pt颗粒连接

d) 熟化中催化剂颗粒生长

图 9.48　燃料电池的熟化效应

熟化成为电压循环期间催化剂老化的主要原因，最终引起电化学活性面积降低和活化损失增加。此外，电压循环期间也伴随催化剂溶解和生长。熟化效应主要由 Pt 催化剂颗粒的界面能降低导致，Pt 催化剂小颗粒溶解并在大颗粒表面再沉积以达到一个更加稳定的状态。熟化的强度主要由催化剂颗粒粒径和分布、载体电导率、聚合物质子电导率共同决定。电压循环的加速老化效应电压循环过程中，Pt 催化剂的溶解现象加速，进而 Pt 迁移和熟化效应明显。一方面，Pt 迁移引起 Pt 在质子膜和催化层的聚合物中沉积，明显的现象就是质子膜中 Pt 带的形成，降低电极的 Pt 载量并影响全服磺酸膜的耐久性。另一方面，催化剂溶解意味着 Pt 离子甚至 Pt 原子更易从催化剂颗粒上分离，导致聚合物中 Pt 离子浓度高并加速熟化。变载工况因产生热 / 湿动态变化、反应气需求变化和电压循环变化，分别引起电池部件机械衰减、反应气饥饿、Pt 催化剂颗粒和生长。机械衰减源自于干 / 湿工况下聚合物的胀缩循环，表现为聚合物再分布、电极裂痕和分层、质子膜裂纹和质子膜针孔等。由于电流密度和含水量分布的非均一性，机械衰减也呈现出不一致性。氧气饥饿会引发氢泵效应，易在阴极形成热点。局部和整体氢气饥饿取决于饥饿程度，分别引发电流反向（带来阴极碳载体腐蚀）和电池逆转（带来阳极碳载体腐蚀）。优化反应气供给策略、加载方法、流场设计优化有助于改善饥饿现象。电压循环对加速 Pt 催化剂溶解非常显著，主要通过催化剂颗粒表面位置变换、Pt 催化剂迁移和熟化机制进行。熟化机制决定着电压循环工况下的催化剂生长，并受催化剂颗粒大小和分布、碳载体电导率、聚合物离子电导率影响。催化剂颗粒大小高度均一分布可抑制熟化，开发高活性和高耐电压循环的阴极催化剂是重要方向。

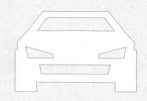

下篇　复合材料轻量化练习篇

Part 01

第 1 部分
复合材料轻量化计算练习

练习 1 第 2 章 "各向异性复合材料的本构理论（三维一次结构）" 计算练习

练习 1.1 试证：一般各向异性材料的 S 对称性。

练习 1.2 试证：主应力恰为应力张量的特征值，即主应力 σ 满足特征方程 $\det(\sigma_x - \sigma I) = 0$（$I$ 为单位矩阵），对主应变做出相应的结论。

练习 1.3 试证：①弹性体内有两个互相垂直的弹性对称面，该弹性体正交异性；②弹性体内有两个互相垂直的各向同性面，该弹性体各向同性。

练习 1.4 某些纤维增强复合材料的基本性质测定数据如下：

复合材料编号	1	2	3
密度 / $kg \cdot m^{-3}$	1250	1730	2360
拉伸强度 /MPa	458	1320	1640
弹性模量 /GPa	92	156	180

计算：各复合材料的比强度和比模量。

练习 1.5 若 a 表示为 $[45°/-45°/0/90°]_s$，为偶数层对称层合板，问 b、c 如何表示？

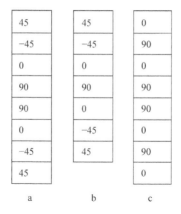

45	45	0
−45	−45	90
0	0	0
90	90	90
90	0	90
0	−45	0
−45	45	90
45	0	0
a	b	c

练习 1.6　　碳纤维增强聚合物正交各向异性材料的工程弹性常数为 E_1=175GPa，E_2=32GPa，E_3=8.3GPa，G_{23}=5.7GPa，G_{12}=G_{13}=12GPa，v_{23}=0.31，v_{12}=v_{13}=0.25。求其刚度矩阵 C 和柔度矩阵 S。

练习 1.7　1）由工程弹性常数定义、物理意义证明：E_1，E_2，E_3，G_{23}，G_{31}，G_{12} 均大于 0。

2）证明正交各向异性材料泊松比的限制条件是：
$$|v_{21}| < \left(\frac{E_2}{E_1}\right)^{1/2}, \quad |v_{12}| < \left(\frac{E_1}{E_2}\right)^{1/2}$$
$$|v_{32}| < \left(\frac{E_3}{E_2}\right)^{1/2}, \quad |v_{23}| < \left(\frac{E_2}{E_3}\right)^{1/2}$$
$$|v_{13}| < \left(\frac{E_1}{E_3}\right)^{1/2}, \quad |v_{31}| < \left(\frac{E_3}{E_1}\right)^{1/2}$$

3）有人得到正交各向异性硼环氧复合材料的实验数据为 E_1=81.8GPa，E_2=9.17GPa，v_{21}=1.97，v_{12}=0.22，这合理吗？试分析。

练习 2　第 3 章 "复合材料单层板的刚度理论（二维一次结构）" 计算练习

练习 2.1　　有一碳 / 环氧复合材料，已 知 E_1=210GPa，E_2=5.3GPa，μ_{12}=0.28，G_{12}=2.6GPa，求 S 和 Q。当 θ=45° 时，求 $\bar{S}$。

练习 2.2　　层合板 $[45°/-45°]_s$ 受 σ_x 作用（拉伸）。试证 45° 层沿主方向的应力应变与层合板的应力 σ_x，应变 ε_x，ε_y 之间存在下面的关系：
$$\tau_{12} = -\frac{1}{2}\sigma_x, \quad \gamma_{12} = -\varepsilon_x + \varepsilon_y。$$

练习3 第4章"复合材料单层板的强度准则（二维一次结构）"练习

练习 3.1 已知 E_f＝230GPa，F_f＝$E_f\varepsilon_{fu}$＝3000MPa，E_m＝3.5GPa，F_m＝$E_m\varepsilon_{mu}$＝100MPa，V_f＝60%。预测 *CF/EP* 单向复合材料的强度。

练习 3.2 HT3/QT8911复合材料单层在 σ_L＝500MPa，σ_T＝20MPa，τ_{LT}＝50MPa的应力状体下，试求单层的安全裕度。

练习 3.3 碳纤维/环氧树脂单向层合板，σ_1＝20MPa，σ_2＝10MPa，σ_6＝0，在比例加载条件下，求其极限应力分量。已知该材料的基本强度：X_t＝1128MPa，X_c＝785MPa，Y_t＝27.5MPa，Y_c＝98.1MPa，S＝44.7MPa。

练习4 第5章"复合材料层合板的刚度理论（三维二次结构产品）"练习

练习 4.1 根据理论知识，试证单向纤维复合材料中纤维所承载荷 P_j 与纵向总载荷 P 之比为：$\dfrac{P_j}{P}=1\bigg/\left(1+\dfrac{E_m A_m}{E_j A_j}\right)$，并分析能提高该比值的影响因素。

练习 4.2 定义复合材料的表观模量 $E=F/\delta$，参见图1，用理论方法证明粒子增强材料的模量为

$$\frac{1}{E}=\int_0^1 \frac{\mathrm{d}x}{E_1+(E_2-E_1)A_2(x)}$$

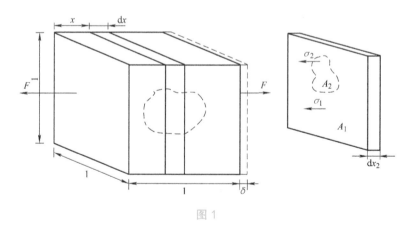

图 1

练习 4.3 求证一般层合板中有面内不变刚度 $J_1=A_{11}+A_{22}+2A_{12}$　$J_2=A_{66}-A_{12}$ 存在。

练习 4.4 改变层合板中各单层的铺设角而不改变其铺层序列，问下述刚度的组合是否改变？

$$A_{11}+A_{22}+2A_{12} \qquad B_{11}+B_{22}+2B_{12} \qquad D_{11}+D_{22}+2D_{12}$$

$$A_{66}-A_{12} \qquad\qquad B_{66}-B_{12} \qquad\qquad D_{66}-D_{12}$$

练习 4.5　计算图 2 所示三种层合板的所有刚度系数。已知：$Q_{11}=5.5 \times 10^5 \mathrm{kg/m^3}$，$Q_{22}=1.3 \times 10^5 \mathrm{kg/m^3}$，$Q_{12}=0.5 \times 10^5 \mathrm{kg/m^3}$，$Q_{66}=0.7 \times 10^5 \mathrm{kg/m^3}$，$t=0.1\mathrm{cm}$。

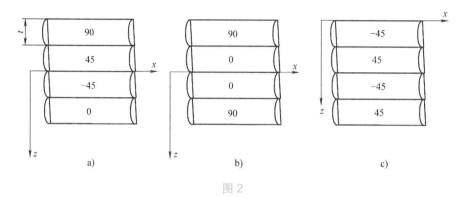

图 2

练习 4.6　计算层合板 $[45°/-45°]_s$ 中 45° 层应力分量 σ_x，σ_y 和 τ_{xy}。已知单层板的参数 $E_1=138.1\mathrm{GPa}$，$E_2=14.5\mathrm{GPa}$，$G_{12}=5.87\mathrm{GPa}$，$\mu_{12}=0.21$。

练习 4.7　材料工程弹性常数 $E_1=140\mathrm{GPa}$，$E_2=8.6\mathrm{GPa}$，$G_{12}=5\mathrm{GPa}$，$u_{12}=0.35$，厚度为 0.125mm。

① 等厚度层合板受 $N_x=100\mathrm{N/mm}$，$N_y=100\mathrm{N/mm}$，$N_{xy}=100\mathrm{N/mm}$ 作用。试求层合板 $[\pm 45°/0°]_s$ 的偏轴应力和主轴应力。

② 等厚度层合板受 $M_x=20\mathrm{N}$，$M_y=M_{xy}=0$ 作用。试求层合板 $[\pm 45°/0°]_s$ 的中面曲率和最外层在参考轴下的应变。

第2部分
复合材料轻量化设计查表练习
（共8题）

注：设计练习在书中并未给出详细解答，目的是抛砖引玉，探讨复合材料轻量化设计领域的启发性、发散性与创造性等思维模式形成与发展。

1.（查表辨析题）对称四层层合板，如图1所示，单层为玻璃纤维增强环氧树脂复合材料，其的弹性常数请查表，以 α、β、t_α 为变量，总厚度 $2h=2\text{cm}$。设计铺层，使得：① A_{16} 取得极值；② A_{11} 取得极值；③ A_{12} 取得极值；④ $\alpha_{12} > 0$ 的条件。说明该种层合板有什么特性，可否在各向同性材料中出现？

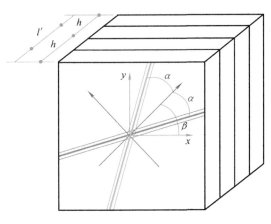

图1

2.（查表校核题）某角铺设对称层合板，各单向板铺设角、厚度分别为 $[90°, 2t/22.5°, t/−22.5°, 2t/22.5°, t/90°, 2t]$。层合板承受面内分量 $N_x = 49.03$kN/m，$N_y = 55.9$kN/m. 其余为 0：厚度 $t_1=2$mm。试选用蔡 - 希尔强度准则，校核该层合板的强度。单层为玻璃纤维增强环氧树脂复合材料，材料弹性常数请查表。

3.（查表分析题）如图 2 所示，查表玻璃纤维增强环氧树脂复合材料弹性常数，单层板单向拉伸，绘制：（1）最大应力强度准则（2）蔡 - 希尔强度准则（3）蔡 - 吴张量强度准则的理论曲线（包络线）。

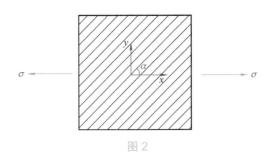

图 2

4.（查表计算题）如图 3 所示，试计算 HT3/5224[45°/−45°/0°]ₛ 层合板在 $N_x = \dfrac{100\text{N}}{\text{mm}}$，$N_y = \dfrac{20\text{N}}{\text{mm}}$，$N_{xy} = \dfrac{10\text{N}}{\text{mm}}$ 的面内载荷作用下的各单层应力。单向层为 HT3/5224 的材料，其工程弹性常数请查表。每层厚度为 $t=0.125$mm。

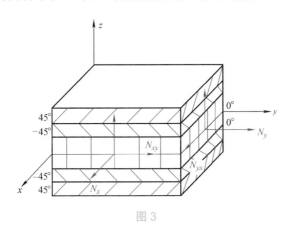

图 3

5.（查表辨析题）如图 4 所示，试计算 HT3/5224[45°/−45°/0°]ₛ 层合板在 $M_x = \dfrac{20\text{N}\cdot\text{mm}}{\text{mm}}$，$M_y = M_{xy} = 0$ 作用下，层合板的中面曲率，每层厚度 $t=0.125$mm。单向层为 HT3/5224 材料，其工程弹性常数请查表。

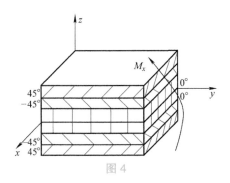

图 4

6.（查表辨析题）如图 5 所示，层合板构成的工字型截面杆，截面形状如下图所示，单层板材料为 HT3/5224，其弹性常数请查表，单层厚度为 0.125mm，试求该杆在轴向拉伸时的等效弹性模量。

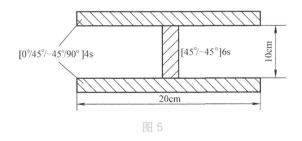

图 5

7.（查表计算题）试计算 T300/QY8911 层压板 $[0/45°/90°/-45°]_s$ 在 $N_x^* = 1MPa \cdot mm$ 作用下，按蔡 - 胡失效准则，计算初始层失效强度的强度比。T300/QY8911 的材料常数请查表。

8.（查表分析题），如图 6 所示，试计算对称正交铺设层合板的极限强度，确定面内内力 $N_x = N$ 的极限值。已知层合板的总厚度为 h，层合板中的板（1）与板（2）的正交铺设比 $M=0.2$，承受面内力场（N，0，0）。单层板材料（玻璃/环氧）性能参数请查表。

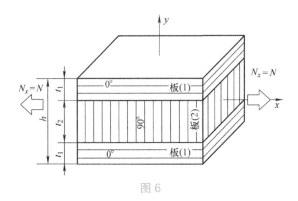

图 6

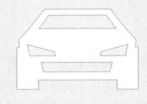

附　录

附录 A
复合材料轻量化设计知识与术语

1. 名词术语

1）各向同性：材料性能与方向无关的一种特性。

2）各向异性：材料性能，因方向不同而改变的一种特性。

3）正交各向异性：材料具有三个互相垂直的弹性对称平面的特性，这些平面的法线方向称为材料主方向。

4）横向各向同性：具有正交各向异性特性的材料，若有一个各向同性平面时，称之为横向各向同性。单向复合材料即具有此种特性。

5）耦合：由多种外力引起的与其力方向不对应的变形效应。

6）拉剪耦合、拉弯耦合、弯扭耦合：分别指由正应力引起剪应变的耦合，由正应力引起弯曲应变的耦合，由弯矩引起扭转应变的耦合。三者均为各向异性材料所特有。

7）正轴：复合材料层板结构与材料主方向重合的参考坐标轴。

8）偏轴：复合材料层板与材料主方向不重合，有一个偏转角的参考坐标轴。

9）铺层：复合材料制件中的单层板被称为铺层，是复合材料制件中的基本宏观单元。

10）层合板：由单向或多向铺层压制而成的复合材料板。

11）铺向角（铺层角）：每一铺层的纤维方向与制件参考坐标 X 轴之间的夹角，由 X 轴到纤维方向逆时针旋转角度为铺层角。

12）铺层组：一组具有相同铺层角的连续铺层。

13）铺层顺序：铺贴中具有各种不同铺向角的铺层的排列次序。

14）子层合板：在层合板内一个多次重复的多向铺层组合。

15）对称层合板：全部铺层及其各种特性和参数相对于板的几何中面对称的层合板。

16）均衡层合板：铺层的各种特性和参数相同，铺向角为 $-\theta$ 和 θ 的铺层数相等的层合板，且可包含任意数量的 0° 层和 90° 层，如 [45°/-45°]、[0/45°/90°/-45°]。

17）均衡对称层合板：即均衡又对称的层合板，如 [45°/-45°]。

18）正交层合板：只有 0° 和 90° 铺层的双向层合板，如 [0°/90°]。

19）斜交层合板：只含有 -θ 和 θ 铺层的双向层合板，如 [45°/-45°]。

20）准各向同性板：面内各个方向的弹性常数相同的对称层合板，如 [30°/60°/-30°/-60°]。

21）n/4 层合板：具有四个铺层方向，彼此相隔 45°（即 n/4），且各铺层组可具有任意厚度的对称层合板，如 [0°/45°/90°/-45°/0°]。

22）一般层合板：主要是指非对称层合板，还可以包括由不同层板组成的组合式层合板，或由不同铺层材料组成的混合式层合板，如 [0°/45°/-45°/45°/90°/0°]。

23）层间应力：除层板的三个面内应力分量外，沿两个铺层之间的界面上产生的、与厚度方向有关的三个应力分量，即 z_x、τ_{zy}、σ_z。其中两个剪切分量称为层间剪应力，也叫作横向剪应力。

24）失效准则：复杂应力 - 应变状态下，材料失效的判据。

25）许用值：计算中允许采用的材料性能值，由一定的试验数据确定。

26）强度比：材料的强度极限与结构所受对应应力之比。

2. 层合板表示方法

1）一般层合板：每一铺层的方向用纤维与 x 轴的夹角示出，彼此用 "/" 分开，全部用 [ ] 括上，并按由下而上或贴膜面向外的顺序写出，如 [0°/45°/30°/-45°/90°]。

2）对称层合板：只写出一半，括号外加下标 s。若为奇数层，对称中面铺层上加顶标 "-"，如 [0°/90°]$_s$ 或 [0°/45°/90°]$_s$。

3）具有连续重复铺层时：连续铺层的层数用数字下标示出，如 [0°/45°$_n$/90°]。

4）由多个子层板构成时：子层板重复数用数字下标示出，如 [0°/90°]$_n$。

5）由织物铺成的层合板：织物的经纬方向用 "（ ）" 示出，如 [（±45°）/（0°，90°）]。

6）混杂复合材料层合板：分别用下标表示，C 表示碳纤维，K 表示芳纶纤维，G 表示玻璃纤维，如 [0°$_C$/45°$_G$]。

7）夹层板：用 C 表示夹芯，下标数字表示夹芯厚度的毫米数，面板铺层表示法同前，如 [0°/90°/C$_n$]。

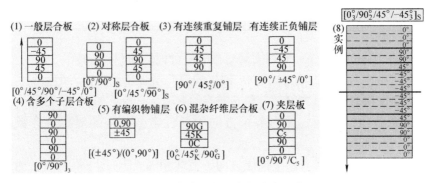

附图 A1　复合材料层合板的表示方法

3. 材料特性的术语

1）弹性模量（Elastic Modulus）E：弹性模量 E 是指材料在弹性变形范围内（即在比例极限内），作用于材料上的纵向应力与纵向应变的比例常数；也常指材料所受应力（如拉伸、压缩、弯曲、扭曲、剪切等）与材料产生的相应应变之比。弹性模量是表征晶体中原子间结合力强弱的物理量，故是组织结构不敏感参数。在工程上，弹性模量则是材料刚度的度量，是物体变形难易程度的表征。对于有些在弹性范围内应力-应变曲线不符合直线关系的材料，则可根据需要取切线弹性模量、割线弹性模量等人为定义的办法来代替它的弹性模量值。根据不同的受力情况，分别有相应的拉伸弹性模量、剪切弹性模量（刚性模量）、体积弹性模量和压缩弹性模量等。

2）剪切模量（Shear Modulus）G：剪切模量是指剪切应力与剪切应变之比，剪切模量 G= 剪切弹性模量 G= 切变弹性模量 G。切变弹性模量 G 是材料的基本物理特性参数之一，与弹性模量 E、泊桑比 ν 并列为材料的三项基本物理特性参数，在材料力学、弹性力学中有广泛的应用，其定义为 $G=\tau/\gamma$，式中，G 为切变弹性模量（MPa）；τ 为剪切应力（MPa）；γ 为剪切应变（弧度）。

3）体积模量（Bulk Modulus）K：体积模量可描述均质各向同性固体的弹性，可表示为单位面积的力，表示不可压缩性。体积模量是一个比较稳定的材料常数。因为在各向均压下材料的体积总是变小的，故 K 值为正值，单位为 MPa。体积模量的倒数称为体积柔量。体积模量和拉伸模量、泊松比之间的关系为 $E=3K（1-2\mu）$。

4）压缩模量（Compression Modulus）：压缩模量指压应力与压缩应变之比。

5）储能模量 E'：储能模量 E' 实质为弹性模量，表述材料存储弹性变形能量的能力。储能模量表征的是材料变形后回弹的指标。储能模量 E' 是指黏弹性材料在交变应力作用下一个周期内储存能量的能力，通常指弹性。

6）耗能模量 E''：耗能模量 E'' 是模量中应力与变形异步的组元，表征材料耗散变形能量的能力，体现了材料的黏性本质。耗能模量 E'' 指的是在一个变化周期内所消耗能量的能力，通常指黏性。

7）切线模量（Tangent Modulus）：切线模量就是塑性阶段，屈服极限和强度极限之间的曲线斜率，是应力应变曲线上应力对应变的一阶导数。其大小与应力水平有关，并非定值。切线模量一般用于增量有限元计算。切线模量和屈服应力的单位都是 N/m^2。

8）截面模量：截面模量是构件截面的一个力学特性，是表示构件截面抵抗某种变形能力的指标，如抗弯截面模量、抗扭截面模量等。它只与截面的形状及中和轴的位置有关，而与材料本身的性质无关。在有些书上，截面模量又称为截面系数或截面抵抗矩等。

9）强度：强度是指某种材料抵抗破坏的能力，即材料抵抗变形（弹性 / 塑性）和断裂的能力（应力），一般只是针对材料而言的。它的大小与材料本身的性质及受力形式有关，可分为：屈服强度、抗拉强度、抗压强度、抗弯强度、抗剪强度等。如某种材料的抗拉强度、抗剪强度是指这种材料在单位面积上能承受的最大拉力、剪力，与材料的形状无关。拉伸强度是指材料在拉伸过程中最大可以承受的应力，而拉伸模量是指材料在拉伸时的弹性。对于钢材，例如45 号钢，拉伸模量在 100MPa 的量级，一般有 200～500MPa，而拉伸模量在100GPa 量级，一般是 180～210GPa。

10）刚度：刚度（即硬度）指某种构件或结构抵抗变形的能力，是衡量材料产生弹性变形难易程度的指标，主要指引起单位变形时所需要的应力。一般是针对构件或结构而言的。它的大小不仅与材料本身的性质有关，而且与构件或结构的截面和形状有关。刚度越高，物体表现得越"硬"。对不同的物体来说，刚度的表示方法不同，比如静态刚度、动态刚度、环刚度等。一般来说，刚度的单位是 N/m，或者 N/mm，表示产生单位长度形变所需要施加的力。

法向刚度、剪切刚度的单位同样是 N/m 或 N/mm，差别在于力的方向不同。

11）剪切应变：对一块弹性体施加一个侧向的力（通常是摩擦力），弹性体会由方形变成菱形，这个形变的角度称为"剪切应变"，相应的力除以受力面积称为"剪切应力"。剪切应力除以剪切应变就等于剪切模量。

12）体积应变：对弹性体施加一个整体的压强，这个压强称为"体积应力"，弹性体的体积减少量除以原来的体积称为"体积应变"，体积应力除以体积应变就等于体积模量（注：液体只有体积模量，其他弹性模量都为零，所以就用弹性模量代指体积模量）。

　　一般弹性体的应变都是非常小的，即，体积的改变量和原来的体积相比，是一个很小的数。在这种情况下，体积相对改变量和密度相对改变量仅仅正负相反，大小是相同的，例如，体积减少 0.01%，密度就增加 0.01%。体积模量并不是负值（从前面定义式中可以看出），也并不是气体才有体积模量，一切固体、液体、气体都有体积模量，但是液体和气体没有弹性模量和剪切模量。

　　13）泊松比：以法国数学家 Simeom Denis Poisson 命名。在材料的比例极限内，由均匀分布的纵向应力所引起的横向应变与相应的纵向应变之比的绝对值。比如，一杆受拉伸时，其轴向伸长伴随着横向收缩（反之亦然），而横向应变与轴向应变之比称为泊松比。材料的泊松比一般通过试验方法测定。

　　主泊松比是指在单轴作用下，X 方向的单位拉（或压）应变所引起的 Y 方向的压（或拉）应变。次泊松比代表了与主泊松比成正交方向的泊松比，指的是在单轴作用下，Y 方向的单位拉（或压）应变所引起的 X 方向的压（或拉）应变。对于正交各向异性材料，需要根据材料数据分别输入主次泊松比。

二、传统材料强度理论（表 A1）

表 A1　传统材料强度理论比较

名称		最大拉应力理论 第一强度理论	最大伸长线应变理论 第二强度理论	最大剪应力理论 第三强度理论	形状改变比能理论 第四强度理论
理论根据		当作用在构件上的外力过大时，其危险点处的材料就会沿最大拉应力所在截面发生脆断破坏	当作用在构件上的外力过大时，其危险点处的材料就会沿最大伸长线应变的方向发生脆断破坏	当作用在构件上的外力过大时，其危险点处的材料就会沿最大剪应力所在截面滑移而发生屈服破坏	
对材料破坏原因的假设		最大拉应力 σ_1 是引起材料脆断破坏的因素；也就是认为不论在什么样的应力状态下，只要构件内一点处的三个主应力中最大的拉应力 σ_1 到达材料的极限值 σ_{jx}，材料就会发生脆断破坏	最大伸长线应变 ε_1 是引起材料脆断破坏的因素，也就是认为不论在什么样的应力状态下，只要构件内一点处的最大伸长线应变 ε_1 到达了材料的极限值 ε_{jx}，材料就会发生脆断破坏	最大剪应力 τ_{max} 是引起材料屈服破坏的因素，也就是认为不管在什么样的应力状态下，只要构件内一点处的最大剪应力 τ_{max} 达到材料的极限值 τ_{jx}，该点处的材料就会发生屈服破坏	形状改变比能 μ_d 是引起材料屈服破坏的因素，也就是说不论在什么样的复杂应力状态下，只要构件内一点处的形状改变比能达到材料的极限值 μ_{djx}，该点处的材料就会发生屈服破坏
材料极限值	获得方法	通过任意一种使试件发生破坏的试验来确定	通过任意一种使试件发生脆断破坏的试验来确定	通过任意一种使试件发生屈服破坏的试验来确定	
	表示	极限应力 σ_{jx} 可由简单的拉伸试验得到，$\sigma_{jx}=\sigma_b$	极限应变 ε_{jx} 由单向拉伸试件在拉断时其横截面上的正应力 ε_{jx} 决定，$\varepsilon_{jx}=\varepsilon_{jx}/E$	极限剪应力可由单向拉伸试验得到，$\tau_{jx}=\sigma_s/2$，σ_s 为材料的屈服极限	极限形状改变比能 μ_{djx} 在简单拉伸条件下 $\sigma_1=\sigma_s$，$\sigma_2=\sigma_3=0$

名称	最大拉应力理论 第一强度理论	最大伸长线应变理论 第二强度理论	最大剪应力理论 第三强度理论	形状改变比能理论 第四强度理论
材料破坏条件	脆断破坏 $\sigma_1 = \sigma_b$	脆断破坏 $\varepsilon_1 = \varepsilon_{jx} = s_{jx}/E$	屈服破坏 $\tau_{max} = \tau_x = \sigma_s/2$	屈服破坏 $\mu_d = \mu_{djx}$
强度条件	$\sigma_1 \leqslant [\sigma]$ $[\sigma]$ 由 b 除以安全系数得到。公式中的 σ_1 必须为拉应力	$[\sigma_1 - \mu(\sigma_2 + \sigma_3)] \leqslant [\sigma]$ $[\sigma]$ 由 σ_{jx} 除以安全系数得到	$(\sigma_1 - \sigma_3) \leqslant [\sigma]$ $[\sigma]$ 由 σ_s 除以安全系数得到	
说明	该理论在 17 世纪就已提出，是最早的强度理论。此理论基本上能正确反映出某些脆性材料的强度特性。用铸铁圆筒做试验，使其承受内压并另加轴向拉力，其试验结果与最大拉应力理论符合得较好。因此这一理论可用于承受拉应力的某些脆性金属，如铸铁	用铸铁制成的薄壁圆管试件在静载荷的内压、轴向拉（压）力，以及扭转的外力矩联合作用下进行的试验表明，第二强度理论并不比第一强度理论更符合试验结果。工程实际中更多地采用第一强度理论	这一理论的缺点是没有考虑中间主应力 σ_2 对材料屈服的影响	三个主应力之差分别为三个最大剪应力的 2 倍，因此，第四强度理论从物理本质上讲，也可归类于剪切型的强度理论

附录 B
复合材料层合板特性分析

复合材料层合板刚度系数特性如图 B1 所示。

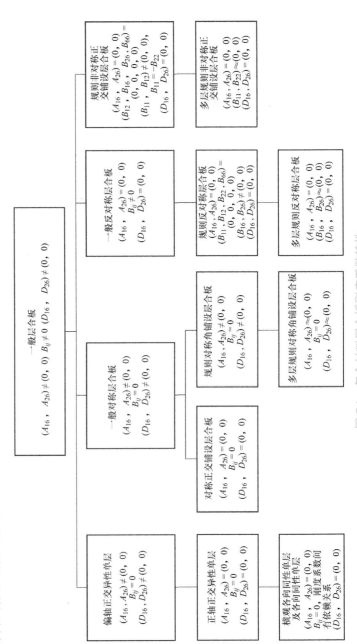

图 B1　复合材料层合板刚度系数特性

复合材料弹性特性基本概念如图 B2 所示。

布氏硬度	洛氏硬度	维氏硬度
价格介于中间	最经济	由于需要光学系统，所以比洛氏硬度测试要贵
与洛氏硬度测试方法相比，该过程很慢，测试大约需要30～60s(不含试样准备时间)	最快速，大约10～15s	测试过程相当缓慢，测试周期大约需要30～60s
压痕大，能反应较大范围的平均硬度，所以精度较好	压痕小，对组织粗大材料，精度下降，因为即使在测量深度差时，出现微小误差，也可能导致计算出的硬度值出现重大误差	相比布氏和洛氏硬度，精度最高
硬质合金球	金刚石圆锥压头，或者小钢球，或者硬质合金球	金刚石正四棱锥压头
需要准备测试面	无需样品制备	需要
需要良好的照明，例如借助环形灯，对于确保正确评估测试凹痕非常重要	硬度值可直接读取，无需光学评估	由于需要进行光学压痕评估，因此维氏硬度测试必须配备光学系统
试样的表面质量必须良好，因为压痕是通过光学方法测量的	该测试位置必须完全不含任何污染，如异物或油污等	样品的表面质量必须良好(研磨和抛光)
HBW=0.102*F*/*S*	HRA(HRC)=100−(*h*/0.002) HRB=130−(*h*/0.002)	HV=0.1891*F*/*d*
该测试方法有较大的测试压痕，相比于维氏压痕更易于测量	比布氏测试破坏性小。属于非破坏性测试，测试样品可以用于其他目的	可以实现相对较小的压痕，也属于非破坏性测试
通常用于表面较粗糙或表面太粗糙而无法通过其他方法测试的材料，可用于测试非均质材料(例如铸件)，因为大球与许多晶体接触，从而形成平均机械硬度值。不适合在非常硬的薄样品上应用该方法，对完全硬化的钢或其他硬质材料不适用	材料表面必须完全填充，并且不能凸出，即使轻微的凸度也会导致读数误差。同样，要确定其硬度的材料也不能不纯。随着硬度的增加，区分材料变得越来越困难	该方法可以用于所有材料和测试样品。通过放大金属表面，该测试可以针对特定的微观结构成分(如马氏体或贝氏体)评估热处理或表面硬化操作的质量

弹性(Elasticity)	可塑性(Plasticity)
弹性是固体材料的特性，在去除外部载荷后，它往往会恢复其形状	可塑性是固体材料的特性，即使在去除外部载荷之后，它也倾向于保持其变形的形状
在弹性变形中，尽管固体原子从其原始晶格位置移开，但一旦消除了外部载荷，它们就会返回其原始位置。因此原子被暂时置换	在塑性变形中，固体原子从其原始晶格位置永久移出。即使除去外部负载，它们仍保持新的位置
弹性变形量很小	塑性变形量相当大
固体弹性变形所需的外力很小	塑性变形所需的力也更高
胡克弹性定律适用于该弹性区域	如果材料发生塑性变形，则不适用胡克定律
大多数固态材料在此弹性区域内显示线性应力应变行为	塑性区的应力-应变曲线是非线性的
材料在弹性变形过程中吸收的能量称为弹性能	材料在弹性和塑性变形区域吸收的总能量称为韧性
弹性变形发生在塑性变形之前	塑性变形发生在弹性变形之后
当固体材料发生弹性变形时，其力学和冶金性能保持不变	固体材料的许多特性会因塑性变形而发生很大变化
弹性是以下方面的重要考虑因素： 机床结构 桥梁，其他民用框架 设备主体	可塑性是以下方面的重要考虑因素： 钣金加工 各种成型操作，例如轧制、锻造、挤压等 铆钉连接

力学性能	力学性能的定义
强度(Strength)	材料承受载荷而不破坏的能力
刚度(Stiffness)	材料或者结构抵抗变形的能力
弹性(Elasticity)	材料在外部载荷去除后，变形可以恢复的能力，塑性变形在外力移除后不能恢复
可塑性(Plasticity)	材料经受一定程度的永久变形，而不破裂或破坏的能力
硬度(Hardness)	材料抵抗局部塑性变形的能力。材料抵抗划伤、切割、磨损、压痕或渗透的能力
延性(Ductility)	材料被拉成细线的能力，例如铁能制成铁丝，铜也可以拉成铜丝
展性(Malleability)	将材料锤打成薄片的能力，例如铝能制成很薄的铝箔
脆性(Brittleness)	材料断裂而没有太多的永久变形，例如铸铁拉伸突然断裂
韧性(Toughness)	材料承受弹性和塑性变形的能力
弹性能(Resilience)	材料吸收和存储弹性能的能力，材料的这种性质在减振器、弹簧的制造中很重要
蠕变(Creep)	高温下，当材料承受恒定应力时，它会随着时间的推移，缓慢地产生塑性变形
疲劳(Fatigue)	当材料承受反复或波动的应力时，材料变弱的现象
可加工性(Machinability)	材料容易被切割的能力，与硬度及材料化学成分、热处理等有关

弹性能(Resilience)	韧性(Toughness)
弹性能被定义为固体材料在弹性变形时吸收能量的能力	韧性定义为固体材料直到断裂发生、吸收能量的能力，包含弹性变形和塑性变形两个阶段
弹性能是固体材料回弹性的指标。根据定义，弹性能是在拉伸试验下，使特定固体材料变形到其弹性极限所需的能量(单位体积)	韧性是固体材料的韧性的指标。根据定义，韧性是在拉伸试验中，破坏特定固体材料所需的每单位体积的能量
弹性能是工程应力-应变曲线中，直至弹性点所对应的曲线下方的面积	韧性是工程应力-应变曲线的总面积
弹性能的值较小	韧性的值比回弹模量大得多
弹性能是需要高弹性变形(例如在弹簧中)时要考虑的重要属性	韧性是金属成型过程(锻造、弯曲、钣金操作等)的重要考虑因素

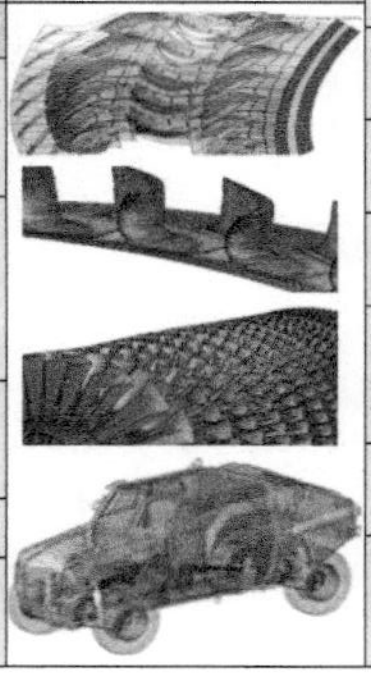

延性	脆性
在断裂之前会经历较大塑性变形的固体材料称为延性材料	表现出可忽略的塑性变形的固体材料称为脆性材料
在拉伸试验中断裂之前的延展性材料的百分比伸长率较高	在拉伸试验中断裂之前的脆性材料的伸长率非常小
延性材料在外部拉伸载荷的作用下会因颈的形成而逐渐失效	脆性材料会因突然断裂而失效(没有任何缩颈之类的警告)
拉伸试验之前，延性材料在断裂之前吸收的能量更多	脆性材料在断裂之前吸收非常小的能量
可以在延性材料上执行各种金属成型操作(例如轧制、锻造、拉伸、弯曲等)	难以对脆性材料进行成型操作。例如，脆性材料不能被拉成金属丝
延性材料在承受疲劳载荷时寿命更长	脆性材料在承受疲劳载荷时失效更快
延性材料的示例：软钢、铝、橡胶、大多数塑料	脆性材料的示例：铸铁、陶瓷、玻璃、水泥、混凝土等

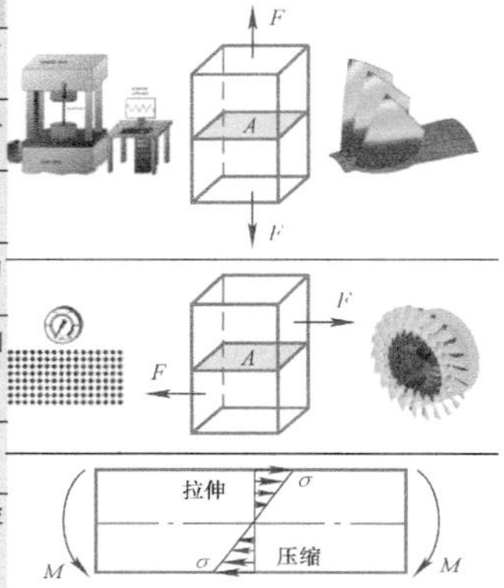

图 B2　复合材料弹性特性基本概念

新能源汽车复合材料轻量化特性沿革如图 B3 所示。

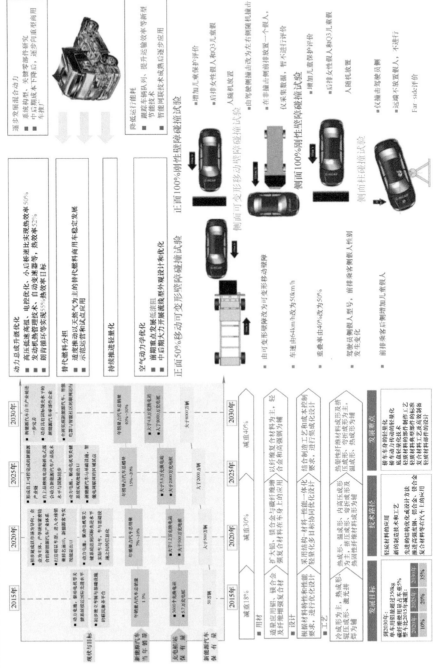

图 B3 新能源汽车复合材料轻量化特性沿革

新能源汽车复合材料轻量化特性发展趋势如图 B4 所示。

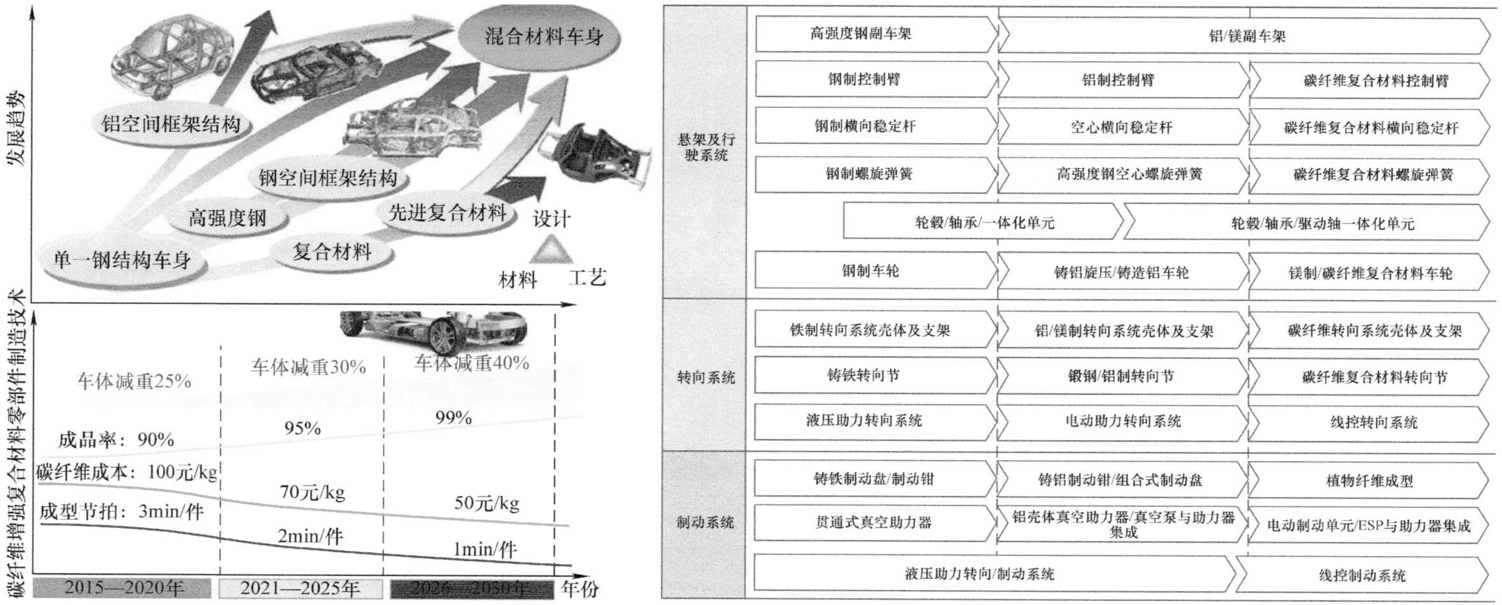

图 B4　新能源汽车复合材料轻量化特性发展趋势

新能源汽车复合材料轻量化技术特性如图 B5 所示。

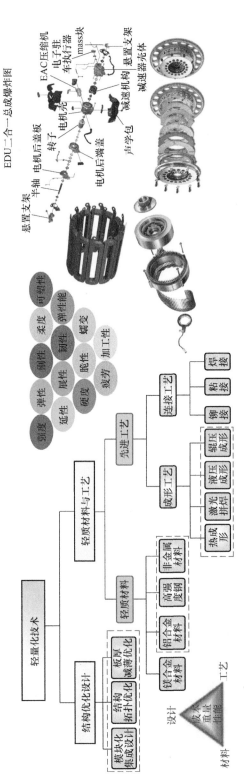

图 B5 新能源汽车复合材料轻量化技术特性

附录 C
复合材料轻量化设计领域工程软件简介

轻量化设计软件的工业技术图谱、复合材料软件技术框架、轻量化设计的 CAE 仿真软件、复合材料轻量化设计的特性分析框架和新能源汽车复合材料轻量化特性计算框架分别如图 C1～图 C5 所示。

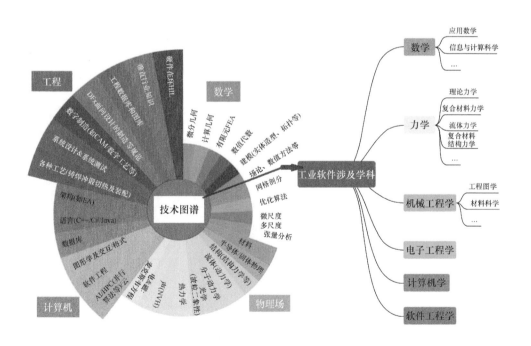

图 C1　轻量化设计软件的工业技术图谱

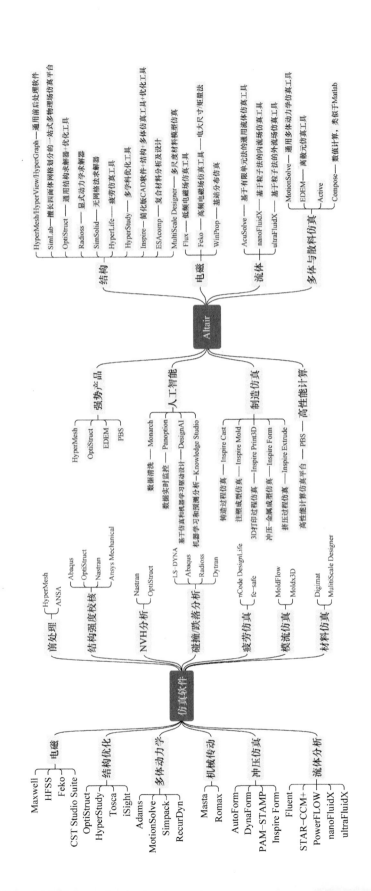

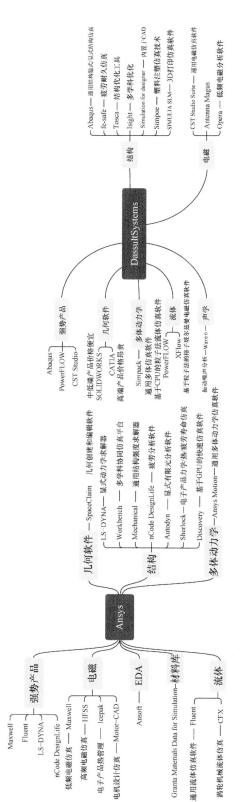

图 C2　复合材料软件技术框架

图 C2　复合材料软件技术框架（续）

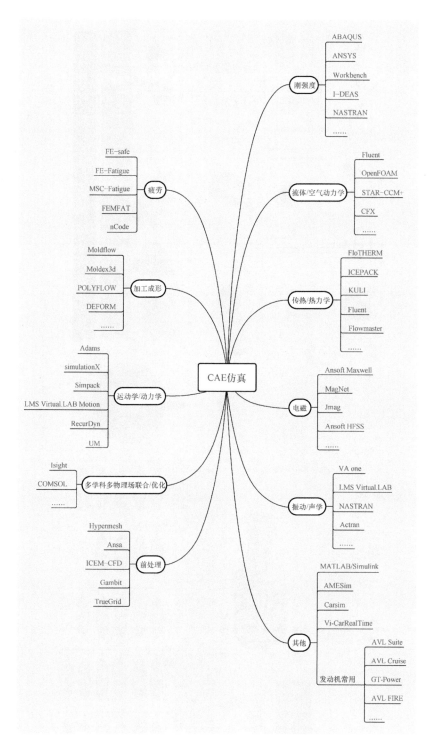

图 C3　轻量化设计的 CAE 仿真软件

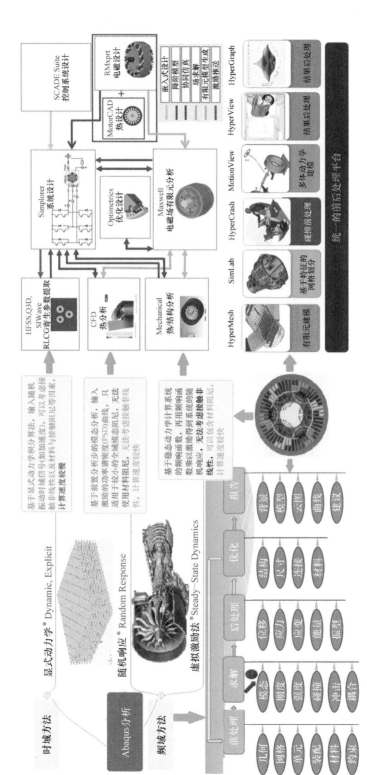

图 C4　复合材料轻量化设计的特性分析框架

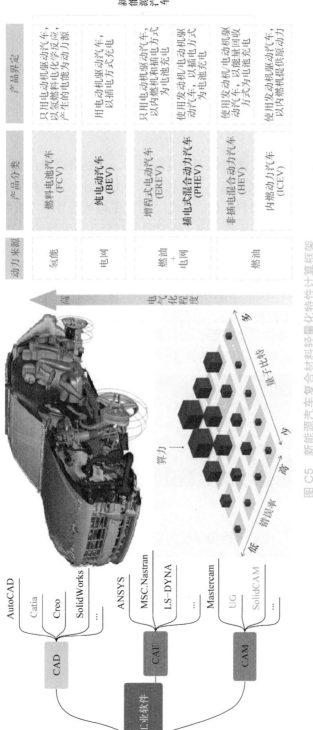

图 C5 新能源汽车复合材料轻量化特性计算框架

附录 D
新能源汽车用智能复合材料

目前，科技迅猛发展，新材料产品日新月异，产业升级换代步伐加快。新材料技术与新能源技术、汽车技术、信息技术相互融合，结构功能一体化、复合材料智能化趋势明显，材料低碳、绿色、可再生循环等环境友好特性倍受关注。材料工业是国民经济的基础产业，新材料是材料工业发展的先导。石墨烯、碳纳米管、非晶合金、泡沫金属、离子液体等 20 余种新复合材料，为材料工业发展带来机遇。

以下为新能源汽车智能轻量化复合材料的简介。

1. 石墨烯（图 D1）

突破性：非同寻常的导电性能，极低的电阻率极低和极快的电子迁移的速度，超出钢铁数十倍的强度和极好的透光性。

图 D1　石墨烯

发展趋势：2010 年诺贝尔物理学奖造就近年石墨烯炙手可热，未来将在光电显示、半导体、触摸屏、电子器件、储能电池、显示器、传感器、半导体、航天、军工、复合材料、生物医药等领域爆发式增长。

2. 气凝胶（图 D2）

突破性：高孔隙率，低密度质轻，低热导率，隔热保温特性优异。

发展趋势：智能新材料，在节能环保、保温隔热电子电器、建筑等领域有巨大潜力。

3. 碳纳米管（图 D3）

突破性：高电导率，高热导率，高弹性模量，高抗拉强度等。

发展趋势：功能器件的电极，催化剂载体，传感器等。

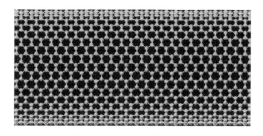

图 D2 气凝胶 图 D3 碳纳米管

4. 富勒烯（图 D4）

突破性：具有线性和非线性光学特性、碱金属富勒烯超导性等。

发展趋势：未来在新能源、汽车、天体物理等领域有重要前景，有望用在光转换器、信号转换和数据存储等光电子器件上。

5. 非晶合金（图 D5）

突破性：高强韧性，优良的导磁性和低的磁损耗，优异的液态流动性。

发展趋势：在高频低损耗变压器、移动终端设备的结构件等。

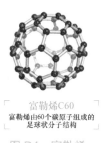

富勒烯 C60
富勒烯由 60 个碳原子组成的
足球状分子结构

图 D4 富勒烯

图 D5 非晶合金

6. 泡沫金属（图 D6）

突破性：重量轻，密度低，孔隙率高，比表面积大。

发展趋势：具有导电性，可替代无机非金属材料不能导电的应用领域；在隔声降噪领域具有巨大潜力。

7. 离子液体（图 D7）

突破性：具有高热稳定性、宽液态温度范围、可调酸碱性、极性、配位能力等。

发展趋势：在绿色化工领域，以及新能源汽车和燃料电池催化领域具有广阔的应用前景。

8. 纳米纤维素

突破性：具有良好的生物相容性、持水性、广范围的 pH 值稳定性；具有纳米网状结构和好的机械特性等。

图 D6　泡沫金属

图 D7　离子液体

发展趋势：在生物医学、增强剂、造纸工业、净化、传导与无机物复合食品、工业磁性复合物方面前景巨大。

9. 纳米点钙钛矿

突破性：纳米点钙钛矿具有巨磁阻、高离子电导性、对氧析出和还原/催化作用等。

发展趋势：未来在催化、存储、传感器、光吸收等领域具有巨大潜力。

10. 3D 打印材料

突破性：改变传统工业的加工方法，可快速实现复杂结构的成形等。

发展趋势：革命性成形方法，在复杂结构成形和快速加工成形领域有很大前景。

11. 柔性玻璃（图 D8）

突破性：改变传统玻璃刚性、易碎的特点，实现玻璃的柔性革命化创新。

发展趋势：在柔性显示、可折叠设备领域前景巨大。

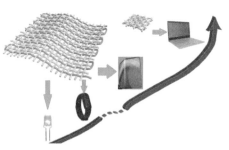

图 D8　柔性玻璃

12. 自组装（自修复）材料

突破性：材料分子自组装，实现材料自身"智能化"，改变以往材料制备方法，使材料自发形成一定的形状和结构。

发展趋势：改变传统材料制备和修复方法，未来在分子器件、表面工程、纳米技术等领域有很大前景。

13. 可降解生物复合材料（图 D9）

突破性：可自然降解，原材料来自可再生资源，改变传统塑料对石油、天然气、煤炭等化石资源的依赖，减少环境污染。

发展趋势：未来可能会替代传统塑料，前景巨大。

14. 钛炭复合材料

突破性：具有高强度、低密度以及耐腐蚀性优异等性能，在航空及民用领域前景无限。

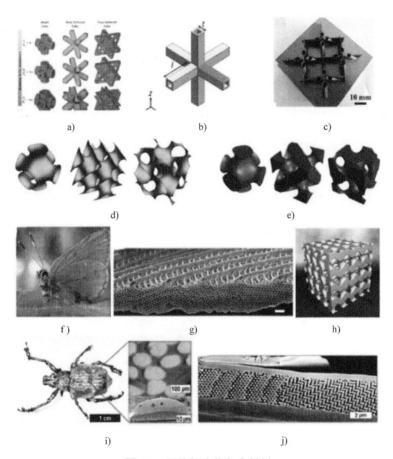

a)　　　　　　　　b)　　　　　　　　c)

d)　　　　　　　　e)

f)　　　　　　　g)　　　　　　　h)

i)　　　　　　　　j)

图 D9　可降解生物复合材料

发展趋势：在轻量化、高强度、耐腐蚀等环境极具应用潜力。

15. 超材料（图 D10）

突破性：具有常规材料不具有的物理特性，如负磁导率、负介电常数等。

发展趋势：改变根据材料的性质进行加工的理念，可根据需要来设计材料的特性。

16. 超导材料（图 D11）

突破性：超导状态下，材料零电阻，电流不损耗，材料在磁场中表现抗磁性等。

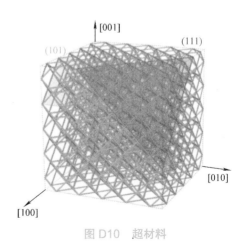

图 D10　超材料

发展趋势：如果将来能突破高温超导技术，则有望解决电力传输损耗、电子器件发热等难题，以及绿色新型传输磁悬技术。

17. 形状记忆合金（图 D12）

突破性：预成形后，在受外界条件强制变形后，再经一定条件处理，恢复为原来形状，实现材料的变形可逆性设计和应用。

发展趋势：在空间技术、新能源汽车、机械电子设备等领域潜力巨大。

18. 磁致伸缩材料（图 D13）

突破性：在磁场作用下，可产生伸长或压缩的性能，实现材料变形与磁场的相互作用。

发展趋势：在智能结构器件、减振装置、换能结构、高精度电机等领域应用广泛，有些条件下性能优于压电陶瓷。

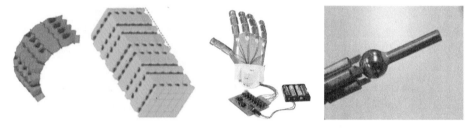

图 D11　超导材料　　　　图 D12　形状记忆合金　图 D13　磁致伸缩材料

19. 磁（电）流体材料（图 D14）

突破性：液态状，兼具固体磁性材料的磁性和液体的流动性，具有传统磁性块体材料不具备的特性和应用。

发展趋势：应用于磁密封、磁制冷、磁热泵等领域，改变传统密封制冷等方式。

20. 智能高分子凝胶（图 D15）

突破性：能感知周围环境变化，并能做出响应，具有类似生物的反应特性。

发展趋势：智能高分子凝胶的膨胀 - 收缩循环可用于化学阀、吸附分离、传感器和记忆材料；循环提供的动力可用来设计"智能复合材料发动机"；网孔的可控性适用于智能燃料电池释放体系等。

图 D14　磁（电）流体材料　　　　图 D15　智能高分子凝胶

参考文献

[1]   张峻铭，杨伟东，李岩. 人工智能在复合材料研究中的应用 [J]. 力学进展，2021，51（4）：865-900.

[2]   RIVERA J，HOSSEINI M S，RESTREPO D，et al.Toughening mechanisms of the elytra of the diabolical ironclad beetle[J]. Nature，2020，586：543-548.

[3]   HUA M，WU S W，MA F，et al. Strong tough hydrogels via the synergy of freeze-casting and salting out[J]. Nature，2021，590：594–599.

[4]   贾成厂，郭宏. 复合材料教程 [M]. 北京：高等教育出版社，2010.

[5]   贾春元. 板的非线性分析 [M]. 北京：科学出版社，1989.

[6]   张志民，张开达，杨乃宾. 复合材料结构力学 [M]. 北京：北京航空航天大学出版社，1993.

[7]   李永，宋健，张志民. 梯度功能力学 [M]. 北京：清华大学出版社，2003.

[8]   李永，宋健. 工程热力学 [M]，北京：机械工业出版社，2018.

[9]   刘锡礼，王秉权. 复合材料力学基础 [M]. 北京：中国建筑工业出版社，1984.

[10] 王俊奎，张志民. 钣壳的弯曲与稳定 [M]. 北京：国防工业出版社，1980.

[11] 张良. 复合材料原理 [M]. 天津：天津大学出版社，2020.

[12] 赵玉涛，陈刚. 金属基复合材料 [M]. 北京：机械工业出版社，2019.

[13] 尹洪峰，魏剑. 复合材料学 [M]. 北京：冶金工业出版社，2010.

[14] ZHANG X G，REN X，JIANG W，et al.，A novel auxetic chiral lattice composite：Experimental and numerical study[J]，Composite Structures，2022，282：115043.

[15] REN P，PEI P，LI Y，et al. Degradation mechanism of proton exchange membrane fuel cell under typical automotive operating conditions[J]. Progress in Energy and Combustion Science，2020，80：100859.

[16] YANG T，CHEN H S，JIA Z. A damage-tolerant，dual-scale，single-crystalline microlattice in the knobby starfish，Protoreaster nodosus [J]. Science，2022，375：642-647.

[17] 曹殿学，王贵领，吕艳卓，等. 燃料电池系统 [M]. 北京：北京航空航天大学出版社，2009.

[18] 李永，宋健. 新能源车辆储能与控制技术 [M]. 北京：机械工业出版社，2014.

[19] 欧阳钟灿. 固体聚合物的力学行为 [M]. 北京：科学出版社，2021.

[20] 杨庆生. 复合材料力学 [M]. 北京：科学出版社，2020.

[21] 王春艳. 复合材料导论 [M]. 北京：北京大学出版社，2018.

[22] 李贺军，齐乐华，张守阳. 先进复合材料学 [M]. 西安：西北工业大学出版社，2016.

[23] 魏化震，李恒春，张玉龙. 复合材料技术 [M]. 北京：化学工业出版社，2018.

[24] 陈祥宝. 先进复合材料技术导论 [M]. 北京：航空工业出版社，2017.

[25] 刘万辉 . 复合材料 [M]. 哈尔滨：2 版 . 哈尔滨工业大学出版社，2017.

[26] 成来飞，殷小玮，张立同 . 复合材料原理 [M]. 西安：西北工业大学出版社，2016.

[27] 王荣国，武卫莉，谷万里 . 复合材料概论 [M]. 哈尔滨：哈尔滨工业大学出版社，2016.

[28] 李永，宋健 . 非均质材料电磁力学与功能设计 [M]. 北京：国防工业出版社，2008.

[29] 李永 . 梯度功能材料复合结构在复杂载荷下的本构、弯曲热弹性理论 [D]. 北京：北京航空航天大学，2001.

[30] 朱和国，张爱文 . 复合材料原理 [M]. 北京：国防工业出版社，2013.

[31] 张以河 . 复合材料学 [M]. 北京：化学工业出版社，2011.

[32] 谢富原 . 先进复合材料制造技术 [M]. 北京：航空工业出版社，2017.

[33] 张宝艳 . 先进复合材料界面技术 [M]. 北京：航空工业出版社，2017.

[34] 王璐 . 复合材料夹层结构理论、设计与应用 [M]. 北京：中国建筑工业出版社，2019.

[35] 戴福洪 . 复合材料结构可靠性 [M]. 哈尔滨：哈尔滨工业大学出版社，2021.

[36] 杨序纲，吴琪琳 . 复合材料的界面行为 [M]. 北京：化学工业出版社，2020.

[37] 黄家康 . 复合材料成型技术及应用 [M]. 北京：化学工业出版社，2011.

[38] 刘松平，刘菲菲 . 先进复合材料无损检测技术 [M]. 北京：航空工业出版社，2017.

[39] 陈华辉，刘瑞平，汪长安 . 复合材料 [M]. 北京：北京大学出版社，2021.

[40] 李峰，李若愚 . 复合材料力学与圆管计算方法 [M]. 北京：科学出版社，2021.

[41] 徐竹 . 复合材料成型工艺及应用 [M]. 北京：国防工业出版社，2017.

[42] 弗里德里希 . 汽车轻量化技术手册 [M]. 北京：机械工业出版社，2020.

[43] 王中钢 . 轻质蜂窝结构力学 [M]. 北京：科学出版社，2020.

[44] 贾瑛，许国根 . 轻质碳材料的应用 [M]. 北京：国防工业出版社，2013.

[45] 碳纤维复合材料轻量化技术编委会 . 碳纤维复合材料轻量化技术 [M]. 北京：科学出版社，2021.

[46] 牛丽媛，李志虎，熊建民，等 . 新能源汽车轻量化材料与工艺 [M]. 北京：化学工业出版社，2020.

[47] 王宏雁，陈君毅 . 汽车车身轻量化结构与轻质材料 [M]. 北京：北京大学出版社，2009.

[48] 田亚梅 . 汽车非金属材料轻量化应用指南 [M]. 北京：机械工业出版社，2019.

[49] 赵颖，马芳武，等 . 微结构材料车辆轻量化的终极解决方案 [M]. 北京：机械工业出版社，2021.

[50] 袁煜材，吕国成 . 新能源汽车节能与结构轻量化 [M]. 北京：机械工业出版社，2020.

[51] 韩维建，等 . 汽车材料及轻量化趋势 [M]. 北京：机械工业出版社，2017.

[52] 吕夫特 . 轻量化——原理、材料选择与制造方法 [M]. 北京：机械工业出版社，2011.